EU, MALIKA OUFKIR, PRISIONEIRA DO REI

MALIKA OUFKIR
MICHÈLE FITOUSSI

EU, MALIKA OUFKIR, PRISIONEIRA DO REI

Tradução
Eduardo Brandão

COMPANHIA DE BOLSO

Grafia atualizada segundo o Acordo Ortográfico da Língua Portuguesa de 1990, que entrou em vigor no Brasil em 2009.

Título original
La prisonnière

Capa
Jeff Fisher

Preparação
Eliane Maturano
Beti Kaphan

Revisão
Renato Potenza Rodrigues
Vivian Miwa Matsushita

Atualização ortográfica
Verba Editorial

Dados Internacionais de Catalogação na Publicação (CIP)
(Câmara Brasileira do Livro, SP, Brasil)

Oufkir, Malika. 1953-
Eu, Malika Oufkir, prisioneira do rei / Michèle Fitoussi ; tradução Eduardo Brandão. — 1ª ed. — São Paulo : Companhia de Bolso, 2007.

Título original: La prisonnière.
ISBN 978-85-359-0983-8

1. Oufkir, Malika, 1953- 2. Prisioneiros políticos — Marrocos — Biografia I. Fitoussi, Michèle II. Título.

07-0741 CDD-322.44092

Índices para catálogo sistemático:
1. Marrocos : Prisioneiros políticos : Biografia 322.44092
2. Prisioneiros políticos : Marrocos : Biografia 322.44092

EDITORA SCHWARCZ S.A.
Rua Bandeira Paulista, 702, cj. 32
04532-002 — São Paulo — SP
Telefone: (11) 3707-3500
www.companhiadasletras.com.br
www.blogdacompanhia.com.br
facebook.com/companhiadasletras
instagram.com/companhiadasletras
twitter.com/cialetras

Dedico este livro aos Castores.
A "Tio Patinhas", minha mãe querida,
a mais maravilhosa de todas as mulheres.
Devo a ela minha sobrevivência.
A "Pooh", Myriam, minha irmã querida,
cuja coragem eu saúdo.
A "Munch", Raouf, meu irmão, meu amigo,
meu amparo, meu exemplo de dignidade.
Ao "Negus", minha irmã Maria, que me deu a oportunidade de recomeçar uma vida no país da democracia. Obrigada.
A "Charlie", minha talentosíssima irmã Soukaïna, em quem tenho fé.
A "Geo Acha-Tudo", Abdellatif, meu irmão mais moço, que me insuflou a força para lutar e ter esperança.
A "Barnabé", Achoura, e "Pateta", Halima, pela fidelidade a toda prova.
A "Lobo Mau", meu pai querido, que, espero, tem orgulho de nós.
A Azzedine, meu tio, e a Hamza, meu primo, desaparecidos demasiado prematuramente.
Aos filhos dos Castores, Michael, Tania e Nawel, meus sobrinho e sobrinhas. Que este relato não os impeça de amar seu país, o Marrocos.

M. O.

A Léa, minha filha, em quem pensei sem parar ao longo deste relato.

M. F.

SUMÁRIO

PREFÁCIO

Por que este livro? Uma certeza: mesmo que não tivéssemos nos encontrado por acaso, Malika Oufkir teria escrito esse relato um dia. Desde sua saída da prisão, ela sempre quis contar sua história, exorcizar esse passado doloroso que não parou de atormentá-la. O projeto tomava forma em seu espírito, mas sem pressa. Ainda não estava pronta.

Por que juntas? Outra certeza, esta apoiada por mais um empurrãozinho do destino: bastou um encontro fortuito, uma amizade à primeira vista, para que ela tivesse a coragem de se abrir, para que eu alterasse meus projetos, aceitasse ouvi-la e transcrever seu relato.

Nós nos vimos pela primeira vez em fevereiro de 1996, numa recepção a que fomos convidadas para comemorar o Ano-Novo iraniano. Uma amiga comum me apontou uma bonita mulher, moça, morena e miúda, perdida na multidão dos presentes.

"É Malika, filha mais velha do general Oufkir."

Aquele nome me provocou um sobressalto: evoca a injustiça, o horror, o inenarrável.

Os filhos de Oufkir. Seis crianças e sua mãe, vinte anos de prisão nas terríveis masmorras marroquinas. Trechos de relatos lidos na imprensa vêm à tona em minha memória. Sinto-me abalada.

"Como é possível aparentar normalidade após tantos sofrimentos? Como viver, rir ou amar, como seguir adiante quando se perderam injustamente os mais belos anos da vida?"

Olho para ela. Ela ainda não me vê. Sua postura é a de uma pessoa habituada à vida social, mas em seus olhos se reflete uma angústia que é difícil não perceber. Ela está na sala, conosco e, no entanto, estranhamente longe dali.

Continuo a fitá-la com uma insistência que poderia parecer mal-educada se ela prestasse atenção em mim. Mas ela só tem olhos para o seu companheiro e agarra-se a ele como se fosse uma tábua de salvação. Por fim somos apresentadas. Dizemos banalidades prudentes sobre nossos países natais: ela do Marrocos, eu da Tunísia. Cada uma tenta avaliar, medir a outra.

A noite toda, observo-a disfarçadamente. Vejo-a dançar, noto a graça de seus movimentos, sua maneira de se manter ereta, sua solidão no meio de todas aquelas pessoas que se divertem ou fingem divertir-se. Às vezes nossos olhares se cruzam e sorrimos. Aquela mulher me comove. Ao mesmo tempo, me intimida. Não sei o que lhe dizer. Tudo parece banal, insignificante. Interrogá-la seria indecente. No entanto, estou morrendo de vontade de saber mais.

Ao ir embora, trocamos nossos telefones. Naquela época, eu estava acabando uma coletânea que devia ser lançada no mês de maio. Previa algumas semanas de trabalho pela frente. Sugeri a Malika que nos revíssemos assim que eu terminasse. Ela concordou, sem abandonar sua reserva.

Nos dias que se seguem, penso nela sem parar, revejo seu bonito rosto triste. Procuro pôr-me em seu lugar. Ou, pelo menos, imaginar o que não é imaginável. Dezenas de perguntas me assaltam. Pelo que terá passado? O que sente hoje? Como será que alguém renasce das cinzas?

Sinto-me abalada por esse destino incomum, pelos sofrimentos por que ela passou, por essa ressurreição que mais parece milagre. Malika e eu temos apenas um ano de diferença. Ela foi para a prisão em dezembro de 1972, aos dezoito anos e meio, no mesmo ano em que, com meu diploma do secundário no bolso, eu iniciava meu curso preparatório para a faculdade de Ciências Políticas. Obtive meu diploma, realizei meus sonhos de criança tornando-me jornalista, depois escritora. Trabalhei, viajei, amei, sofri, como todo mundo. Tive dois filhos maravilhosos, vivi uma vida rica e plena, com suas tristezas, experiências e alegrias.

Durante todo esse tempo, ela estava detrás das grades, com

sua família, afastada do mundo, em condições horríveis, tendo por único horizonte as quatro paredes da sua cela.

Quanto mais penso nela, tanto mais um desejo, um único, me aguilhoa, um desejo que mistura à curiosidade da jornalista, a exaltação da escritora e o interesse do ser humano pelo destino singular dessa mulher: quero que me conte sua história e quero escrevê-la com ela. Essa ideia se impõe com força. Para dizer a verdade, ela me obceca.

Naquela mesma semana, mando-lhe meus livros em sinal de amizade, na esperança de que eles possam transmitir meu desejo. Quando enfim entreguei meu manuscrito, liguei convidando-a para almoçar.

No telefone, sua voz não tem vigor. Ela tem dificuldade em se adaptar a Paris. Mora na casa de Eric, seu companheiro, faz apenas oito meses. Cinco anos depois de sair da prisão, em 1991, a família Oufkir pôde obter o direito de sair do Marrocos, graças à fuga de Maria, uma das filhas mais moças, que pediu asilo político à França.

O caso repercutiu amplamente. Todo o mundo viu o rostinho tenso de Maria na televisão e pouco tempo depois assistiu, sempre na tevê, à chegada em solo francês de uma parte da família: Malika, sua irmã Soukaïna e seu irmão Raouf. Myriam, a outra irmã, logo juntou-se a eles. Abdellatif, o caçula, e Fatéma Oufkir, a mãe, ainda residiam no Marrocos naquela época, informa-me Malika durante o almoço que se prolonga pela tarde.

Ouço-a fascinada. Malika é uma contadora de histórias muito especial. Uma Sherazade. Como oriental que é, desfia lentamente sua narrativa, com voz uniforme, movendo as longas mãos para acentuar os efeitos habilmente preparados. Seus olhos são incrivelmente expressivos; ela passa facilmente da melancolia ao riso. No mesmo segundo, é uma criança, depois uma moça, logo em seguida uma pessoa madura. Tem todas as idades, por não ter vivido verdadeiramente nenhuma.

Conheço pouca coisa da história do Marrocos e das causas da prisão de Malika. Sei apenas que ela foi encarcerada com seus cinco irmãos e irmãs e com a mãe, por duas décadas, como punição por uma tentativa de golpe contra o Estado empreendida por seu pai. O general Mohamed Oufkir, segundo homem do reino, atentou contra a vida do rei Hassan II no dia 16 de agosto de 1972. O complô fracassou e o general Oufkir morreu, executado com cinco balas no corpo. O rei mandou então a família para o presídio, um calabouço abominável de onde, em princípio, não se sai com vida. Abdellatif, o mais moço, ainda não completara três anos.

Mas a infância de Malika foi ainda mais singular. Fora adotada aos cinco anos pelo rei Mohammed V para ser criada com sua filha, a princesinha Amina, da mesma idade. À morte do monarca, seu filho, Hassan II, passa a cuidar pessoalmente da educação das duas meninas, como se fossem suas filhas. Malika permanece onze anos na corte, na intimidade do serralho, sem nunca ou quase nunca sair dali. Ela já é uma prisioneira, no interior de um palácio suntuoso. Quando por fim escapa de lá é para viver, durante dois anos, junto aos pais, uma adolescência dourada.

Depois do golpe de Estado, a moça fica órfã dos dois pais que tanto amava. A tragédia de Malika Oufkir está nisso, nesse luto duplo sobre o qual manterá segredo por anos a fio. A quem amar, a quem odiar quando seu próprio pai quis matar seu pai adotivo? E quando este se torna de repente seu carrasco e o da sua família? É terrível, dilacerante! E infinitamente romanesco.

Pouco a pouco percebo que temos a mesma ideia na cabeça. Malika tem vontade de me contar o que nunca havia revelado até então. Naquela recepção iraniana, a simpatia foi recíproca, imediata, instintiva.

Mesmo se tantas coisas nos separam — educação, meio social, estudos, filhos, profissão, caráter e até religião (ela muçulmana, eu judia) —, pertencemos à mesma geração, temos a mesma sensibilidade, o mesmo amor ao nosso Oriente natal, o mesmo humor, o mesmo olhar sobre os seres. A amizade que já nos une e que não cessará de crescer confirma a intuição que tivemos em nosso primeiro encontro.

Faremos este livro juntas. Mas ainda será preciso um tempo até que o desejo de Malika se torne uma verdadeira vontade. Assinamos o contrato com a editora Grasset em maio de 1997, mas é só no mês de janeiro de 1998, após muitos imprevistos, que podemos enfim começar a trabalhar, no maior segredo, porque Malika tem medo de ser espionada, grampeada. Nos cinco anos que os Oufkir passaram no Marrocos, logo depois de serem soltos, foram vítimas das importunações cotidianas dos policiais, bem como os raros amigos que os frequentavam. Malika conservou o costume de nunca falar de coisas importantes ao telefone, de espiar por cima do ombro quando anda na rua. O terror que a persegue nos últimos vinte e cinco anos não desapareceu em Paris. Ela quer que "lá" saibam o mais tarde possível que está escrevendo sua história.

Eu também preciso me submeter à regra da discrição. Somente alguns de meus íntimos estão a par de nosso trabalho. Durante um ano, ou quase isso, vivo uma vida dupla. Não falo de Malika a ninguém. No entanto, trabalhamos juntas cerca de três vezes por semana e conversamos por telefone todos os dias.

O resto é a crônica de uma amizade que se construiu e se consolidou dia a dia, à medida que este livro avançava. De janeiro a junho, nós nos encontramos na minha casa ou na dela. Criamos nossos pequenos rituais: os dois gravadores para duplicar as fitas caso "eles" as roubassem, o chá, os bolinhos, meus filhos — que nos interrompiam para conversar —, os telefonemas ternamente inquietos de Eric. Depois comecei a escrever, e Malika a reler o que eu escrevia, o que nem sempre foi fácil. Contar já não era fácil. Ela se viu obrigada a recomeçar várias vezes, antes de me confiar episódios dolorosos. Ver seu pesadelo impresso, em muitas ocasiões ultrapassou suas forças. Em alguns momentos, eu temia que ela desistisse, acossada por seus medos ou fantasmas. Mas aguentou até o fim.

Sempre apaixonante, o relato de Malika foi doloroso, chocante, terrível. Tremi, arrepiei-me, tive pena, fome, medo com ela. Mas também fomos acometidas por numerosos acessos de riso, pois Malika maneja como poucos o humor que permitiu à família Oufkir resistir, zombando de tudo e de si mesma. Por meio da sua narrativa, ela me fez conhecer sua gente, seus irmãos e irmãs de quem cuidou como mãe, protegendo-os, educando-os e guiando-os naqueles anos negros, e sua mãe, Fatéma, que, ainda tão bonita, parece ser sua irmã mais velha. A princípio eles foram para mim personagens de romance, moldados por Malika, até eu os encontrar um depois do outro. Ela não mentira. São todos, sem exceção, dignos, engraçados, generosos, comoventes e intensos, como Malika é.

Malika é uma sobrevivente. Tem a dureza e a força dos sobreviventes. Por ter visto a morte tão de perto, sente pela vida um distanciamento que muitas vezes me deixa perplexa. Não tem noção de tempo, tampouco de espaço. Uma hora, um dia, um dever, não significam nada para ela. Seus encontros esquecidos, seus atrasos, sua falta absoluta de senso de orientação, seu medo do metrô, da multidão, da tecnologia, ainda me surpreendem e me divertem.

Apesar de sua aparência moderna e do inseparável celular, ela às vezes parece uma marciana perdida no planeta Terra. Alarma-se à toa, não conhece os códigos, frequentemente faltam-lhe referências. Em outros momentos, seu tino, sua intuição, sua capacidade de análise me impressionam. Ela é comovente, frágil, não raro fraca, marcada pelas doenças, pelas privações, pelo isolamento, e no entanto, tão sólida. Se esses vinte anos de prisão e de sofrimento causaram danos irreparáveis, também forjaram uma bela alma, uma pessoa admirável. De nós duas, francamente não sei quem viveu menos.

Com ela nesse ano inteiro, ri, chorei, servi-lhe de babá, de conselheira, aconcheguei-a, consolei-a, ouvi-a, lamentei-a, animei-a, sacudi-a também, às vezes até nos esgotarmos. Mas essa relação nunca foi de mão única. O que Malika me deu, e para sempre, é incomensurável. Sem dúvida ela nem se deu conta disso. Ela me ensinou que a coragem, a força, a vontade, a dignidade do ser humano podem subsistir mesmo nas condições mais extremas e mais monstruosas. Que a esperança e a fé na vida podem mover montanhas (ou abrir um túnel com as mãos nuas...). Muitas vezes ela me obrigou a ir ao fundo de mim mesma, a questionar minhas concepções da vida. Ela me deu vontade de conhecer esse Marrocos de que fala com tanto calor e paixão, sem rancor por um povo que, no entanto, a abandonou. Com certeza irei lá com ela... um dia.

Para mim, é claro, escrever esse relato era uma maneira de denunciar a arbitrariedade, o atroz calvário de uma mãe e de seus seis filhos. O que essa família sofreu nunca deixará de me revoltar, como me revoltam, em qualquer lugar do mundo, as violações dos direitos humanos. Mais uma certeza, talvez: de tanto fechar os olhos para os horrores do mundo, por tão excessivos, a gente acaba esquecendo que cada indivíduo a passar por sofrimentos tão terrivelmente injustos é nosso semelhante, nosso igual, que poderíamos estar no lugar dele e que ele poderia tornar-se um dia nosso amigo.

Contudo, este livro não é uma peça de acusação: caberá à história julgar os crimes. Não é essa nossa intenção. Tampouco é uma reportagem. Transcrevi o que ouvi ao longo desse tempo: o depoimento bruto de Malika, com suas hesitações, incertezas, esquecimentos, mas também, no mais das vezes, com sua implacável precisão.

O que eu queria contar, o que contamos juntas, com as palavras dela e as minhas, com os sentimentos dela e nossa emoção comum, é antes de mais nada o incrível itinerário de uma mulher da minha geração, encerrada em palácios e presídios desde a mais tenra infância e que hoje tenta viver. Acompanhando-a o mais longe que pude, espero ter contribuído, como todos os que hoje a amam e a cercam, para lhe dar novo ânimo para viver.

Michèle Fitoussi

Primeira parte

A ALAMEDA DAS PRINCESAS

MAMÃE QUERIDA

Do salão escapam melodias de mambo e chá-chá-chá; a percussão e as guitarras embalam a chegada dos convidados. As risadas, as conversas invadem todos os cômodos, chegam ao quarto onde não consigo pegar no sono.

Escondida atrás da porta entreaberta, o polegar enfiado na boca, observo as mulheres que rivalizam em beleza e elegância, com seus vestidos longos, de grandes costureiros. Admiro os coques fixados com laquê, as joias cintilantes, a sofisticação das maquiagens. Elas parecem as princesas dos meus contos de fada favoritos, com as quais eu gostaria tanto de parecer quando crescesse. Como demora para eu crescer...

De repente ela aparece, para mim a mais linda, num vestido branco decotado que realça a curva suave do seu colo. Com o coração batendo, vejo-a cumprimentar e sorrir, beijar os amigos, inclinar a nuca delicada diante de desconhecidos de smoking. Logo ela irá dançar, cantar, baterá palmas e irá se divertir até raiar o dia como todas as vezes que meus pais dão uma recepção em casa.

Ela me esquecerá por algumas horas, enquanto eu lutarei contra o sono em minha caminha, pensando sempre nela, em sua pele acetinada, em seus cabelos sedosos nos quais é gostoso esconder meu rosto, em seu perfume, em seu calor. Mamãe.

Mamãe querida, da qual, em meu paraíso infantil, nem imagino que um dia possam me separar.

Minha mãe e eu somos ligadas por um destino semelhante, tecido de abandono e solidão. Com apenas quatro anos, ela perdia sua mãe, morta no parto com o filho que trazia no ventre. Aos cinco anos, eu era arrancada da doçura de seus braços para ser adotada pelo rei Mohammed V.[1] Terão sido nossas infâncias órfãs de ternura materna, nossa pequena diferença de idade — ela tinha dezessete anos quando nasci —, nossa incrível semelhança física ou nossas vidas de mulheres brutalmente quebradas que selaram essa nossa ligação tão forte? Como eu, mamãe sempre teve o olhar grave daqueles que a sorte atormenta.

Quando sua mãe morreu, bem no início da guerra, seu pai, Abdelkader Chenna, oficial do exército francês, acabava de receber a ordem de incorporar-se a seu regimento na Síria. Era impossível levar consigo a filha e o filho caçula. Deixou os dois órfãos em Meknés, onde moravam então, num convento de freiras francesas, para que recebessem boa educação. O menino sucumbiu a uma difteria. Minha mãe, que gostava muito do irmão, sentiu dificuldade para se recuperar dessa perda que a deixava sozinha no meio de estranhos. A vida lhe reservaria ainda muitos outros desgostos.

As freiras trataram de fazer daquela bonita Fatéma, que o céu lhes mandara, uma perfeita cristã. Ela aprendeu o sinal da cruz e venerava a Virgem, Jesus e todos os santos quando seu pai voltou para buscá-la e levá-la para casa. De tanta raiva, esse muçulmano praticante que já fizera a peregrinação a Meca quase engoliu suas medalhas...

Não convinha que um militar de carreira criasse sozinho uma menina tão pequena. Seus amigos instaram-no a casar de novo. Escolheu uma mulher bem moça, de boa família, com quem se casou, antes de mais nada por seus talentos de mestre-cuca. Ninguém melhor que Khadija na preparação das *pastillas* de que meu pai gostava tanto. Minha mãe não suportava dividir seu pai adorado com uma estranha, apenas alguns anos mais

[1] Mohammed V, 1911-61. Descendente do Profeta, da dinastia dos alauitas, torna-se sultão em 1927, sob o protetorado francês, sucedendo assim a seu pai, o sultão Youssef ben Youssef. Torna-se rei do Marrocos em 1957, logo depois da independência do país. Reinará até sua morte, em 1961.

velha que ela. O nascimento de uma irmã, Fawzia, depois o de um irmão, Azzedine, avivaram seus ciúmes.

Ela logo desejou escapar de um lar em que se sentia infeliz e era mantida presa por seu pai, como era costume para as mulheres. Mas não tinha onde encontrar um calor que lhe faltava. A família de sua mãe, ricos berberes do Médio Atlas, havia sido quase toda dizimada. Meus bisavós tiveram quatro filhas, cuja beleza era reputada a quilômetros dali. Três morreram na adolescência. A quarta, minha avó Yamna, casou-se com seu vizinho, o belo Abdelkader Chenna, cujas terras faziam limite com as dela.

Ele teve de raptá-la para casar com ela, como na melhor tradição dos contos de fadas. Dessa avó, morta aos dezenove anos, sei simplesmente que era uma mulher e tanto, moderna e desinibida, que gostava de se vestir bem, de viajar e de dirigir automóvel. Aos quinze anos, já era mãe. Aos dezoito, organizou um salão literário na Síria, para onde fora meu avô com seu regimento.

Minha mãe e seu jovem tio, fruto da união tardia de meu bisavô com uma escrava negra, não demoraram a ser os únicos sobreviventes de toda essa família. Os trigais e o ouro acumulado durante várias gerações fizeram dela uma herdeira rica, porém menos que seu tio, ao qual, como manda o costume marroquino, coube a maior parte da fortuna. Ela possuía imóveis, mansões e todo um bairro da velha cidade de Salé.[2] Enquanto esperava que ela pudesse dispor de seus bens, meu avô foi encarregado de administrá-los. Infelizmente, era um péssimo administrador e gastou mais do que fez multiplicar. O que coube à minha mãe era, ainda assim, considerável.

Aos doze anos, minha mãe já era lindíssima. Seus grandes olhos negros, seu rosto fino, sua pele morena, seu corpo miúdo e bem-feito não deixavam nada indiferentes os oficiais amigos que seu pai costumava receber em casa. O que não lhe desagra-

[2] Antiga cidade corsária fortificada, separada de Rabat pelo rio Bouregragh.

dava. Ela queria se casar, constituir família. Um jovem oficial que voltava da Indochina coberto de medalhas pôs-se a frequentá-los. Meu avô, que já o conhecia, o havia revisto no rancho dos oficiais. Seduzido por sua inteligência e por sua reputação de bravura no front, fez amizade com ele e convidou-o a sua casa. Escondida atrás das cortinas, minha mãe observou-o o jantar inteiro. O oficial notou sua artimanha e os olhos dos dois se cruzaram. A intensidade do olhar dela o impressionou. E ela admirou seu garbo na bonita farda branca.

Meu avô tentou convencer o novo amigo a não voltar para a Indochina. Este sentiu-se tocado por seus argumentos e sem dúvida pela beleza da filha. Alguns dias depois, meu pai — pois se tratava dele — veio pedi-la em casamento. Meu avô ficou espantado e, para dizer a verdade, quase irritado.

"Fatéma é apenas uma menina", protestou. "Aos quinze anos, nem sonha em se casar!"

Abdelkader ainda estava traumatizado com a morte de Yamna, sua primeira mulher ternamente amada, que ele atribuía a gestações precoces e demasiado próximas. Mas acabou deixando-se convencer, tanto mais que minha mãe aceitou com entusiasmo o pedido do pretendente. Ela não o conhecia ainda, mas precisava sair de casa. Ele a cortejou ardorosamente.

Ela não demorou a se apaixonar.

Meus pais tinham vinte anos de diferença. Mohamed Oufkir, meu pai, nasceu em Aïn-Chaïr,[3] na região de Tafilalet, reduto dos berberes do Alto Atlas marroquino. O nome, Oufkir, significa "empobrecido". Em sua família, a cama e a mesa estavam sempre prontas para o pedinte ou o necessitado, numerosos naquelas regiões rudes e desérticas. Aos sete anos, perdeu o pai, Ahmed Oufkir, chefe da aldeia e, mais tarde, nomeado paxá[4] de Bou-Denib, por Lyautey.[5]

[3] No dia 29 de setembro de 1920.

[4] Paxá: governador de uma província.

[5] O protetorado francês foi oficializado em 1912 pelo tratado de Fez, que deixou a faixa costeira norte do território para os espanhóis. O sultão mantinha

Sua infância foi solitária e sem dúvida bastante triste. Estudou no colégio berbere de Azrou, perto de Meknés. Depois, o exército serviu-lhe de família. Aos dezenove anos, entrava para a escola militar de Dar-Beida,[6] e aos vinte e um anos alistava-se como subtenente da reserva no exército francês. Foi ferido na Itália, passou a convalescença na França, recebeu a patente de capitão na Indochina. Quando voltou a ver minha mãe, era ajudante de ordens do general Duval, comandante das tropas francesas no Marrocos. A vida na tropa começava a tornar-se pesada para o jovem oficial. Ele, o militar de carreira que frequentava bordéis e casas de jogo, ficou enternecido com a inocência infantil de sua noiva. Mostrou-se imediatamente meigo e atencioso.

Mohamed Oufkir e Fatéma Chenna se casaram no dia 29 de junho de 1952. Instalaram-se numa casinha simples, à altura do modesto soldo do capitão Oufkir. Meu pai foi seu mentor: ensinou-a a se vestir, a se portar à mesa e na sociedade. Do alto de seus dezesseis anos, ela levou a sério seu papel de esposa de oficial. Eram felizes e estavam perdidamente apaixonados. Minha mãe, que sonhava ter oito filhos, logo engravidou.

Nasci no dia 2 de abril de 1953, numa maternidade mantida por religiosas. Meu pai ficou louco de felicidade. Não se incomodava que eu fosse do sexo feminino: eu era a menina dos olhos dele, sua pequena rainha.[7] Como minha mãe, ele desejava, acima de tudo, uma família. Não concordavam totalmente quanto ao número de filhos por vir. Meu pai queria limitar-se a três. Dois anos depois, nasceu minha irmã Myriam[8] e, três depois

---

seu prestígio, seu poder espiritual, e deixava ao residente o poder legislativo e o executivo, que ele referendava. O residente era nomeado na França pelo Conselho de Ministros. Ele representava o Marrocos no cenário internacional, comandava o exército, a administração, promulgava decretos, decidia sobre as leis. Era responsável pela comunidade francesa no Marrocos. Lyautey foi residente de 1912 a 1925.

[6] A academia militar marroquina.

[7] Malika significa "rainha" em árabe.

[8] No dia 20 de janeiro de 1955.

dela, meu irmão Raouf,[9] o primeiro menino, para o qual foi dada uma festa memorável.

Da minha primeira infância só tenho lembranças felizes. Meus pais me rodeavam de amor e minha casa era agradável. Via pouco meu pai. Ele voltava tarde, se ausentava com frequência. Sua carreira progredia depressa.[10] Mas eu não tinha a menor dúvida do seu afeto. Quando ele estava em casa, sabia demonstrar o quanto me amava. Sua ausência não me pesava.

O centro do mundo era mamãe. Eu a amava e a admirava. Ela era bonita, refinada, o próprio modelo de feminilidade. Sentir seu perfume, acariciar sua pele, bastava para minha felicidade. Eu a seguia como se fosse sua sombra. Ela adorava cinema e ia quase todos os dias, às vezes assistia até a duas ou três sessões. Desde os seis meses, eu a acompanhava no meu cestinho. Devo sem dúvida a essa precocidade cinéfila minha paixão pela sétima arte. Levava-me ao cabeleireiro, a quem pedia para fazer uma permanente em mim. Ela gostaria de ter tido uma filhinha de cabelos cacheados, como Scarlett O'Hara. Mas ao primeiro vento meu lindo penteado se desmanchava.

Eu a acompanhava à casa de suas amigas, ia com ela andar a cavalo, às compras, ao banho turco — que se tornava um suplício para mim quando eu tinha de me despir diante de todo mundo. Eu a via vestir-se, pentear-se, maquiar-se com um traço de *khôl*. Eu dançava com ela os rocks endiabrados de nosso ídolo comum, Elvis Presley. Nesses momentos, tínhamos quase a mesma idade.

[9] No dia 30 de janeiro de 1958.

[10] Mohamed Oufkir foi nomeado chefe do protocolo da residência-geral da França em abril de 1953. No mês de agosto do mesmo ano, Mohammed V foi destituído e exilou-se com a família real na Córsega, depois em Madagascar. Oufkir tomou parte ativa no afastamento do sucessor de Mohammed V, Ibn Arafa, e na volta do rei, em 1955. Saiu do exército francês com a patente de comandante, chefe de batalhão, e foi nomeado chefe dos ajudantes de ordens do rei. Quando da morte de Mohammed V, em fevereiro de 1961, era chefe de polícia fazia seis meses.

A vida girava em torno de mim. Eu era mimada, vestida como uma princesinha nas butiques mais elegantes, Le Bon Génie em Genebra, La Châtelaine em Paris. Mamãe era vaidosa e gastadora, ao contrário de meu pai, que se aborrecia com as contingências financeiras. O dinheiro lhe queimava os dedos. Ela podia vender um imóvel para comprar toda a coleção de Dior e de Saint-Laurent, seus costureiros preferidos, e gastar vinte, trinta mil francos numa tarde, em seus pequenos prazeres.

Depois da casinha de capitão, mudamos para Souissi,[11] em Rabat, na Alameda das Princesas. A casa dava para um pomar silvestre onde cresciam laranjeiras, limoeiros, tangerineiras. Eu compartilhava meus jogos com Leila, uma prima um pouco mais velha que minha mãe tinha adotado.

Alguns anos depois, quando eu não morava mais com os meus pais, papai, então ministro do Interior do rei Hassan II, construiu outra casa, sempre na Alameda das Princesas. Eles tiveram duas outras filhas, Mouna-Inan,[12] que se tornaria Maria na prisão, e, um ano depois, Soukaïna.[13]

Minha família era próxima da família real. Meus pais eram os únicos de fora autorizados a entrar e passear por todo o Palácio. Meu pai, chefe dos ajudantes de ordens do rei, havia conquistado a confiança de Mohammed V. Já minha mãe conhecia o soberano desde criança. Antes de seu pai casar-se pela segunda vez, ela morara um tempo em Meknés, na casa de uma das irmãs do rei, que ele visitava com frequência. Mohammed V notara a beleza da menina, que contava então oito anos. Logo lhe deu prova de um afeto que o tempo não desmentiu.

Tornou a vê-la por ocasião do aniversário de seus vinte e cinco anos de reinado,[14] uma cerimônia para a qual foram convi-

[11] Bairro residencial de Rabat. A mudança foi em 1957.

[12] 17 de fevereiro de 1962.

[13] 22 de julho de 1963.

[14] 18 de novembro de 1952.

dados seus ajudantes de ordens e as esposas. Como meu pai, minha mãe passou a ter o privilégio de entrar no Palácio. O rei confiava nela. Apreciava sua companhia, mas aquele homem severo era muito zeloso dos princípios para se permitir qualquer ambiguidade com uma mulher casada.

Minha mãe tornou-se amiga das duas esposas do rei, que exigiram vê-la todos os dias. Vivia na intimidade delas. As duas rainhas estavam enclausuradas no harém. Mamãe lhes comprava roupas, produtos de beleza, contava-lhes com minúcia os acontecimentos exteriores. Elas eram ávidas de detalhes sobre sua vida, seus filhos, seu casamento.

Rivais em relação ao rei, as duas eram muito diferentes. Uma, Lalla Aabla, a quem chamavam rainha-mãe ou Oum Sidi,[15] dera à luz o príncipe herdeiro, Moulay Hassan. A outra, Lalla Bahia, uma natureza selvagem de beleza perturbadora, era mãe da filha querida do rei, a princesinha Amina, nascida no exílio em Madagascar,[16] quando Lalla Bahia se imaginava estéril.

Enquanto Lalla Aabla, perita nas intrigas do serralho, era uma virtuose na arte da diplomacia, Lalla Bahia não gostava muito das mundanidades e da dissimulação de regra na corte. Entre as duas, mamãe logo se iniciou na arte do compromisso, porque no Palácio a neutralidade era impossível. Era preciso ser ou de um lado ou do outro.

Moulay Hassan, que chamavam de Smiyet Sidi,[17] morava numa casa vizinha e vinha com frequência nos visitar, assim

[15] Oum Sidi: mãe do amo. Além do rei Hassan II, Lalla Aabla deu ao rei Mohammed V quatro outros filhos: Lalla Aicha, Lalla Malika, Moulay Abdallah e Lalla Nehza. Mohammed V também teve uma filha com uma concubina-escrava, Lalla Fatima-Zohra. Não a reconheceu de imediato, mas como a mãe da criança o acompanhou por vontade própria ao exílio, apesar de ele ter dado a liberdade a suas concubinas, ele se apegou à menina e criou-a como uma princesa real, quando voltou ao trono. Os títulos Lalla, para a mulher, e Moulay, para o homem, são dados aos membros da família real, aos descendentes do Profeta e, mais comumente, na vida cotidiana, em sinal de deferência.

[16] No dia 14 de abril de 1954.

[17] Smiyet Sidi, "quase senhor".

como as princesas, suas irmãs e seu irmão, o príncipe Moulay Abdallah. Mandavam-me cumprimentá-los com deferência. Uma noite de ramadã,[18] depois da quebra do jejum, minha mãe estava descansando no seu salão, rodeada por algumas amigas. Eu corria pela casa. Atravessando o corredor, vi um senhor desconhecido saindo da cozinha. Impressionada com sua imponência, parei de correr. Ele sorriu para mim, me beijou.

"Vá dizer à sua mãe que estou aqui."

Fui correndo avisá-la. Ela se prosternou imediatamente diante daquele homem estranho.

Era o rei Mohammed V, que vinha visitá-la sem se anunciar, como às vezes fazia. Ele lhe disse que tinha se permitido entrar na cozinha porque sentira um cheiro de queimado. A cozinheira havia esquecido a chaleira no gás aceso, e ela começava a derreter. Sua Majestade nos salvou de um incêndio!

Eu tinha cinco anos quando mamãe me levou pela primeira vez ao Palácio. As duas esposas do rei e todas as suas concubinas insistiam em me conhecer. Chegamos na hora do almoço, em uma das salas do rei, povoada de mulheres do harém que perambulavam com graça, arrastando atrás de si as longas caudas cambiantes de seus cafetãs. Um verdadeiro viveiro de aves exóticas, tanto pela diversidade das cores como por seus gorjeios incessantes.

A sala era gigantesca; eu nunca tinha visto uma de semelhantes dimensões, guarnecida de sacadas em todo o seu comprimento, decorada com mosaicos que cobriam as paredes a meia altura. Numa das extremidades, majestosamente colocado sobre um estrado, o trono real. Num dos lados, elevava-se uma montanha de presentes ainda embrulhados, recebidos pelo soberano durante as festas, cerimônias ou visitas oficiais. Na outra

[18] Ramadã: mês durante o qual os muçulmanos devem, além de outras prescrições, jejuar entre o nascer e o pôr do sol.

extremidade, numa alcova, a mesa do rei estava posta à europeia, com pratos de porcelana, copos de cristal e talheres de prata e *vermeil*. Suas concubinas sentavam-se a seus pés, no chão coberto de tapetes marrons, em torno de mesas retangulares que podiam acomodar oito pessoas. A baixela delas era das mais simples. Não era raro vê-las terem a comida, que suas escravas pessoais lhes preparavam, servida em tigelas de lata.

A rainha-mãe presidia a mesa mais próxima da do rei, rodeada pelas concubinas do momento, que em árabe são chamadas *mulet nuba*, "aquelas de quem é a vez". Por isso estavam mais maquiadas e mais bem-vestidas que as outras, e ostentavam um ar superior. Quanto às que tinham sido objeto dos favores reais na véspera ou na antevéspera, apresentavam uma cara desdenhosa e satisfeita, mascando goma barulhentamente.

Intimidada, agarrei-me ao cafetã de mamãe, mas morria de vontade de saracotear por ali. De repente, um clamor alegre encheu a sala. As mulheres cumprimentavam alguém que eu não conseguia enxergar. Esgueirando-me por entre as pernas delas, percebi uma menina de vestido branco, preso nas costas por um enorme nó. Achei-a magnífica com seus cabelos negros penteados em cachos, sua tez leitosa e as minúsculas sardas semeadas no rostinho esperto. Em comparação, minha pele morena e meus cabelos grossos pareciam-me para lá de comuns.

Senti-me aliviada por ver enfim uma criança da minha idade, mas fiquei perplexa. Por que ela tinha direito a tantas atenções? Fomos apresentadas uma à outra e nos beijamos timidamente. Soube então que aquela menina era a princesa Amina, que chamavam de Lalla Mina, filha querida do rei e de Lalla Bahia.

Depois, nova agitação. O rei Mohammed V fez sua entrada na sala de almoço pelo lado esquerdo, conforme o protocolo. Quando chegou sua vez de cumprimentá-lo, mamãe beijou-lhe a mão e me apresentou a ele. Pegou-me simplesmente no colo e pronunciou algumas palavras amáveis. Todo mundo tomou então lugar às mesas e o rei instalou-se sozinho na dele. O almoço foi servido pelas escravas, e os pratos mais requintados desfilaram.

Mal comi alguma coisa, escapuli para brincar com Lalla Mina. Por um curto momento, o entendimento foi perfeito. Mas logo um berro perturbou nossa harmonia. A princesa tinha me mordido ferozmente no braço. Eu me virei soluçando e busquei o olhar de mamãe. Incomodada, ela fez um sinal discreto indicando que eu tinha de me acalmar. Indignada com aquela falta de consideração, precipitei-me sobre Lalla Mina e cravei os dentes na sua bochecha.

A princesa pôs-se a berrar por sua vez, e tão alto que a corte inteira se levantou. Senti uma ameaça pairar, como se toda a assembleia fosse despencar sobre mim e me bater. A menina buscava o pai com o olhar, mas em vão. Então ela rolou no chão e pôs-se a berrar ainda mais alto. Envergonhada, refugiei-me no colo da minha mãe.

O rei finalmente interveio. Pegou-me no colo e pediu-me para contar o incidente.

"Ela xingou meu pai", eu disse chorando, "e eu também xinguei o pai dela e mordi a bochecha dela."

A corte ficou horrorizada com as minhas palavras, mas o rei se divertia muito. Mandou-me repetir várias vezes os insultos sacrílegos. Depois nos separaram, mas a princesa e eu continuamos a nos desafiar com o olhar.

No fim do almoço, Mohammed V dirigiu-se a mamãe:

"Fatéma, vou lhe pedir uma coisa que você não poderá me recusar", disse-me. "Não posso encontrar melhor companheira, melhor irmã para Lalla Mina, que sua filha. Desejo adotar Malika. Mas prometo-lhe que poderá vir vê-la quando quiser."

A adoção era comum no Palácio. As concubinas sem filhos adotavam órfãs, crianças deserdadas, vítimas de terremotos. Outras meninas chegavam à adolescência e viravam damas de companhia. Mas era raro uma criança adotada por um soberano tornar-se, como eu, quase igual a uma princesa.

Devo sem dúvida os vínculos privilegiados, quase filiais, que tive com Mohammed V, depois com Hassan II, à minha vontade e a meu caráter. Durante aqueles anos todos passados no Palácio, comportei-me de modo a conquistar o afeto deles, a me inserir em sua vida, a me tornar indispensável. Não queria de forma alguma permanecer anônima.

O que se seguiu ficou confuso na minha memória, como se eu tivesse sido vítima de um sequestro. Lembro-me que mamãe saiu precipitadamente, que me pegaram e enfiaram num carro e fui conduzida à Vila Yasmina, onde moravam Lalla Mina e sua governanta, Jeanne Rieffel.

Tirar-me de minha mãe era tirar minha vida. Chorei, berrei, esperneei. A governanta me instalou à força no quarto de hóspedes e me trancou lá. Solucei a noite inteira.

Meus pais nunca falaram comigo desse período. Se houve explicações, eu as esqueci. Minha mãe terá chorado como eu até o raiar do dia? Será que ela abria de vez em quando a porta do meu quarto, cheirava minhas roupas, sentava-se na minha cama, sentia saudade de mim? Nunca ousei lhe perguntar.

Com o tempo, essa separação se tornou um fato que passei a aceitar, apesar do meu sofrimento. Eu amava tanto minha mãe, sofria tanto por estar longe dela, que as suas visitas eram um terrível suplício. Nas raras vezes que passava para me ver, ela chegava ao meio-dia e saía às duas horas. Quando a governanta me anunciava sua vinda, eu sentia uma alegria que só era igual, em intensidade, à dor imediata que a acompanhava.

Na noite que precedia sua visita, eu não dormia; de manhã, não estudava direito. As horas pareciam intermináveis. Ao meio-dia e meia, eu saía da escola e o mesmo cerimonial começava então. Mamãe estava lá. Eu disparava pelas escadas até chegar ao salão e parava antes de entrar, porque sentia seu perfume, Je reviens de Worth. Aquele primeiro momento me pertencia. Parando diante do cabide, eu enfiava meu rosto em seu casaco.

Minha mãe estava sentada num sofá. Por que ela me recebia com tanta calma? Não devíamos nos igualar na dor e nas lágrimas? Então eu me refreava, beijava-a friamente. Mas depois, durante os poucos minutos a sós concedidos pela governanta, eu beijava furtivamente sua mão, acariciava seu braço, cumulava-a de mil gestos de ternura e de amor que tinham se tornado estranhos para mim e de que eu estava sempre faminta.

À mesa, a governanta monopolizava minha mãe, impedia-me de falar com ela. Eu não comia, contemplava-a, bebia suas palavras, acompanhava o movimento dos seus lábios. Gravava o máximo de detalhes que podia e os repassava todas as noites antes de dormir, na solidão do meu quarto. Eu tinha grande orgulho da beleza, da elegância, da juventude de mamãe. Lalla Mina também a admirava, e isso me enchia de felicidade.

Mas as horas passavam, eu devia voltar à escola. Suas visitas se espaçaram, eu me sentia cada vez mais separada dela. Meu lar não ficava mais na Alameda das Princesas, mas no Palácio de Rabat. Vivi lá esse tempo todo quase enclausurada, sem outro horizonte que não fosse seu recinto e o dos outros palácios reais aos quais nos levavam durante as férias.

Eu via a vida dos outros, a vida real, através dos vidros dos carros suntuosos que nos levavam de um lugar a outro. Minha vida era luxuosa e preservada do mundo, outro século, outra mentalidade, outros costumes.

Levei onze anos para escapar dela.

O PALÁCIO DE SIDI[1]
(1958 — 1969)

NO TEMPO DE MOHAMMED V

O rei não queria que sua filha predileta fosse criada na atmosfera confinada do Palácio. Preparou então a Vila Yasmina para ela. Era um paraíso para crianças bem-comportadas, preservado da brutalidade do mundo, um domínio de contos de fadas em que tudo deveria ser apenas luxo, calma e bonitas histórias. Lá me ensinaram a arte de ser uma princesa.

A grande casa branca ficava a dez minutos do Palácio, na estrada de Zaers. Entrava-se de carro por seu portão. Uma via de acesso levava à construção principal, onde moravam Lalla Mina e Jeanne Rieffel, sua governanta. Os aposentos delas ocupavam o primeiro andar, com a cozinha, o banheiro, o salão onde se destacava um piano de cauda, a sala de jantar, a sala de televisão, o quarto de hóspedes e o de Lalla Mina, contíguo ao da governanta. O conjunto era decorado em estilo moderno, confortável, com sofás e cortinas de chintz estampado, tapetes espessos, móveis aconchegantes.

No térreo havia um imenso salão de jogos cheio dos mais diversos brinquedos, bicicletas, garagens, bilhar, carrinhos em miniatura, bichos de pelúcia, bonecas e seus acessórios, fantasias e uma sala de cinema para nosso uso pessoal. Um jardim magnífico, ornado com mil variedades de flores — jasmins, madressilvas, roseiras, dálias, amores-perfeitos, camélias, buganvílias, ervilhas-de-cheiro —, rodeava a casa. As alamedas eram margeadas por tangerineiras, laranjeiras, limoeiros e palmeiras. Para distrair a princesa, tinham instalado um playground com trepa-trepa, balanços e escorregadores.

[1] Sidi: "senhor", "amo".

Lalla Mina, que adorava animais, tinha seu próprio zoo — um minúsculo cercado onde conviviam macacos, carneiros, um esquilo trazido de uma viagem à Itália, uma cabra e vários pombos — e até seu haras, situado atrás da casa, com cocheiras e a pista. Também nos fundos, havia um grande pomar com uma centena de árvores frutíferas. Na Vila Yasmina, tínhamos até nossa escola primária. A diretora se chamava sra. Hugon, e nossa professora, srta. Capel. Guardo desta última uma lembrança comovida.

Nos primeiros tempos, dormi no quarto de hóspedes próximo ao da princesa. Um ano antes da morte do rei, duas meninas de origem modesta, Rachida e Fawzia, escolhidas entre as melhores alunas do país, vieram juntar-se a nós para serem criadas com Lalla Mina. Instalei-me então com elas numa casinha situada no jardim, ao lado do zoo. Dois quartos davam para um pátio coberto por um telhado de vidro. Passei a dividir o quarto com Rachida.

Nossos dias eram programados de forma imutável, e assim permaneceram tanto no reinado de Mohammed V como no de Hassan II. Todas as manhãs, por volta das seis e meia, o rei vinha nos acordar. Primeiro passava pelo quarto de Lalla Mina, depois dirigia-se ao meu. Desfazia as cobertas, me pegava pelos pés e me puxava para si, de brincadeira.

Desde o início, não fez nenhuma diferença entre mim e sua filha e manifestava para com nós duas a mesma afeição benevolente. O rei adorava a filha. Não era dado a grandes expansões, mas pela simples maneira como olhava para ela dava para ver o quanto a amava.

Sua presença junto de nós era constante e regular. Participava do nosso café da manhã e ficava conosco até a hora de irmos para a escola. Voltava ali pelas onze e meia, assistia às aulas de árabe e ia de novo embora.

Almoçávamos e jantávamos na casa sob a férula de Jeanne Rieffel, a governanta alsaciana recomendada ao rei pelo conde de Paris, cujos filhos ela criara. Rieffel era uma solteirona autoritária que devia ter sido muito bonita: ainda tinha grandes olhos de um azul vivo, uma cabeleira grisalha, um belo porte. Eu a temia e a detestava. Não era má, mas não entendia nada de pedagogia, tampouco de psicologia. Tratava-nos debaixo de vara, não parava de nos castigar e de nos repreender para melhor nos educar, achava ela.

"Uma pessoa vale por sua educação, e não por sua cultura."

Essa frase sibilina, ela nos repetia cotidianamente com seu sotaque teutônico que ainda hoje ecoa em meus ouvidos. Desse ponto, ela vivia em guerra perpétua com a sra. Hugon, nossa diretora, que nos incentivava a estudar bastante.

Mohammed V era um rei austero. Entendia que os costumes no Palácio também deviam sê-lo. Era muito devoto e reverenciado como um ídolo por seu povo. Todas as sextas-feiras, no fim da manhã, saía a cavalo pelo portão principal do Palácio para ir à mesquita situada no interior da cidade. Trajava uma *djellaba** branca, seu traje solene, e levava à cabeça um barrete vermelho. Os escravos carregavam um grande dossel de veludo acima dele, para protegê-lo do sol. Ele atravessava as muralhas rodeado pelos mais belos garanhões de seu haras, que dançavam ao ritmo dos tambores da guarda real. Apinhada dos dois lados da avenida, uma multidão em delírio aclamava seu soberano. A devoção por ele era tão grande que as pessoas se jogavam no chão para recolher o excremento de seus cavalos.

Lalla Mina e eu íamos de carro vê-lo passar, e assim que ele saía nós o aplaudíamos com entusiasmo. Depois da prece, voltava ao Palácio de carruagem. Essa visão do rei a cavalo era feérica. Eu não me cansava dela.

Mas as distrações eram raras em seu reinado. Passávamos as férias nos palácios reais, em Fez, Ifrane (situada no Alto Atlas) ou em Wallidia, à beira-mar. O passatempo favorito do rei era o jogo de bochas, um esporte que ele praticava com seu motorista, com um decorador e com um intendente que o havia acompanhado ao exílio em Madagascar. Depois das aulas, íamos torcer por ele.

* Túnica de mangas compridas e capuz, em geral de lã fina. (N. T.)

Lalla Mina, entretanto, era uma menina muito mimada. Quando seu pai era vivo, os chefes de Estado do mundo inteiro lhe mandavam milhares de brinquedos que se amontoavam no salão de jogos. No Natal, ela ganhava tantos que a governanta os confiscava para distribuir aos pobres. Walt Disney inventou um carro americano para ela. O interior do carro era decorado com personagens de todos os seus desenhos animados e ele acrescentou uma minúscula cozinha e toda a mobília de uma casa em miniatura. Éramos filmadas e fotografadas com frequência: as revistas do mundo inteiro se interessavam pelo dia a dia da princesa.

Mohammed V faleceu brutalmente aos cinquenta e dois anos,[2] durante uma cirurgia banal. Morreu na mesa de operação. Apesar dos meus oito anos, lembro-me com precisão do luto guardado no Palácio e da tristeza da princesinha. Na manhã da sua morte, encontrei-a no jardim, soluçando entre os canteiros de flores. Abracei-a ternamente, sem ousar dizer nada.

Sentia uma imensa compaixão por ela; sua dor me tocava como se fosse minha. Não era ela minha quase irmã? Amei Mohammed V porque ele sempre foi justo e bom comigo. Mas ele não era meu pai e dava-me um aperto no coração pensar que eu também, um dia, poderia perder o meu.

No Palácio, todo mundo estava vestido de branco, a cor do luto. Para a menina que eu era, ainda pouco afeita a todos os costumes reais, aconteciam coisas estranhas e contraditórias. Numa sala, havia a *aamara*, o coro das escravas que tocavam tamborins num ritmo bem particular. Outras salmodiavam:

"O rei está morto, viva o rei..."

Elas se rejubilavam com a entronização de Hassan II,[3] o novo rei, de trinta e dois anos. Pouco mais longe, na sala em que estava o caixão de Mohammed V, suas concubinas o choravam com ruidosa tristeza.

[2] No dia 26 de fevereiro de 1961.

[3] Hassan II, nascido em 9 de julho de 1929, é o 35º descendente do Profeta e o 17º soberano alauita. Subiu ao trono no dia 3 de março de 1961.

Na época da morte do rei, minha mãe naturalmente pensou em me pegar de volta, mas as sutilezas e as suscetibilidades do Palácio sempre complicavam os atos mais simples. Minha volta à casa teria significado que minha mãe tinha menos deferência em relação a Hassan II do que tivera para com seu pai. E, depois, como ela poderia ser tão sem coração a ponto de privar Lalla Mina de minha companhia reconfortante? Não era o momento adequado.

Tampouco seria nos anos seguintes. Com o correr do tempo, eu me tornava objeto de barganha: quanto mais meu pai se impusesse politicamente, mais eu seria uma peça na disputa entre o rei e ele. Se meu pai por acaso deixasse transparecer a ideia de me retomar, não seria porque contestava a educação do rei?

Longos anos se passaram antes que, por mim mesma, eu impusesse minha vontade de voltar para casa.

A EDUCAÇÃO DE UMA PRINCESA

Quando ainda príncipe herdeiro, o jovem rei prometera tratar Lalla Mina como sua filha. Ao morrer Mohammed V, o Palácio ficou na expectativa: iria cumprir a promessa? Ele cumpriu.

A princesa não mudou de estatuto, e a vida continuou quase idêntica para nós. Hassan II não vinha nos acordar, não presenciava nosso café da manhã nem nossas aulas, como seu pai costumava fazer, mas todo fim de ano, na entrega dos prêmios, ele vinha à festa da nossa escola.

Cantávamos, dançávamos, líamos poesia, recitávamos suratas[4] do Corão e representávamos peças de teatro em francês e árabe. O rei sentava-se na primeira fila com suas concubinas, rodeado por alguns ministros e pela corte. Esse esforço — pois certamente o era para ele — era sagrado a seus olhos. Ele o fazia por respeito a seu pai e por amor a sua jovem irmã. Hassan II

[4] Suratas: capítulos do Corão.

ainda não tinha filhos, e a princesa e eu não nos privávamos de monopolizar toda a sua atenção.

Entrávamos em seu carro sempre que havia uma ocasião, montávamos a cavalo com ele, íamos vê-lo jogar golfe, torcíamos por ele em suas partidas de tênis, saíamos de férias com ele. Até assistíamos a reuniões do Conselho de Ministros. Éramos duas meninas espertas de oito anos que aproveitavam todas as oportunidades para rir e se divertir, esquecendo o fausto do Palácio.

Como no passado, éramos acordadas às seis e meia. Então nos lavávamos, nos vestíamos, rezávamos, depois arrumávamos a cama, púnhamos nosso quarto em ordem, engraxávamos os sapatos. A governanta chegava de surpresa, verificava se tudo estava impecável. Por volta das sete e meia, o café da manhã era servido na sala de jantar. A partir da quinta série, um carro seguido por uma escolta nos levava todas as manhãs, às oito horas, ao colégio, que ficava no interior do Palácio. Os professores eram recrutados entre os melhores de todo o reino. Alguns ministros do rei também nos davam aula.

Uma meia dúzia de alunas, dentre as que mais se destacavam em cada província, vieram juntar-se a nosso grupo de quatro: Lalla Mina, Rachida, Fawzia e eu. O ensino era em francês e árabe, e mais tarde em inglês. Nosso programa compreendia história, gramática, literatura, matemática, línguas e até religião. Desde Mohammed V, era de tradição instruir as princesas até a conclusão do secundário. Uma das filhas dele, a princesa Lalla Aicha, era tão brilhante que seu irmão, Hassan II, nomeou-a embaixadora em Londres e Roma.

Aluna rebelde e um tanto dispersa, eu adorava pregar peças em meus professores, e minhas notas se ressentiam disso. Nosso professor de Corão, um senhor idoso de aspecto altivo, tinha sido professor de Hassan II. Quando entrava na sala, exigia que corrêssemos até ele e beijássemos sua mão. Eu era encarregada de lhe tirar o albornoz e pendurá-lo no fundo da sala. O árabe clássico, que ele nos ensinava, era uma das minhas matérias favoritas, pois sua caligrafia se assemelhava a desenho, matéria na qual eu me destacava. Também gostava de ouvi-lo cantar as suratas com sua voz vigorosa e bem colocada.

Esse santo homem acreditava firmemente nos espíritos. Dizia que os *djinns** fazem parte de nós, tanto de dia como de noite. Nunca acreditei nas forças sobrenaturais mas, como ele parecia convencido da existência de tais forças, decidi pregar-lhe uma peça.

Certa manhã, aproveitei um instante em que ele estava no quadro-negro para me enfiar dentro da sua roupa pendurada no fundo, firmando-me bem nos pés do cabide. Quando ele se virou para a turma, o cabide começou a andar. O homem tremeu da cabeça aos pés. Quanto mais me aproximava da sua mesa, mais medo ele tinha, e mais recitava versículos do Corão. Não aguentando mais, caí na gargalhada. Ele quase sufocou de raiva! Eu ousara humilhar o patriarca venerado por todos, até por Sua Majestade.

O Palácio achou muita graça nessa peça. O rei também riu com gosto, apesar de ter ficado perturbado com a cólera do velhote, que me acusava de não acreditar em Deus.

Incorrigível, eu acumulava as travessuras: serrar a cadeira do professor de inglês, soltar abelhas em cima de um professor alérgico... A cada vez a sra. Hugon, nossa diretora, ia queixar-se ao rei. Em minha caderneta de notas semanais, as apreciações eram contundentes: "Aluna insubmissa e rebelde, bagunceira, tagarela".

Eu levava meu boletim ao rei na hora do seu almoço. Esperava tremendo meu castigo, muda de terror.

Um dia, ele se virou para as concubinas:

"Não entendo. Dizem que ela é tagarela, mas não consigo arrancar-lhe uma palavra."

A sala inteira caiu na gargalhada: elas me conheciam bem.

Ao meio-dia e meia, terminavam as aulas matinais. O carro nos levava ao campo de golfe para cumprimentarmos o rei. Às

* Espírito do ar na crença árabe. (N. T.)

vezes almoçávamos no Palácio mas, na maioria das vezes, voltávamos para a Vila Yasmina. Esperávamos o almoço no salão de jogos. Era um momento precioso, que eu aproveitava para tocar piano ou esboçar o retrato de todos os astros e estrelas do cinema e da música que me faziam sonhar.

A governanta nos chamava para almoçar por volta das treze horas e nos repetia o seu indefectível discurso, com seu sotaque detestável.

"Vão ao toalete, façam pipi ou cacá, limpem o bumbum e lavem as mãos. Depressa, senhoritas..."

Durante o almoço, era obrigatório falar alemão. Eu não suportava essa língua por ser a de Rieffel, mas não era apenas isso que me martirizava.

Eu detestava a comida insípida que nos serviam na Vila, sob o pretexto de ser nutritiva. Sonhava com *tajines*,* sopas, almôndegas, crepes marroquinos, doces encharcados de mel. A rainha-mãe e Lalla Bahia, que sabiam da minha gulodice, mandavam para nós uma vez por semana toda sorte de pratos suculentos, mas Rieffel nunca nos deixava provar. Ela levava seu sadismo ao ponto de mandar pôr todos eles na mesa para que os víssemos e depois mandava tirá-los.

Preparavam-nos, então, saladas de carne e espinafre gratinado, peixe cozido e batatas no vapor, salpicadas de salsinha. Eu detestava a carne, o pão, os legumes. Só gostava de ovos cozidos, que nos serviam com parcimônia, e, principalmente, da cozinha marroquina. Vale dizer que não comia nada à mesa. Rieffel nos obrigava a engolir tudo. Eu inventava mil estratagemas para não fazer nada do que ela mandava, sempre temendo que não me deixasse ir ao cinema como castigo por meu comportamento.

Depois do almoço, tínhamos um pequeno momento de liberdade, antes de voltar ao colégio. Por volta das dezoito e trinta, no fim das aulas, voltávamos ao Palácio para nos encontrarmos com o rei. Se ele estava em reunião do Conselho de Ministros, visitá-

* Prato típico marroquino, é um guisado de carnes cozido num prato de barro com uma tampa cônica. (N. T.)

vamos Oum Sidi, a rainha-mãe, nossa cúmplice contra Rieffel. Com os mais variados pretextos, ela retinha a governanta e nós aproveitávamos para escapar.

Na Vila Yasmina, o jantar era servido às oito. Na época das provas, eu estudava até tarde da noite. Senão, por volta das nove, no máximo, íamos nos deitar. Não era permitido ver televisão, nem mesmo ler — devíamos apagar a luz imediatamente. Eu escutava às escondidas o programa *Les tréteaux de la nuit* num pequeno rádio que dissimulava sob meu travesseiro.

Minha cama dava para o pátio. Eu escolhera a que ficava perto da janela para olhar o céu e as estrelas, espetáculo que me trazia paz. A noite era meu domínio, meu porto seguro. Ninguém podia perturbar meus pensamentos. Fugia para uma vida que eu inventava; era enfim livre. Não dormia muito, chorava, pensava na minha mãe, que me fazia cada vez mais falta.

Sentimentos contraditórios me assaltavam. Eu não era infeliz. Lalla Mina me amava como uma irmã, e eu correspondia ao seu amor. O rei, a rainha-mãe, Lalla Bahia, as concubinas me cercavam de afeto, embora nunca o demonstrassem abertamente. Eu vivia uma infância de sonho, tinha tudo o que desejava e até mais.

Mas sentia uma falta cruel da minha família. Ficara sabendo, pelo Palácio, do nascimento de minhas irmãzinhas. Myriam e Raouf eram completos desconhecidos para mim. Não sabia nada deles, nem dos seus gostos, suas brincadeiras, seus amigos. Quando, excepcionalmente, a governanta me deixava passar uma tarde em casa, os dias seguintes eram terríveis. Eu não comia e não dormia, minha tristeza só se atenuava após vários dias e noites de lágrimas secretas.

Por duas vezes, fui passar uns dias de férias com eles, mas logo vinham me buscar, sob qualquer pretexto. Lalla Mina sentia falta de mim.

Às vezes via meu pai no Palácio, mas nossos contatos eram breves demais. Pouco expansivo, as efusões o incomodavam.

Bastava porém um olhar ou um aperto de mãos para eu compreender que ele me amava. Muitas vezes eu até percebia a sua mágoa por não poder me educar. Com o passar do tempo, fiquei sabendo, pelas pessoas que nos rodeavam, que meu pai era um homem importantíssimo, mas tive de crescer um pouco mais para avaliar, realmente, seu papel político. Eu vivia tão encerrada que não sabia nada do que acontecia no mundo. Não entendi nem mesmo o caso Ben Barka.[5] Mal senti que a segurança tinha se tornado mais vigilante comigo. No rádio eu ouvia o nome de meu pai na boca dos jornalistas, sem compreender do que se tratava.

Acima de tudo, obcecava-me a vontade de telefonar para minha mãe. Sempre que encontrava um telefone à mão, eu me sentia impelida a ligar para ela. Na entrada da Vila, numa casinha, viviam o sr. e a sra. Bringard, o intendente e a governanta-geral. Em frente, havia o escritório do sr. Bringard com um desses telefones tão cobiçados. Às vezes eu saía do meu quarto no meio da noite e esgueirava-me para fora do pátio sem fazer barulho, pois Rieffel nos vigiava da sua janela. Atravessava o jardim tentando evitar os numerosos guardas ali postados. Ia até o escritório do intendente e me apossava do telefone, trêmula.

De dia, valia-me de todos os estratagemas para me isolar e ligar para minha mãe. Mas quando, à custa de mil artimanhas,

[5] Caso Ben Barka: no dia 29 outubro de 1965, Mehdi Ben Barka — ex-professor de matemática do rei Hassan II, líder da oposição marroquina (fundador da União Nacional das Forças Populares) e porta-voz do Terceiro Mundo — é raptado diante da Brasserie Lipp em Paris por dois policiais franceses, Souchon e Voitot, e levado a uma casa em Fontenay-le-Vicomte. Nunca mais foi visto.

O general Oufkir, então ministro do Interior (a cujo ministério está subordinada a polícia), e o coronel Ahmed Dlimi, diretor da agência nacional de segurança, são acusados pela França de serem os instigadores desse rapto e da morte de Ben Barka. Um mandado de prisão internacional é emitido contra eles. Dlimi entrega-se à justiça francesa e é inocentado em junho de 1967. O general Oufkir é condenado por contumácia à prisão perpétua na França. No Marrocos, será homenageado pelo rei "por seu indefectível apego a nossa pessoa".

eu finalmente conseguia falar, não sabia mais o que dizer, ao perceber as vozes e os risos lá de casa me alcançando do outro lado da linha. Sentia com dor que minha família tinha sua própria vida, da qual eu não fazia mais parte.

Nos fins de semana, mudava um pouco a programação rigorosa que devíamos cumprir. Sábado, a aula de alemão durava a manhã toda. A governanta nos ensinava sua língua, recorrendo largamente a castigos e palmadas. Depois, Lalla Mina, que era apaixonada por cavalos, ia para o seu haras e eu descia até o salão de jogos para desenhar, ouvir música, tocar acordeão, bateria. Como todas as meninas do mundo, também gostávamos de brincar de boneca e de comidinha. Recebíamos nossas convidadas numa bonita cabana decorada, oferecíamos a elas folhas de árvore servidas em tigelas de prata.

Se um filme havia nos agradado na semana precedente, eu tratava de reconstituí-lo. Remexíamos os baús repletos de fantasias para representar os personagens. Eu era sempre a diretora e distribuía papéis e diálogos. Tivemos, assim, o período *Carmelitas*, depois o período *Melodia da felicidade*, *Rômulo e Remo* e *Os três mosqueteiros*.

Depois do almoço, íamos passear no campo, "tomar um pouco de ar", como exigia a governanta. Todos os sábados e às vezes durante a semana, quando o rei não estava disponível, saíamos de Rabat. Deixavam-nos a uns trinta quilômetros do Palácio e caminhávamos duas ou três horas para voltar para casa, acompanhadas por nosso carro e pelo veículo da escolta.

Na ida, mal Rieffel cochilava, eu trocava um olhar cúmplice com o motorista e ele ligava o rádio. Ouvia então minhas músicas prediletas — trilhas sonoras, rock, twist —, de jeito nenhum aqueles horríveis *lieder* alemães que a governanta nos obrigava a entoar. Era um prazer tanto mais delicioso por nos ser proibido.

Sábado à noite era um dos meus momentos prediletos, porque passavam filmes antigos para nós. Mas eu preferia, acima de tudo, o cinema do Palácio. Podíamos ver todos os filmes recentes que quiséssemos, sem que fossem censurados por Rieffel. Nos sábados de ramadã, a cozinha nos preparava maravilhosos lanches, que saboreávamos com o rei e as concubinas, vendo filmes até o raiar do dia. Nem é preciso dizer que no domingo todo o mundo dormia até tarde.

Quando seu pai ainda vivia, Lalla Mina ganhara um filhote de elefante do pandit Nehru. Instalaram o bicho no magnífico parque do palácio de Dar-el-Salem, em plena natureza, na estrada de Rabat. Garotinhas, íamos muito lá na hora do almoço para dar de comer aos patos que nadavam no lago.

O elefantinho tornou-se nosso brinquedo favorito. Era meigo, afetuoso, comia depressa os pedaços de pão que lhe dávamos. Íamos vê-lo todos os dias, e nossa maior alegria era dar a volta no parque montadas nele, acompanhadas por seu condutor, vindo da Índia. O condutor quis voltar para casa. Um cavalariço marroquino passou então a cuidar do filhote e logo deu de maltratá-lo. Irritado, o elefante atacou seu verdugo. Tiveram de sacrificá-lo. Lalla Mina e eu ficamos inconsoláveis por muito tempo.

Nossa paixão pelos animais não tinha limites. Na estrebaria, entre os cavalos, vivia uma camelinha branca, Zazate, que o governador de Ouarzazate tinha nos dado por ocasião de uma viagem que fizemos ao Sul em companhia de Moulay Ahmed Alaoui, primo do rei. Esse homem inteligente e apaixonado pela cultura marroquina havia sido encarregado de nos mostrar a região, quando já éramos adolescentes.

Por dois ou três anos, durante as férias, ele nos levou pelas aldeias e vilarejos, desertos e montanhas. Antes de cada visita, dava-nos lições de geografia e história. Graças a ele, conheci a região de meus ancestrais paternos, os *charfa*, descendentes do Profeta em linha direta. Nesses desertos do Sul, povoados pelos homens azuis, fui ainda mais aclamada do que a princesa Lalla Mina. Em nossa homenagem, organizaram um espetáculo equestre em lombo de camelo.

Zazate veio morar conosco. Nós a instalamos numa das cocheiras do haras da Vila Yasmina, ao lado do garanhão da princesa. Sábado à tarde, eu às vezes cedia às súplicas de Lalla Mina e aceitava acompanhá-la em seus passeios a cavalo. Eu preferia montar a camela, e assim nos divertíamos. Às vezes, também, ela me pedia para escolher um cavalo e me desafiava para uma corrida.

Esses momentos me enchiam de uma felicidade intensa. Sentia-me livre, leve. Adorava galopar ao vento, sentir os ramos fustigando meu rosto. Parecia que eu não pertencia a mais ninguém. Era, enfim, eu mesma, sem deveres nem obrigações. Compreendia melhor o que era a felicidade de cavalgar.

Para as férias, além das viagens com Moulay Ahmed, podíamos escolher entre os numerosos palácios do reino: Tânger, Marrakech na primavera ou o palácio de Fez, que Hassan II reformou e que se tornou um dos mais bonitos do país.

O meu lugar preferido era Ifrane, no Alto Atlas. Tínhamos a impressão de estar chegando à Savoia. As casas eram de tijolos vermelhos, como as de Branca de Neve e, no inverno, a neve cobria as encostas das montanhas. Nós nos divertíamos loucamente esquiando. Lalla Mina e eu ficávamos num enorme casarão de seis andares, onde o rei Mohammed V morou quando era príncipe herdeiro. Uma estrada sinuosa subia no meio da floresta de pinheiros até o castelo do rei, encarapitado no alto da montanha e rodeado por um parque de conto de fadas. Como fez com a maioria dos seus palácios, Hassan II reformou-o com grande luxo.

Em julho de 1969, para comemorar seus quarenta anos, encomendou uma montagem do *Lago dos cisnes* sobre as águas do lago de Ifrane. Um espetáculo inesquecível, digno das *Mil e uma noites*. Quando Nasser veio visitá-lo, o rei deu uma grande festa para recepcioná-lo. Em Michlifen, junto de Ifrane, um antigo vulcão com uma cratera gigantesca destacava-se, sobranceiro, no meio da floresta. No inverno íamos esquiar na sua encosta.

O *raïs*[6] pôde assistir a um inesquecível espetáculo equestre bem no meio da cratera. Fomos todos confortavelmente instalados sob uma imensa tenda militar armada para essa ocasião.

Em Ifrane, à noite, caçávamos panteras, em um helicóptero, ou javalis e lebres, em um jipe sem capota. Eu ficava sempre sentada ao lado do rei, consciente de viver momentos excepcionais.

A VIDA NO PALÁCIO

O Palácio era nosso domínio, o espaço favorito para nossas brincadeiras. Não nos cansávamos de disparar pelos corredores, de explorar as alcovas, os pátios, de nos meter em todos os lugares onde nos deixassem entrar, nos aposentos do rei, no harém, nas cozinhas. Lalla Mina insinuava sua carinha travessa nas portas que entreabria, eu também me aventurava, com um ar maroto. Percebiam-nos, chamavam-nos... Éramos mimadas, beijadas, agradadas, davam-nos guloseimas, satisfaziam todos os nossos caprichos.

Entrava-se nos domínios reais por uma muralha[7] atravessada por uma estrada. Em seu interior, encontrava-se a mesquita com seu pequeno mausoléu, o bairro dos escravos casados, o edifício do protocolo, o da guarda real e, um pouco mais longe, a garagem, um dos meus locais prediletos, onde se alinhava a impressionante coleção de carros do rei. Um grande portão dava para o Palácio, que era tão grande como uma cidade, com clínica, campo de golfe, sauna, colégio, mercados, campos esportivos e um grande zoo aonde a princesa e eu íamos muitas vezes.

As construções destinadas à moradia eram divididas em vários edifícios gigantescos, ricamente decorados, comunicando-se

[6] Outro nome para "rei", título dado ao presidente egípcio Gamal Abdel Nasser.

[7] A muralha que cerca o Palácio é tão antiga quanto a cidade de Rabat. Originariamente, eram muros de antigas estrebarias, onde se prendiam os cavalos. A palavra Rabat significa "preso".

por corredores intermináveis: o palácio de Hassan II, que se mudava sem parar de um canto para o outro, ao sabor da sua fantasia; o de Mohammed V, grande e escuro demais para nosso gosto; o das concubinas, em que cada uma possuía seus aposentos; os de Oum Sidi e de Lalla Bahia, construídos pelo falecido rei.

O labirinto que ligava estes últimos tinha dois quilômetros. Nós o percorríamos sempre correndo; havia tantas coisas para ver e fazer... Os palácios das soberanas eram dotados de uma sala de cinema, de um jardim de verão, um de inverno, de salões italianos cobertos de esplêndidos afrescos, cujas janelas davam para um pátio de mil metros quadrados e para a piscina que cobria toda a esplanada.

Lalla Bahia, que chamávamos de Mamahia, dormia numa imponente cama de baldaquim forrada de seda branca. Na intimidade, era comum que ela vestisse apenas um penhoar de seda e chinelos de pompom, que valorizavam seus pezinhos. Uma verdadeira estrela de cinema. Ela passava horas a fio no seu banheiro de mármore branco, onde se acumulavam produtos de beleza.

Eu adorava vê-la passar creme Nivea no rosto, depois limpá-lo demoradamente com pilhas de toalhas de algodão fino feitas especialmente para isso. "Minha filha", ela me repetia com sua voz sensual, "nenhum creme, nem o mais caro, é tão eficaz quanto este." A julgar por sua pele perfeita, mais branca que o leite, não havia como não acreditar...

Lalla Mina e eu ficávamos horas em seu salão, sentadas no chão folheando seus álbuns de fotos, que reconstituíam a história da família real: o nascimento das princesas, a ida para o exílio, o retorno, os casamentos do rei e de suas irmãs, as festas e os aniversários. Com sua filha, Mamahia não era nem maternal, nem expansiva. Oum Sidi manifestava pela princesinha muito mais calor e afeto, mas também podia se mostrar severa. Eu amava muito a rainha-mãe, admirava sua elegância, seu porte altivo, sua personalidade particular, toda contenção e reserva.

Costumávamos dar uma volta pelas cozinhas para nos empanturrar de tudo que Rieffel nos proibia na Vila. Ou então seguíamos, sempre às carreiras, os intermináveis corredores que levavam aos aposentos das concubinas ou dos escravos. Estes, que chamamos de *aabid*, vivem no palácio de Rabat há gerações; descendem dos escravos negros comprados dos negreiros da África. Seus trinetos continuam a serviço do rei, em cada um dos seus palácios marroquinos. Pertencem à família real, mas são livres para se casar fora do Palácio e mudar-se de lá, se desejarem. Na prática, não o fazem.

Mandava o costume que, quando um casamento de príncipe ou princesa era celebrado no Palácio, promovia-se no mesmo dia o casamento de uns quarenta casais de escravos que em seguida passavam a residir dentro do recinto real, em casas construídas especialmente para eles. Os filhos deles, por sua vez, eram escravos. Somente os escravos da casa, encarregados de ministrar os castigos corporais, tinham uma função precisa. O resto constituía um exército de serviçais intercambiáveis, um pessoal explorado à vontade e que recebia um salário de fome. Alguns deles serviam a esposa do rei; outros, as concubinas; outros ainda, o próprio rei.

As mulheres trabalhavam nas cozinhas, na arrumação, eram babás, costureiras, passadeiras ou mesmo concubinas de terceira categoria. Os homens cuidavam da garagem, serviam à mesa, ou velavam, como estátuas de pedra, em cada canto do Palácio ou nos nichos existentes nos incontáveis corredores. As solteiras e viúvas viviam no interior do Palácio, num bairro especial. Moravam sozinhas ou aos pares em pequenas alcovas fechadas por cortinas, que se sucediam de ambos os lados de uma alameda a céu aberto. Cozinhavam em botijões de gás os melhores pratos do Palácio. Apesar de sua pobreza, suas *kubas*[8] reluziam, e elas mesmas estavam sempre impecáveis.

O dia todo, as escravas ouviam música oriental em seus rádios de pilha ligados no volume mais alto. Ouviam a mesma estação, o que produzia um efeito estereofônico curioso quando

[8] *Kubas*: alcovas de tamanho variável que margeiam os pátios do Palácio.

entrávamos em seus domínios. De suas *kubas* vinham deliciosos odores de comida. Para nos atrair, elas nos chamavam tocando em nosso ponto fraco, a gula:

"Lalla Mina, Smiyet Lalla, venham... Fiz um *tajine*, panquecas gostosas..."

Algumas preparavam *haxixa*, isto é, geleia de haxixe, cozida horas a fio numas panelinhas sobre fogareiros. Às vezes eu roubava um pote da geleia, que dividia em segredo com Lalla Mina. E então gargalhávamos horas seguidas.

Diante das portas das concubinas empilhavam-se montanhas de sapatos de mulher, porque no Palácio andava-se descalço, tanto em seus tapetes como nas *kubas*. Tiravam os sapatos antes de entrar, depois pegavam-nos de volta. Sempre achei cômicos aqueles montes de sapatos.

Ao chegar ao Palácio, fui adotada pelo harém de Mohammed V. Quando da sua morte, vi chegar o de Hassan II. Eu conhecia bem aquelas mulheres todas, era aceita em sua intimidade, compartilhava suas confidências. As de Mohammed V viviam num lugar deslumbrante, que o rei Hassan II construíra especialmente para elas — uma pequena aldeia de casas brancas cercadas de jardins, situada em frente do nosso colégio. Tinham piscinas, mercados, sauna, clínica, sala de cinema. Continuaram a servir o novo soberano, a aconselhá-lo, a rodeá-lo, e desempenhavam um papel importante, ao contrário do que muitos dizem.

As concubinas de Hassan II eram mocinhas escolhidas por sua beleza, vindas de todas as regiões do país. As mais velhas não contavam ainda dezessete anos. Eram desajeitadas, desastradas, vacilantes, não sabiam se comportar. Foram instaladas nos aposentos antes pertencentes às concubinas de Mohammed V.

As veteranas logo se encarregaram delas, ensinando-lhes a vida no Palácio, o protocolo, as tradições, os hábitos. Elas as preparavam para a vida de mulher, porque a sexualidade de uma concubina não é como a das mortais comuns. Segredos zelosamente guardados eram transmitidos de harém em harém. Trocavam-lhes os nomes. As Fatiha e Khadija, normalmente moças do povo, viravam Noor Sbah, "Luz da Alvorada", ou Shem's Ddoha, "Sol Poente". Terminada a formação, casavam-nas com o rei em grupos de três ou quatro, no palácio de Fez, em cerimônias suntuosas, em que eu sempre dançava e cantava. O rei ficava feliz. Era então um herdeiro cheio de esperança, que os rompimentos políticos ainda não haviam tornado amargo.

Hassan II teve novas concubinas até o início dos anos 1970, umas quarenta ao todo, que se somavam às quarenta mulheres de seu pai. Elas o seguiam por todo o Palácio, quando se vestia, no banho turco, no barbeiro, na ginástica. Agrupavam-se em clãs: as veteranas, as cúmplices, as provocadoras, as brincalhonas, as bocas-sujas... O objetivo delas era chamar a atenção do rei, ser suas favoritas do momento. Quando conseguiam, era uma glória. Até que outro clã conquistava seus favores e o primeiro era deixado de lado, como se houvesse saído de moda.

Entre as concubinas, às mais consideradas era concedido o estatuto de esposa sem filhos, porque, em princípio, não tinham o direito de procriar. Somente a mulher do rei lhe dava herdeiros. Em seguida, vinham as caseiras, encarregadas de cuidar da intendência do Palácio ou de fazer perdurar as tradições que o rei respeitava.

Uma das concubinas de Mohammed V era encarregada, nos dias de festa, de vesti-lo com o traje de gala, uma *djellaba* branca e uma calça da mesma cor. Depois da sua morte, ela continuou a fazê-lo com Hassan II. Essa cerimônia particular transcorria numa sala do Palácio, composta de um grande átrio revestido de mármore branco no centro do qual rumorejava uma fonte. Essa dependência era rodeada, em três dos seus lados, por *kubas* revestidas de *zelliges*[9] de cores vivas, guarnecidas de tapetes de seda, almofadas e tecidos preciosos, brocados e veludos. Uma cortina de tafetá ou de veludo as isolava do pátio. Esse princípio arqui-

[9] *Zelliges*: mosaicos.

tetônico se repetia em todo o palácio de Rabat, assim como em todos os outros palácios do rei.

Nos dias em que ia à mesquita, Hassan II entrava em sua *kuba* acompanhado da concubina que levava o traje de gala. Qualquer uma das suas mulheres podia acompanhá-lo, se desejasse. Assim que o rei estivesse vestido, a concubina incumbida do incenso acendia bastonetes cheirosos. Outra levava um lindo cofre de marchetaria numa almofada de veludo verde-esmeralda, a cor do Palácio. No cofre estavam arrumados pequenos frascos de óleos essenciais — âmbar, almíscar, sândalo ou jasmim —, vindos de Meca. O rei derramava algumas gotas da essência escolhida num pedacinho de algodão e passava-o atrás da orelha. Depois jogava-o no chão.

Era o sinal para a correria. Todas as concubinas disputavam o pedaço de algodão e o passavam de mão em mão para recolher o precioso aroma mesclado ao do seu senhor e amo. Eu sempre procurava ser a primeira a pegá-lo para me deliciar antes delas com seu perfume.

Quando o rei voltava da mesquita, as vozes dos escravos anunciavam sua chegada salmodiando sem parar:

"Que Deus lhe dê longa vida..."

Depois a *aamara*[10] começava a se manifestar, ritmando os cantos com tamborins. Era proibido se aproximar do rei antes de ele ter lavado as mãos. Quando sua volta da mesquita coincidia com o fim do ramadã ou com a festa de Aid, Hassan II instalava-se diante da *kuba*, numa poltrona majestosa como um trono. Nesse dia, todas as concubinas castigadas ou repudiadas tinham o direito de lhe pedir perdão jogando-se a seus pés.

Todas as noites, antes do jantar, a concubina do banho lavava o rei segundo um ritual preciso de perfumes e sabonetes. Outra concubina era encarregada da cerimônia da madeira de sândalo, que se realizava em todas as festas, todas as celebrações religiosas e, também, em todos os lutos e enterros. A madeira de

[10] Ver p. 34.

sândalo vinda de Meca ardia permanentemente num precioso recipiente de prata cinzelada, cheio de carvão em brasa.

A concubina oferecia ao rei pequenos pedaços de sândalo, que ele jogava nesse vaso. O vaso passava então por todos os cômodos, a fim de purificá-los. O cheiro de sândalo impregnava todo o Palácio. Punha-se pó de sândalo nos aspiradores, queimava-se madeira de sândalo nos *mbehbra*[11] que os escravos faziam circular por todas as dependências. Os aposentos, os carros, até os moradores do Palácio exalavam esse odor.

Naïma, a concubina das chaves de fora, era uma moça esperta, a única dentre todas as mulheres que tinha contato com a "gente de fora", principalmente com os homens — jardineiros, decoradores, vigias etc. Também era responsável pelos jornais, que trazia todos os dias ao rei.

Para o fim da tarde, Hassan II instaurara um ritual. Massageavam-lhe as mãos e o couro cabeludo numa minúscula *kuba* que existia desde o tempo de Mohammed V. Todas nós assistíamos a essa sessão, sentadas de pernas cruzadas a seus pés, comentando as operações com grandes gargalhadas. Depois eu ia beijar-lhe as mãos, cuja pele era muito suave. A cabeleireira e a manicure eram francesas, bem como os dois professores de ginástica, que davam aulas às concubinas na esplanada do palácio delas.

O rei sempre procurava novas distrações para as suas mulheres, algumas das quais ainda eram crianças. Mandou vir dos Estados Unidos bicicletas com vários selins. Nos imensos corredores do palácio de Fez ecoaram por muitas semanas nossas risadas: valia a pena nos ver, todas em fila indiana, pedalando atrás dele...

Durante sua formação, as concubinas, como as escravas, usavam um cafetã de seda verde-garrafa, cinzento ou marrom, ornado de uma passamanaria de seda do mesmo tom. Elas arrega-

[11] *Mbehbra*: incensório oriental.

çavam as compridas mangas até o cotovelo, prendendo-as com grossos elásticos. Em torno da cintura, outro tecido, o *tehmila*, formava como que um avental. Tornando-se concubinas confirmadas, elas podiam enfim usar cafetãs de todas as cores.

O rei se imiscuía nos mais ínfimos detalhes das roupas das concubinas. Determinava os modelos dos cafetãs de cerimônia, as cores, os tecidos, os cintos. Era um espetáculo magnífico vê-las evoluir no Palácio trajando suas vestimentas coloridas. Todos os matizes eram permitidos, dos tons mais vivos às mais delicadas nuanças. Elas tinham uma maneira graciosa de se movimentar, de usar suas roupas tão pesadas, de arregaçar as mangas ou a orla dos vestidos. Até pareciam dançar.

Mandava a tradição que elas usassem cafetãs dentro do Palácio. Fora, na praia, no golfe, no tênis, andando a cavalo, vestiam roupas europeias da última moda. Mandavam vir tecidos da Itália e de outros países da Europa, e o rei também participava da escolha.

Para andar de automóvel — enormes limusines de vidros cobertos com cortinas — e ir de palácio em palácio, ou para viajar, as concubinas usavam *djellabas* especiais, pretas ou azul-marinho, que pareciam mantôs de capuz redondo. Seus rostos eram graciosamente velados com lenços de musselina escura.

Quando estávamos de férias em Marrakech, Hassan II anunciou-nos que íamos sair com ele, o que nos deixou muito alegres: eram tão raras as ocasiões para passearmos juntos na cidade! Distribuíram *djellabas* tradicionais para nós e levaram-nos de caleche. Dissimulado sob uma *djellaba* de escravo, o próprio rei conduzia a nossa. Na medina,* pechinchou os presentes que comprou para nós. Ninguém o reconheceu. Lembro-me da minha felicidade e de nossos ataques de riso.

Era quase impossível as mulheres saírem sem o rei, salvo em raras ocasiões. Uma viagem oficial à Iugoslávia no início dos

* Parte antiga da cidade, em geral cercada por muralhas e com ruelas estreitas. (N. T.)

anos 1960 com a rainha-mãe, Oum Sidi, e algumas concubinas amigas dela ficou gravada na minha memória. O marechal Tito pôs à nossa disposição um castelo situado nos arredores de Belgrado, que parecia a morada do conde Drácula.

Noor Sbah, uma das concubinas mais brincalhonas, dissimulara seu rosto com uma meia escura e andava pelos corredores sombrios com uma vela na mão, batendo nas portas dos quartos. Essa brincadeira infantil provocou uivos de pavor em todo o castelo e explosões de riso em Lalla Mina e em mim, que a seguíamos pé ante pé.

No fim da nossa visita, a rainha-mãe teve vontade de dar uma discreta escapada até a Itália, sem avisar o rei. Mas em Trieste os jornalistas nos esperavam, e nosso passeio, incógnitas, foi por água abaixo.

De uns anos para cá o regime carcerário das concubinas se atenuou. Elas andam sem véu e sem cortinas nas janelas dos automóveis. A rainha Latéfa pode passear e viajar sozinha, tem seus automóveis pessoais, seus motoristas, sua segurança, o que não havia na época em que se casou com Hassan II.

No ano seguinte à morte de Mohammed V, tornou-se imperativo pensar no casamento do rei, então com trinta e três anos. A maior família berbere do país mandou ao Palácio duas jovens beldades, primas-irmãs, Latéfa, de quinze anos, e Fatéma, de treze. Elas receberam a mesma formação das outras concubinas, chegadas ao mesmo tempo de todas as províncias do Marrocos.

Mas já se sabia que a escolha real recairia sobre uma das duas moças. A decisão não podia ser tomada inconsequentemente. A esposa legítima seria mãe dos filhos do rei e, sobretudo, do herdeiro do trono. Por motivos políticos (a manutenção de um sutil equilíbrio entre as populações marroquinas), ela devia ser berbere como todas as esposas de monarca, assim como a rainha-mãe, Lalla Aabla, e como Lalla Bahia.

Fatéma era grande, bem-feita, tinha pele branca, olhos claros, um rosto de madona. Menor, Latéfa tinha traços irregulares, nariz proeminente, mas grandes olhos castanhos e uma cabeleira luxuriante. Não tinha a beleza espetacular da prima, mas sua personalidade já estava claramente definida.

As duas moças eram pouco mais velhas que eu, mas já as considerava mulheres feitas. Eu estava perto do rei quando ele recebeu a família delas, uma das mais renomadas do país. Ele se comportou com humildade e deferência, muito mais como genro do que como monarca, diante daqueles berberes tradicionais que não davam importância às aparências. As mulheres usavam véus brancos, os homens, *djellabas*. Sua modéstia, dignidade e a simplicidade de seus trajes destoavam naquele cenário de *Mil e uma noites*.

Fatéma ficou perdidamente apaixonada pelo rei. Mais orgulhosa, menos expansiva, Latéfa esperou a escolha do soberano. A beleza e o frescor da mais moça, assim como seu amor violento e espontâneo, sensibilizaram o rei; o carisma da mais velha também lhe agradava. Somente as íntimas conheciam a rivalidade entre as duas primas. As velhas concubinas quiseram orientar o monarca a escolher Fatéma, mais maleável, mais fácil de manipular. Tentaram forçar a natureza para que ela engravidasse logo. O nascimento de um herdeiro oficializaria o casamento. Mas isso não aconteceu.

Latéfa um dia tomou a palavra e dirigiu-se ao rei.

"Sidi, não aceitarei nunca ser uma simples concubina em vosso harém."

Se não lhe desse a oportunidade de ser a mãe de seus filhos, acrescentou, preferia voltar para casa. Não rejeitava o estatuto de concubina nem a ideia de partilha ou anonimato. Mas Latéfa queria ser mãe. Essa determinação agradou ao rei, que preferia, às mulheres lindas, as que denotavam caráter. E caráter Latéfa tinha de sobra. Do alto do seu metro e cinquenta e cinco, inspirava respeito sem precisar abrir a boca. Ele a escolheu para esposa. A prima Fatéma permaneceu concubina no harém.

Esses costumes me pareciam normais. Não me chocavam porque era assim que me educavam. Eu era moça demais, ignorante demais para avaliar seu aspecto medieval. Com o casamento do rei, eu assistia a uma bela encenação, como eu tanto gostava. Mas também estava muito feliz. Sentia-me verdadeiramente envolvida em tudo o que dizia respeito, de perto ou de longe, a meu pai adotivo.

No ano seguinte, Latéfa deu à luz uma menina, Lalla Meriem,[12] que nasceu em Roma. O batismo foi suntuoso, dias e dias de música, danças, folguedos, banquetes refinados em que nos serviam os mais raros pratos. Latéfa triunfava. O nascimento da sua filha a consagrara rainha.

Latéfa teve mais quatro filhos.[13] Em cada uma das suas gestações, o rei controlava rigidamente sua alimentação. Ela devia seguir uma dieta rigorosa, comer legumes, evitar açúcar e gordura. Ele era intransigente, e ela morria de fome.

Estava grávida de Moulay Rachid quando me suplicou:

"Estou com vontade de comer um 'turbante de chefe'. Agora mesmo."

Não era um desejo fácil de satisfazer. O que a rainha queria eram uns crepes que levam horas de preparação para acabar por se parecer com um turbante mergulhado em mel — daí seu nome. Nessa época, eu já havia voltado para casa, mas ainda ia visitar as princesas e as concubinas.

Corri para casa e pedi para Achoura, nossa governanta, que era uma cozinheira de mão-cheia, fazer os crepes. Ao saber quem era a destinatária, ela quis caprichar no trabalho e apresentar os doces numa bandeja de prata. Mas eu não tinha muito tempo, Latéfa havia dito "agora mesmo" e, principalmente, eu não queria que me vissem. O rei poderia ter um dos seus acessos de raiva tão temidos.

Dispus os crepes num prato comum, enrolado num simples pano de prato, e voltei ao Palácio. Passei por uma entrada secundária para evitar encontros, mas logo dei de cara com as concu-

[12] No dia 26 de agosto de 1963.

[13] Sidi Mohammed, príncipe herdeiro, nascido em 1964; Lalla Hasmma, nascida em 1965; Lalla Asmaa, nascida em 1967; Moulay Rachid, nascido em 1970.

binas veteranas. Elas quiseram saber aonde eu ia. Menti, afirmando que ia visitar a rainha-mãe. Do meu prato emanava um aroma tão apetitoso que me perguntaram para quem era. Inventei que os doces eram para Lalla Mina. A mentira não as enganou.

"Não vá levá-los para Latéfa. Alguém poderia enganá-la e envenená-los sem que você percebesse e aí você teria sérios aborrecimentos."

As palavras delas me fizeram entender uma realidade do Palácio que eu queria ignorar. Lá temiam os filtros, as bruxarias, os maus-olhados, a magia negra. Um ano depois, acusaram uma cortesã enciumada de ter querido envenenar Latéfa.

As concubinas, principalmente as veteranas, eram mulheres muito piedosas. Cinco vezes por dia, nas cinco orações rituais, elas se ajoelhavam em seus pequenos tapetes de seda que uma escrava trazia e rezavam voltadas para Meca. Ficavam um bom tempo em devoção após a prece, lendo ou recitando suratas do Corão.

Eu detestava ficar com elas, salvo para contemplar o rosto sublime de Lalla Bahia, lindamente velado com uma musselina. Eu não era uma boa muçulmana. Das cerimônias religiosas, só gostava das tradições e do fausto. Eu tinha com que me fartar: as festas no Palácio eram numerosas. Hassan II as pusera de novo em voga.

A vigésima sétima noite do ramadã, que chamamos de noite sagrada, é consagrada às preces, logo após a quebra do jejum. Nessa noite, segundo se crê, Deus satisfaz nossos desejos. Com o rei, todas nós íamos rezar na mesquita do Palácio. Ele se instalava na frente e suas mulheres se ajoelhavam atrás.

Incapaz de me recolher no silêncio, eu fazia palhaçadas. Oum Sidi e Lalla Bahia não podiam conter o riso. O rei as ouvia e adivinhava minhas caretas. Tentava se concentrar, mas eu via a raiva tomar conta dele. Cada vez que se irritava, puxava as mangas em sinal de ira profunda. Depois nunca deixava de me dar uma bronca. O que não me impedia de fazer tudo de novo.

O Mulud, que assinala o nascimento do Profeta, era celebrado todos os anos no bairro dos escravos. Nesse dia, enchiam-se imensos pratos de madeira de *zematta*, um petisco especial reservado para os batismos, à base de farinha de trigo duro cozida dois dias seguidos a que se acrescenta manteiga derretida, noz-moscada, goma-arábica, mel puro, canela, gergelim, amêndoas socadas e fritas. A *zematta* se apresentava na forma de montanhas de massa preta salpicada de açúcar cristalizado. Uma delícia!

Já de manhã ouvia-se a *aamara*, secundada por músicos que tocavam alaúde e violino recitando salmos religiosos. Chegávamos embaixo da avenida e subíamos as escadas que levavam a um terraço que dominava o bairro dos escravos. As mulheres vestiam seus cafetãs coloridos. Todas as cores eram permitidas, menos o preto e o branco.

Latéfa, a esposa do rei, era a mais elegante e também a mais enfeitada. Suas joias superavam em magnificência as de todas as outras. As irmãs do rei e sua cunhada Lamia, esposa de seu irmão Moulay Abdallah, trajavam cafetãs com motivos idênticos ao dele, mas de matizes diferentes. Todas usavam cintos dourados realçados com pedras preciosas, brincos, colares, diademas e pérolas no coque.

De nosso promontório, assistíamos a um incrível espetáculo. Todas as escravas doentes, as epilépticas, as asmáticas, as reumáticas, saíam de suas *kubas* e punham-se a dançar diante de nós, seguindo o ritmo da *aamara* e dos cânticos religiosos.

Elas entravam em transe para se livrar de seus *djinns*, os espíritos malignos responsáveis por todos os seus males. Chegava um escravo trazendo um vaso transbordante de cascas de figueira-da-índia. Elas enchiam as mãos com essas cascas, sem parecer sentir os espinhos, misturavam-nas e as esfregavam no corpo, insistindo nos pontos doentes. Outras bebiam água fervendo direto da chaleira sem sentir a menor dor. Era inacreditável, mas depois disso jamais apresentavam vestígios.

Essa cerimônia do Mulud era tradicionalmente realizada no palácio de Meknés. Na época de Mohammed V, coisas muito mais terríveis ainda aconteciam, contava Oum Sidi.

"A gente via chegar feridos que tinham arrebentado o crânio com seus machados", dizia ela, enquanto Lalla Mina e eu ficávamos arrepiadas de horror.

No palácio de Rabat, Hassan II controlava melhor a situação. Latéfa e eu começamos a dançar no ritmo, para também entrar em transe. Mas o rei repreendeu violentamente sua esposa.

"Sua posição não permite que você se conduza como elas. Ela poupa você do demônio e da possessão."

Era assim que no Palácio se explicava o mundo. Os *djinns* atacavam as escravas nascidas na servidão e poupavam as princesas. Cada um tinha sua posição e dela não podia sair. Tudo corria bem, por toda a eternidade.

Outras festas nos enchiam de alegria. A do *Khôl*, que coincidia com o período em que as uvas amadurecem, concedia às meninas a permissão de se maquiar. Para umedecer o bastãozinho que servia para passar um traço de *khôl* debaixo da pálpebra, elas primeiro o molhavam num bago de uva. Depois cada uma esperava, rindo e fazendo algazarra, a sua vez de ser maquiada como uma mulher de verdade.

Na festa da Água, devíamos molhar todos os que estavam ao nosso alcance. Era um dia muito alegre, que passávamos espreitando nossas presas, do alto das sacadas ou escondidas em cantos escuros. O rei se divertia muito e éramos muitas vezes suas cúmplices. Ele passava acompanhado por suas mulheres debaixo de uma sacada, afastava-se no último momento, e Lalla Mina ou eu jogávamos um balde d'água no séquito, que protestava barulhentamente e ameaçava nos reservar a mesma sorte. Nós três ríamos com gosto e as outras acabavam rindo conosco.

Eu também gostava da *Achicha Ghadra*, a festa das crianças. Num grande átrio cercado de *kubas*, éramos uma dezena de meninas cozinhando em fogareiros minúsculos, ajudadas por nossas respectivas babás. Vestíamos pequenos cafetãs de donas de casa e, como nas adultas, elásticos prendiam nossas mangas na altura dos cotovelos. Toda a louça era proporcional a nosso tamanho. O rei vinha então provar os pratos fazendo pequenos comentários, depois entregava os prêmios e beijava as vencedoras.

O rei não gostava muito de comer, mas adorava inventar receitas. Ele costumava instalar uma cozinha na sala de jantar do Palácio e preparava pessoalmente pratos que todos experimentavam. O resultado era variável, mas não tínhamos opção: tínhamos de comer tudo, exclamando entre sorrisos:

"Sidi, que delícia!..."

Ele não suportava que a gente engordasse. Havia prometido uma surpresa a Lalla Mina se ela perdesse suas gordurinhas de adolescente. Durante uma temporada em Tânger, ela fez regime em segredo e anunciou que tinha perdido quatro quilos. Ele cumpriu a promessa e nos anunciou que ia fazer *hatefa*.

Postou-se na sacada situada acima de um grande átrio. Ao lado dele, duas concubinas escravas traziam nas mãos umas caixinhas repletas de grandes moedas de cobre, de uso pouco corrente, que valiam entre dez e cinquenta francos. Oum Sidi, Lalla Bahia, Latéfa e as concubinas estavam agrupadas embaixo, nós duas entre elas, aguardando-o fazer chover moedas sobre nós. Ele chorava de rir vendo-nos de quatro catando o dinheiro. A maioria das concubinas rivalizava em palhaçadas para chamar sua atenção. Eu não abria o bico. Catava e juntava.

Quando ele desceu, veio perguntar a cada uma quantas moedas catara. As concubinas apontaram para mim.

"Ela é que catou mais", disseram, meio rindo, meio denunciando.

Ele mandou que eu mostrasse meu butim. Abri minha saia, que eu tinha levantado para juntar meu tesouro. Havia muitas moedas.

"Trabalhou bem", cumprimentou-me. "A quem vai dá-las?"

"Vou oferecê-las à minha mãe."

Essa resposta aborreceu-o um pouco. Ele não suportava que eu o esquecesse em minha partilha. Infelizmente, Rieffel confiscou minhas moedas.

"Você é pequena demais para manipular tanto dinheiro", disse-me.

Quando fizemos doze anos, furaram nossa orelha, durante uma cerimônia particular, tão importante quanto o batismo e o casamento. Os cantos, a *aamara*, o alarido das concubinas e das escravas acompanhavam esse ingresso no mundo das mulheres. Lalla Mina, que tinha medo de passar mal, se escondeu e me obrigou a me esconder também. Mas o rei ficou furioso. Ele me encontrou e me obrigou a ser a primeira, para dar o exemplo à sua irmã, cuja covardia não suportava. Depois as mulheres vieram em nossa direção e nos felicitaram com muitos abraços e alarido, enquanto os músicos tocavam bem alto seus tambores.

Enquanto Mohammed V fechava seu Palácio, Hassan II abria suas portas. As cerimônias religiosas eram celebradas na intimidade do serralho, mas o rei sempre dava festas civis, para as quais convidava a alta sociedade, os oficiais e os dignitários estrangeiros em visita oficial.

Ficávamos sempre excitadíssimas quando tínhamos de encarar a "gente de fora", os estranhos ao Palácio. Desprezávamos tanto essa gente que não queríamos nos misturar com ninguém. Ficávamos todas juntas e formávamos um bloco contra o invasor. Quando era dado um espetáculo, o rei sentava-se na frente, sua mãe atrás, sua mulher ao lado e todas nós em fileira cerrada atrás dele.

Durante essas festas e visitas oficiais, eu muitas vezes encontrava chefes de Estado e personalidades estrangeiras. Nasser disse a meu pai que eu tinha "um lindo sorriso", o rei da Jordânia veio pescar trutas em Ifrane, o xá e sua esposa, Balduíno e Fabíola, vieram em visita oficial. Posso parecer presunçosa, mas eles não me impressionavam. Apesar de sua elevada posição, pertenciam à "gente de fora"...

Às vezes, raramente, escapávamos do Palácio para ir visitar Moulay Abdallah, irmão mais moço do rei, que morava com a mulher Lamia numa propriedade do bairro de Agdal. Grande, forte, elegante, cabelos negros e olhos aveludados como os de Rodolfo Valentino, Moulay Abdallah fazia vibrar todos os corações femininos por sua beleza e sua gentileza. Frequentava as estrelas de cinema, a alta sociedade internacional. A suas festas de aniversário comparecia todo o jet set.

Mas, acima de tudo, ele era nosso amigo e confidente, sabia nos ouvir, aconselhar e consolar com muita humanidade. Para nos divertir, contratava orquestras de rythm'n blues, convidava alguns amigos, e assim passávamos tardes animadíssimas, dançando e rindo muito. Ele nos levava para andar de moto na praia, num percurso delimitado, numa liberdade bem relativa, porque éramos devidamente vigiadas por dezenas de guardas armados.

Às vezes íamos acordá-lo de manhã. Recebia-nos deitado na cama e ficávamos ali batendo papo com ele. Ele me ofereceu como presente boa parte do seu guarda-roupa, ternos, suéteres de cashmere e de seda, camisas sob medida para meus dois tios, Azzedine e Wahid, irmãos mais moços da minha mãe. Também me deu uns óculos escuros de que ele gostava muito, como sinal de afeto.

Era uma grande honra usar as roupas e adereços do soberano e da sua família. Assim, o rei dava suas roupas aos homens mais próximos dele, para seus conselheiros e para alguns de seus ministros. Voltando para casa, sempre achei esquisito ver meu pai vestindo as camisas ornadas com o sinete real.

O REI E EU

As brigas entre as concubinas eram corriqueiras. Os clãs eram numerosos e todas as mulheres tratavam de botar lenha na fogueira, mal sentiam uma discussão no ar. Um dia em que, por uma história ridícula, bati boca com uma delas, temida por sua língua de víbora, perguntei-lhe violentamente:

"Quem você acha que é?"

"Eu?", replicou insolente, "a concubina de Sidi."

"Pois eu sou... a filha dele!", rebati por minha vez.

Eu me sentia muito próxima do rei. Considerava-o um segundo pai. Ele era autoritário e eu o respeitava, mas era sempre acessível. Quando lhe beijava a mão em sinal de submissão, eu virava imediatamente sua palma para cima e a apertava contra meus lábios para demonstrar meu afeto. Ele respondia apoiando a mão na minha boca, para mostrar que havia compreendido meu gesto e o retribuía.

Nós três nos divertíamos muito, Lalla Mina, ele e eu, sobretudo nos primeiros anos do seu reinado, antes do nascimento de seus filhos. Ele até vinha nos visitar à noite na Vila Yasmina.

Eu me sentava ao piano e tocava velhas canções, que entoávamos em coro. Eu tinha convencido Lalla Mina a pedir uma bateria de presente de aniversário. A bateria foi instalada no salão de jogos. Eu tocava o bombo e o rei dançava com a irmãzinha.

Eu quis aprender balé clássico, mas os médicos se opuseram. Lalla Mina tinha apenas sete anos e o balé poderia prejudicar seu crescimento. Além do mais, a princesa tinha uma só paixão, os cavalos. Toda a sua vida girava em torno deles.

O rei programou para nós cursos de equitação, que eu detestava por ser algo imposto. Ele queria fazer de mim uma amazona consumada, assim como meu pai e ele próprio eram grandes cavaleiros. Cada vez que me aproximava de um cavalo, era uma tortura. Todos os estratagemas valiam para evitar o suplício de cavalgar.

Na véspera, eu pretextava febres ou diarreias, mas o rei não era bobo. Então eu dava um jeito de cair espetacularmente da montaria. Simulava um desmaio, berrava que tinha quebrado o braço ou a perna. Transportavam-me às pressas para a clínica do Palácio, onde as concubinas me traziam doces depois que o médico me examinava.

O rei percebeu minhas novas artimanhas e foi intransigente.

"Ela pode se matar a cavalo, não tem importância. Mas, se cair, tem de montar de novo, e imediatamente."

Ele não entendia como eu podia ser tão medrosa.

Uma sexta-feira ele anunciou que íamos ao haras real de Temara, a uns vinte quilômetros de Rabat. Montamos com o coronel Laforêt, um francês encarregado do haras, e todo um staff de oficiais. As mulheres vinham atrás, em traje esporte: calça, botas e capacete de montaria. Elas montavam como os homens, mas iam mais devagar que nosso pequeno grupo.

Levaram-nos à pista. Os cavalos do rei formavam uma ala magnífica. No fim da fila, um burrico minúsculo destoava. Compreendi imediatamente que o animal era para mim. Nada poderia me dar maior prazer. O rei achava que ia me humilhar reservando-me uma montaria tão ruim, quando a corte toda se exibia em lindos corcéis.

"É para você, medrosa", ele me disse.

Tive a maior dificuldade para dissimular meu alívio. Mas aquele dia acabou mal. Não sei por quê, me deixaram trancada no haras mais de duas horas, o que me causou um medo tremendo.

Nas Termas de Fez, aonde íamos com frequência, a fonte sulfurosa é célebre por sua excelência na cura de reumatismos e da asma. O rei e as concubinas iam lá para tratar-se.

Eu estava fazendo macaquices numa piscina quando o rei passou. Eu estava só de calcinha.

"Tire-a", ordenou-me com um ar severo.

Banhar-me vestida significava que eu temia um olhar masculino. Minha atitude era ofensiva para Sua Majestade, único homem admitido naquele universo feminino. Ela significava que eu tinha motivo para ter vergonha.

Mas eu tinha onze anos e, rei ou não, era muito pudica. Recusei-me a obedecer. Minha insubordinação valeu-me uma palmada. Ele mesmo arrancou minha calcinha. Aos prantos, fiquei na piscina até o cair da noite, com medo de que me vissem nua.

Íamos mais raramente a Casablanca. O rei não gostava do palácio de lá, nem da cidade, símbolo, a seus olhos, de revoltas e distúrbios. Também não suportava o clima úmido, que piorava sua sinusite crônica. Íamos à mansão de seu pai e tomávamos banho de mar em sua praia particular. Lá todo mundo ficava nu, tanto ele como suas mulheres. Acabei me acostumando a me despir diante dele.

Em Casablanca, descobri na mansão uma sala em que, como em todos os palácios reais, se empilhava uma montanha de presentes ainda embrulhados. O rei nunca tinha tempo de abri-los. Eu morria de vontade de roubar pelo menos um, só por curiosidade. Era hora da sesta. Todos dormiam. Quando tentava consumar meu furto, derrubei alguns embrulhos que fizeram barulho ao cair no chão de mármore. Para cúmulo do azar, o quarto em que o rei descansava ficava próximo da sala dos presentes. Ele tossiu daquele jeito característico que eu reconhecia de longe.

Fiquei paralisada.

"Que diabo é isso?", perguntou acordando.

Ele sabia de antemão a resposta: o "diabo" só podia ser eu.

Procurei um lugar para me esconder e acabei me enfiando em um pequeno elevador de carga. Mas depois não tive jeito de escapulir dali. Como por acaso, ele se postou bem em frente e pediu aos escravos — e depois a suas mulheres — que me procurassem pela casa toda. A coisa virou uma brincadeira.

Dissimulada em meu refúgio, eu estava petrificada, minhas pernas tremiam e ele não saía dali. Seu pessoal voltou de mãos abanando. Ele teve então a ideia de espiar no meu esconderijo e mandou-me sair, o que fiz tremendo toda. Dessa vez, o incidente terminou em risadas.

Mas o rei podia se mostrar terrivelmente severo. Aos oito anos, em Temara, sofri um castigo especial chamado *falakha*, por não sei que bobagem que Lalla Mina e eu fizemos. Dois escravos nos colocaram sobre suas costas, deixando nossa cabeça de um lado e nossas pernas de outro, e o rei bateu na sola de nossos pés com um nervo de boi.

Quando fiz quinze anos, recebi meu primeiro castigo de verdade. Foi no dia da entrega dos boletins, que eu pus em cima da sua mesa antes de tomar lugar junto das concubinas que zombavam de mim. Elas sabiam que minhas notas não eram brilhantes e que eu corria o risco de apanhar. Fingi rir com elas, mas não me sentia nada orgulhosa de mim. Meu coração batia com violência. Mas eu me esforcei para encarar corajosamente o rei.

Ele estendeu as mãos e as cadernetas foram-lhe entregues. Folheou a de Lalla Mina e depois, num silêncio denso, pegou a minha e examinou-a com uma atenção que me pareceu durar horas. Em seguida ergueu a cabeça e ordenou que chamassem os escravos da casa.

Suas palavras deixaram os presentes gelados. Todos os olhares estavam voltados para mim, cheios de pena ante a ideia do corretivo por vir. O rei, com um sinal, mandou que eu me aproximasse. Pegou-me pela orelha e passou um sermão, depois mandou entrar os escravos encarregados das punições corporais. Deitaram-me diante dele, no tapete. Três homens me seguraram pelos punhos e três pelos tornozelos. O escravo principal pegou o nervo de boi e aguardou as ordens do rei. Era Sua Majestade que decidia quantas lambadas seriam aplicadas.

Tive sorte no meu infortúnio. O rei ordenou apenas trinta, mas não quis deixar a ninguém a tarefa de me corrigir. Trouxeram-lhe um tamborete em que ele se sentou para ficar na minha altura. Na sala, dava para ouvir as moscas voarem. Todo mundo continha a respiração, não ousando nem falar nem se mexer. O rei até proibiu Latéfa, Oum Sidi e Lalla Bahia de intervirem em meu favor.

Num silêncio total, ele começou a bater. Uma lambada, duas, três. Dei um gritinho, depois outro igualmente fraco. O terceiro intrigou-o: ele batia tão forte que eu deveria ter berrado. Parou, inclinou-se sobre mim, apoiou as mãos nas minhas nádegas. Sentiu uma tríplice espessura de tecidos que formava como que um estofo... Sabendo que não escaparia das lambadas desta vez, previra a surra e enchera o traseiro de panos e lãs. E vestira uma saia bem ampla, para dissimular esse acolchoado.

O rei deu um grito de raiva. Na sala, todo mundo começou a rir, e ele acabou deixando-se levar pela explosão de risos. Joguei-me então a seus pés:

"Sidi, juro que nunca mais faço isso."

No Palácio, todo mundo se divertiu com minha audácia. Das concubinas aos escravos, não havia quem não estivesse a par.

Na semana seguinte, meu boletim foi idêntico. Pior até, se era possível. O rei não disse nada na hora, mas pouco depois mandou-me acompanhá-lo. Ele precisava sair do Palácio. Seu chamado não tinha nada de extraordinário, era comum eu acompanhá-lo em suas saídas, por isso nem desconfiei. O carro nos levou à Alameda das Princesas, à casa onde ele morava antes de subir ao trono.

Eu gostava muito daquele palacete. Nele sentia-me em casa, tanto mais que, para chegar lá, tínhamos de passar na frente da casa dos meus pais. Vê-la deixou-me de bom humor. Eu estava tão pouco desconfiada que não entendi de imediato por que o rei ordenou que eu me despisse.

Mandou-me entrar numa saleta onde as escravas me vestiram com uma fina *djellaba*. Recebi um corretivo sangrento que me fez chorar de dor semanas a fio. Guardo ainda hoje marcas dessa surra nas minhas nádegas. Meus pais nunca teriam me tratado assim. Lamentei amargamente a ausência deles.

Numa outra vez, meu boletim estava tão ruim que o chefe do protocolo teve dó de mim e prometeu intervir em meu favor junto ao soberano. Lançou-se aos pés dele a caminho do golfe e pediu que me poupasse da punição.

O rei fitou-o com um ar glacial.

"Quem é você para ousar intervir em favor dela?"

O coitado do chefe do protocolo estremeceu de vergonha. Fora rebaixado a menos que um verme. Foi punido em meu lugar.

Ninguém no mundo escapava do castigo real quando o rei achava que era merecido. Conosco, era sua maneira de se comportar como pai. E era tão paternal com Lalla Mina e comigo que cuidava dos menores detalhes de nossa educação. Quando viu que tínhamos nos tornado duas bonitas mocinhas de quinze anos, resolveu nos vestir a seu gosto, que não era mau mas, infelizmente, era um pouco clássico demais. Chamou uma costureira e encomendou-lhe um enxoval completo, com meias, calcinhas, sutiãs e tudo. Até assistiu às provas e determinou o comprimento das barras.

Por mais que eu lhe suplicasse para deixar encurtar minhas saias, ele permanecia inflexível. O tecido tinha de ir até abaixo dos joelhos. Escolhi então vestidos de lã fina, para poder levantar a saia e prendê-la com um cinto assim que eu saísse do Palácio. Eu podia enfim ir a toda parte sem impedimentos. Quando andava assim pelos corredores, todo mundo olhava para mim, rindo da minha audácia. Exibir os tornozelos era uma inconveniência.

Mas estávamos nos anos 1960, a minissaia estava na moda e, apesar de nossos contatos restritos com o exterior, esses detalhes indumentários de primeira importância tinham chegado até nós, graças às poucas revistas e jornais que eu folheava quando conseguia escapar da vigilância da governanta: *Salut les Copains*, *Jours de France*, *Point de Vue*, *Paris-Match*. Latéfa e as concubinas vestiam-se na última moda ocidental sempre que podiam. Eu admirava tudo o que elas usavam.

Um dia, quando eu atravessava correndo um dos corredores mais compridos, com a saia levantada pelo meio das coxas, não resisti ao prazer de me contemplar num grande espelho que ornava uma das paredes. Foi então que vi o rei chegar diante de mim.

Em pânico, comecei a puxar o tecido. Ele se aproximou, desfez o cinto e soltou minha saia, puxando-a com força:

"Dá até para você fazer um cafetã, se quiser", falou.

Dois dias depois, veio nossa costureira. Estávamos jantando. Ele mandou me chamar, ordenou que eu me despisse, o que fiz com extrema reticência. Ela me deu os *tailleurs* que eu encomendara para provar. O primeiro era de lã fina. A saia era reta e bem justa, à moda dos anos 1950.

O rei se aproximou, tomou os alfinetes das mãos da costureira e apalpou o tecido, chamando a atenção para sua espessura. Era impossível levantar aquele *tailleur*, como eu fazia com os vestidos. Com um sinal, ordenou que desse uma volta pela sala e observou-me demoradamente. Depois mandou comprarem para mim sapatos bem altos para usar com aquele *tailleur*.

Uma concubina interveio, notando que eu já era alta demais. Os homens não iam querer saber de mim, se eu ficasse maior que eles. Rejeitou a opinião com um gesto.

"Saltos bem altos", explicou-me, "vão fazer seu joelho trabalhar. Vão dar a você uma boa silhueta e bonitos tornozelos, como de uma mulher."

UMA ADOLESCÊNCIA SOLITÁRIA

Rieffel odiava os homens.

"São uns monstros", dizia, "são a fonte de todas as desgraças das mulheres. Deve-se evitá-los, como se evita a peste e o cólera."

Ela nos sufocava com suas regras precisas: não se encontrar com um homem no corredor, nunca manter relações pessoais com funcionários ou com qualquer indivíduo do sexo oposto. No carro, não tínhamos o direito de nos virar para espiar — quantas palmadas levei como punição pela minha curiosidade! Quando se apresentava a ocasião de ir ao centro da cidade, ela nos proibia de sair do carro.

Essas precauções para nos preservar do demônio eram quase inúteis. No Palácio, os homens não tinham o direito de cidadania, à exceção de meu pai, que vinha em certas ocasiões, de Moulay Ahmed Alaoui, primo do rei, e de uma dezena de sujeitos divertidos escolhidos por sua grande cultura, sua inteligência, vivacidade de espírito e presteza nas réplicas, sua devoção.

À mesa, polemizavam sutilmente sobre a política do soberano ou se lançavam em liças oratórias citando os maiores poetas árabes, tal como na corte do sultão Harum al-Rachid. Afora os escravos e os serviçais, que não contavam, eram os únicos indivíduos do outro sexo. Além do rei, é claro.

Todavia, era um homem, um grande *mollah*, que nos dava aulas de educação sexual pelo Corão. Ensinava que as mulheres devem ser sedutoras e submissas, que seu corpo serve antes de mais nada para satisfazer os desejos do homem. Ele nos falava cruamente da relação sexual; desenhava, com precisão exagerada, vaginas e pênis no grande quadro-negro. Para meninas da nossa idade, essa aula de educação sexual era um choque. Havíamos sido criadas num pudor extremo, e ouvir um homem, ainda mais um religioso, nos falar de sexo, naqueles termos, só aumentava nossa confusão.

Não podíamos contar com Rieffel para atenuar as explicações do *mollah*. A seus olhos, a feminilidade era um tabu. Não devíamos falar de nada, tínhamos de fingir que "aquilo" não existia. Eu me lembro da minha primeira menstruação, aos doze anos, como um momento muito difícil, menos pela dor física do que por aquela atroz impressão de vergonha e solidão. As babás marroquinas se encarregavam de nos ensinar a higiene: como devíamos colocar as proteções de pano, como lavá-las e como nos lavar. Essas mulheres tinham todos os direitos sobre nós. Mesmo diante de dez pessoas, elas nos chamavam a um canto, obrigavam-nos a abaixar as calcinhas, e, se estivessem manchadas, as represálias eram violentas. A minha babá enfiava uma chave na entrada do meu sexo e a virava até eu berrar. Ou então me beliscava nos pontos mais sensíveis, como a parte interna das coxas.

Eu precisava de uma mãe, de uma irmã mais velha que me ouvisse, explicasse as transformações do meu corpo, me tranquilizasse e mostrasse a felicidade de me tornar mulher; respondiam com violência e repugnância àquele momento crucial na vida de uma menina-moça.

As concubinas ajudaram um pouco, mas seu apoio era ambíguo. Logo no início, festejaram meu ingresso no clã. Agora eu podia entender todas as suas conversas, sentir-me parte do grupo. Elas não se calariam mais na minha frente, não me pediriam para sair quando tivessem segredos particulares a se confiar.

Dois anos depois, mudaram de atitude. Eu tinha me tornado uma jovem casadoura, uma rival em potencial das mais moças. Nossas relações se modificaram gradualmente; no início nem se percebia, mas depois esse comportamento ficou cada vez mais nítido. Elas me observavam criticamente quando eu estava de maiô, no verão, no palácio de Skhirat, quando me vestia à ocidental ou me maquiava. Não me contavam nada direito, faziam observações maldosas, me provocavam; eu tinha me transformado numa ameaça. O rei poderia me escolher como esposa. O que mais eu poderia querer, se era essa a sorte delas? Não creio que tal ideia tenha sequer passado pela cabeça do rei, mas o ciúme delas estava ali, tenaz.

Eu me sentia tão vulnerável como se estivesse em carne viva. Na aparência, sorridente, jovial, engraçada e brincalhona. Mas bastava uma palavra, um perfume que lembrasse minha mãe, e eu me fechava. A governanta me fazia sentir cada dia mais que eu era diferente da princesa Lalla Mina. Não tinha o direito de me vestir como ela, nem de usar cabelos compridos, porque os delas eram crespos.

Mamãe trazia de Londres ou Paris roupas da moda e as mandava para mim na Vila Yasmina. A governanta me deixava usá-las um dia só. No dia seguinte, pegava-as, chamava uma costureira que reproduzia certos modelos para a princesa, e as malas sumiam.

Com o passar do tempo, esse sofrimento transformou-se numa revolta difícil de exprimir. A princesa e eu éramos muito apegadas. No Palácio, me tratavam com muito afeto. Quando adotavam uma menina, porém, extirpavam seu passado, suas raízes, faziam tudo para convencê-la de que não tinha mais família. Tornava-se um número entre tantos outros. O serralho estava cheio de mulheres sem identidade. Mas eu tinha um pai, uma mãe, uma família, que eu voltaria a ver um dia.

À noite, na cama, eu sonhava com a liberdade. Repassando as imagens dos filmes de que gostava, imaginava o mundo. Inventava histórias que eu forçava minhas companheiras de quarto a ouvir no escuro. Se, sem dúvida, me adaptei à prisão melhor do que meus irmãos e irmãs, é porque me acostumara a viver enclausurada. Eu sempre soube demarcar meu território, ocupar meu tempo, me voltar para mim mesma.

Sentia tanta falta da minha mãe, sofria tanto de solidão, que por duas vezes quis me suicidar. Na primeira, tinha dez anos. Resolvi pôr um fim a tudo na grande plantação de girassóis situada atrás do jardim da Vila Yasmina. Afiei uma vara de bambu com a qual furei a extremidade do polegar, para fazer o sangue jorrar. Depois passei areia na ferida para provocar uma infecção e esperei, de olhos fechados, o coração batendo forte... A morte demorava a vir, então me levantei depois de alguns minutos.

Todos os dias, esfregava terra na ferida, esperando que ela piorasse e que me hospitalizassem na clínica do Palácio, o que traria minha mãe para perto de mim. E foi o que aconteceu. Pelo menos obtive alguns benefícios com esse suicídio fracassado.

Na segunda vez, aos doze anos, quis pular do sexto andar do palacete de Ifrane. Mas a altura era impressionante e o medo de me machucar me dissuadiu. Essas tentativas não eram bobagens. Não me sentia à vontade no Palácio, estava quase sempre infeliz e a ideia de acabar com tudo me perseguia. Só me faltava coragem para fazê-lo. Ou, ao contrário, não fazê-lo talvez já indicasse uma vontade feroz de sobreviver.

Via-me incessantemente dividida entre o Oriente e o Ocidente. Na casa de meus pais e na Vila Yasmina, falávamos francês, mas no Palácio o árabe era obrigatório. Um dialeto de corte, refinado e fora de moda, com expressões, entoação e gestos particulares que eu nunca consegui perder e que, mais tarde, foram objeto das zombarias da minha família e do respeito dos marroquinos. Aonde quer que eu vá, no Marrocos, sempre me perguntam se pertenço à *Dar-el-Mahzran*.[14]

Na Vila, a governanta mostrava como nos comportar à me-

[14] "Casa do poder."

sa e num salão, como servir, receber, cozinhar, fazer reverência, como, enfim, nos tornarmos moças da melhor sociedade europeia.

No Palácio, encarregavam-se de nos transformar em mulheres, mal alcançávamos a puberdade. Inculcavam-nos o protocolo; ensinavam-nos a não cometer gafes, a nos comportar diante da corte e no harém, a usar os trajes marroquinos, a nos submeter e a nos prosternar. Exaltavam o lado feminino mais superficial e mais obediente da nossa personalidade. Éramos nada em relação aos mais velhos, e menos que nada como mulheres. Eu aprendia a falar e a me calar, a ler nas entrelinhas, a fazer da desconfiança uma regra e do segredo uma arma.

No início da adolescência, quando o caráter de uma pessoa ainda não está verdadeiramente definido, eu poderia ter sido atraída pela corte, pelas roupas bonitas, as joias, as concubinas deslumbrantes que tinham como única preocupação cuidar do corpo e agradar a seu Senhor e Amo. Mas esses momentos de inveja eram breves. Eu sabia que não era como elas e nunca seria. Sentia-me oprimida. Quanto mais crescia, mais tinha a sensação de ser prisioneira. Eu pertencia de corpo e alma ao Palácio e sentia-me sufocar.

Quando viajávamos pela estrada, seguidas por nossa escolta, eu tentava aproveitar um pouco aquele espaço de liberdade. Espiava dentro dos carros por que passávamos, um casal com filhos ou um rapaz em sua motocicleta. Surpreendia-me invejando a liberdade deles. Logo depois outros portões se abriam e se fechavam — e eu estava novamente dentro, era uma mulher "de dentro".

Entre dois mundos, duas educações, às vezes tornava-se difícil traçar uma fronteira. Sabia que um dia seria obrigada a optar. Eu vinha de uma família normal, com princípios e valores diferentes dos do Palácio. Mas minha verdadeira vida estava submetida ao poder de um monarca absoluto, de direito divino. Eu crescia no serralho, entre as escravas, todo um mundo feminino sujeito a um mesmo homem. Tudo o que acontecia no Palácio acabava se tornando normal, conquanto a vida da corte estivesse fora das normas pelos excessos, a opulência, o fausto, o poder onipotente e o medo que ali reinava.

No entanto, no Palácio eu estava protegida. Aquela pequena comunidade retirada da sociedade me preservava dos perigos de um mundo que só podia ser medíocre. Porém, lá no fundo de mim mesma, eu era uma europeia: muitas vezes chocada com o que acontecia entre os muros, com a crueldade e a intensidade das sentenças punitivas.

As concubinas muitas vezes eram surradas, repudiadas, banidas, desapareciam para sempre nas profundezas dos palácios-prisões, como o de Meknés. Eram despojadas de todas as suas riquezas e viviam lá como espectros.

Hajar e Qamar, duas concubinas turcas que tinham pertencido ao sultão Youssef ben-Youssef, pai de Mohammed V, para lá foram relegadas quando da morte de seu amo. O príncipe Moulay Abdallah teve piedade delas. Levou-as para seu palácio, para envelhecerem em paz. Quando encontrei aquelas duas velhinhas ruivas, de pele branca e olhos azuis, que falavam um árabe esquisito, compreendi o quanto aquela vida era medieval e o que aquelas práticas tinham de bárbaro. Eu sentia que me chocava contra um mundo desconhecido, subterrâneo, que não era o meu, que existia na sombra. Tentava saber o porquê dos castigos, que fim levavam as castigadas.

Aguçava os ouvidos, mas o vento só me trazia murmúrios e rumores.

A SAÍDA DO PALÁCIO

Mamãe, que não aguentava mais as infidelidades repetidas de meu pai, ameaçara várias vezes abandoná-lo. A ocasião se apresentou na pessoa de um jovem oficial do Norte, por quem ela se apaixonou loucamente.

Saiu de casa, obrigou meu pai a lhe dar a guarda de Maria e Soukaïna, respectivamente com dois e um ano, e pôs Raouf e Myriam num internato grã-fino em Gstaad, na Suíça. Alugou uma pequena casa no bairro estudantil de Agdal, abriu uma butique de *prêt-à-porter*, que logo se tornou referência para as elegantes da cidade, e mudou completamente de vida. Passou a frequentar intelectuais e artistas.

Mamãe não se preocupava com os mexericos. Era feliz, estava apaixonada e mais linda que nunca. Essa etapa lhe era necessária. Havia se casado moça demais, não tivera adolescência. Agora ela a revivia com seu belo oficial.

O rei arrumou um novo casamento para meu pai e veio me comunicar pessoalmente. Eu sabia apenas que meus pais tinham se divorciado, mas ignorava por quê. Apesar de estar com onze anos, nunca me contavam nada, como se eu ainda fosse incapaz de entender. A corte se contentava em me lançar um olhar compassivo.

O casamento, grandioso, foi celebrado no palácio de Marrakech. Fiquei com raiva do rei por tê-lo organizado e afastado mamãe da corte. De um dia para o outro, esqueceram-na, as portas se fechavam para Fatéma Chenna, a mulher divorciada. A alta-roda brigava para receber a nova sra. Oufkir — também chamada Fatéma, e que eu apelidara de "a tonta", de tão palerma que ela era — e dava uma festa atrás da outra em homenagem a ela.

Fiquei traumatizada com essa traição, para mim, esclarecedora da natureza humana. Minha mãe havia sido aclamada, bajulada, depois a afastaram como se afasta um inseto incômodo. O que acontecia com ela podia, portanto, acontecer comigo qualquer dia...

Depois do casamento, meu pai tentou me ver. Mandou me levarem a sua casa, onde não reconheci mais nada. Recusei-me a beijá-lo, disse que o detestava. Que ele não tinha o direito de destruir uma família. Incomodado, tentou justificar-se. Senti que o atingira profundamente e aproveitei a vantagem para me mostrar ainda mais violenta.

"Ainda amo sua mãe", confiou-me com voz dolorosa.

Mas eu não entendia patavina daquelas sutilezas de adulto. Como ele podia amar uma mulher e se casar com outra? Mas a quem pedir explicações? Mimi e Raouf estavam lá nas montanhas suíças, minhas irmãzinhas eram pequenas demais, Lalla Mina não compreenderia. Eu me sentia perdida, mais sozinha que nunca. Tinha a impressão de trair minha mãe.

Meu pai falava a verdade. Seus sentimentos para com mamãe não haviam mudado e ele não suportava perdê-la. Ele a vigiava, a ameaçava, passava as noites no carro em frente da casa dela. O jovem oficial foi mandado para os rincões mais remotos do país, designado para as missões mais perigosas. Exigiram que ele deixasse o exército. Ele se recusou.

O chefe do estado-maior chamou-o de maluco por ter se metido com a mulher do homem mais poderoso do reino.

"Agora ela é minha mulher", foi o que respondeu, altivo.

Por ocasião de uma visita oficial do rei ao Sul do país, meu pai pediu a minha mãe que o ajudasse a preparar uma recepção em sua aldeia natal. Foi assim que reataram.

Meu pai se divorciou e eles tornaram a se casar. No fundo de seu coração, mamãe era muito apegada a ele. Ela me dizia com frequência que meu pai a formara. Ela o amava de verdade, e o ama ainda hoje. Nunca, nem mesmo nos momentos mais terríveis do nosso exílio, ouvia-a queixar-se da sorte que nos foi reservada por culpa dele.

Mamãe engravidou de novo. Durante todo o tempo da gravidez, meu pai lhe repetia:

"O mais lindo presente que você pode me dar é um filho parecido comigo."

O filho da reconciliação nasceu em 1969,[15] no dia do grande terremoto. O rei batizou-o de Abdellatif, "o poupado". O sismo foi de uma violência incomum, mas, apesar disso, as vítimas foram pouco numerosas. Meu pai não teve a sorte de conhecê-lo bem. Abdellatif tinha três anos quando ele morreu.

Hoje, ele é seu retrato.

[15] 27 de fevereiro.

Meus pais já tinham voltado à vida em comum fazia um bom tempo; entretanto, a história deles ainda constituía o principal tema de conversas da corte. As concubinas adoravam os escândalos bem apimentados. Em todo o Palácio, murmurava-se, mexericava-se, falava-se mal. Para Rieffel, minha mãe era uma perdida, uma puta.

Um dia, estando a corte na clínica do Palácio à espera de notícias de Oum Sidi, que se submetia a uma operação de vesícula, ouvi a governanta falar mal de minha mãe com uma cortesã. Desandei a berrar com elas. Na outra ponta do corredor o rei me ouviu e correu em minha direção. Seu olhar me intimava a me calar em respeito ao repouso de sua mãe, mas eu continuei a berrar.

Minha crise de nervos impressionou-o. Ele me segurou pela nuca a fim de me acalmar e pediu que eu me explicasse. Soluçando, respondi que queria voltar para casa.

"Tenho uma família", falei, "sofro por não vê-la."

Acrescentei que Lalla Mina era uma ingrata, que nunca correspondeu a tudo o que eu sempre fiz para agradá-la.

Para minha grande surpresa, o rei concordou.

"Você tem razão, a ingratidão é típica dos alauitas."

Percebi que minha determinação atingira seu orgulho. Ele não podia mais me pedir para ficar. Naquela mesma noite eu estava em casa.

Antes dessa cena, eu já havia tentado fugir. Descobrira uma portinha na ala de serviços do Palácio e, durante o dia, longe dos olhares, consegui abrir um buraco debaixo da grade. À noite pude enfim chegar ao lado de fora. Mas a liberdade me assustou, eu não estava preparada para ela. Não sabia aonde ir. O medo de um mundo desconhecido me fez voltar. No dia seguinte, escrevi uma carta desesperada a meu pai, dizendo que ia fugir. Pelo telefone, ele me chamou à razão e jurou que ia tentar tudo o que estivesse a seu alcance para que eu pudesse voltar para casa.

Havia outros motivos também. O rei queria me casar com o filho de um general que não me agradava. Se eu ficasse lá mais um pouco, não escaparia do casamento. Não poderia mais levar a vida que tanto desejava, estudar, viajar, ser atriz ou diretora de cinema.

No fim, eu passava o tempo reunindo as concubinas para tentar abrir-lhes os olhos para sua triste sorte. Mas, longe de fazê-las pensar, minhas palavras faziam-nas chorar de tanto rir! No entanto, aquelas mulheres eram lúcidas, sabiam exatamente qual era a vida delas, o que haviam perdido e o que haviam ganhado em contrapartida.

Nos seis primeiros meses depois de minha volta ao lar, dormia em casa mas ainda passava o dia no Palácio, para assistir às aulas no colégio. Minha situação era delicada. Ficava triste com a ideia de ter rejeitado a vida das concubinas e percebia nitidamente o rancor delas, principalmente das mais velhas. Tinham me dito e repetido que eu não devia ir embora nem abandonar Lalla Mina. Sentia-me mal, culpada. Mas aliviada. E feliz.

Assim que o ano letivo terminou, não quis mais manter vínculos com o Palácio. O protocolo telefonava o tempo todo me convidando, mas eu sempre recusava os convites. No entanto, meu pai me obrigava a ir, por respeito e polidez.

Eu desatava em soluços, aterrorizada com a ideia de que pudessem me reter novamente lá.

A CASA OUFKIR (1969 — 1972)

VOLTA PARA CASA

Voltei para casa já de noite. Lembro daquela escuridão e do sentimento de intensa felicidade que me invadiu. Ia recuperar o tempo perdido, reencontrar minha infância. Meu lugar era ali, com a minha família, naquele cenário tranquilo que seria o meu dali em diante.

Mamãe estava em Londres, meu pai ainda no ministério, as crianças com suas governantas. Fui recebida por empregados desconhecidos, cuja deferência exagerada me incomodou.

Visitei a casa, acariciei as paredes, toquei os móveis, deixei-me ficar diante dos quadros pendurados, das fotos de família em que eu não aparecia. Via através delas desfilarem os anos, meus irmãos e irmãs ainda pequenos, meu pai de uniforme de gala, minha mãe em trajes elegantes que eu não conhecera.

Abri os armários do quarto dela e seu perfume me inebriou. Reencontrei os gestos da minha infância, quando enfiava o rosto em seu mantô para me impregnar do seu cheiro. Na sala, ousei sentar-me no lugar do meu pai, em seu sofá preferido, aninhei-me numa grande almofada em que ele costumava se instalar. Acariciando seu isqueiro, derramei lágrimas que eram tanto de alegria como de tristeza.

Sentira falta do meu lar durante toda a minha permanência no Palácio. Mas foi somente ao voltar para casa que percebi como essa falta havia sido intensa.

Nossa casa atual ficava na Alameda das Princesas, como a antiga. Meu pai tinha comprado o terreno com o dinheiro da sua reforma do exército francês e construíra a casa levantando um empréstimo. Era espaçosa, confortável e, principalmente, acolhedora. Do portão, um caminho levava à casa, cujas paredes externas eram ocre-avermelhadas, como as das mansões de Marrakech. De um lado do caminho, um gramado em declive cercado por uma sebe de ciprestes, que nos protegia dos olhares. Do outro, mamãe fizera um jardim japonês, coberto de pedrinhas e ornamentado por árvores anãs. Tínhamos piscina, quadra de tênis, sala de cinema, sauna, uma garagem com uma dezena de automóveis.

No entanto, nada daquilo era pretensioso ou exageradamente vistoso. Meus pais gostavam do conforto que o dinheiro podia proporcionar, mas detestavam a ostentação. Minha mãe, cujo requinte era inato, decorara com gosto e simplicidade a casa toda.

As pessoas que nos visitavam sempre embelezavam a casa ao descrevê-la. Diziam que era uma das mais bonitas de Rabat. O que não era verdade. A sala comum em que nos encontrávamos a maior parte do tempo era de dimensões reduzidas, com uma mesa redonda baixa no centro, à marroquina. Almoçávamos, jantávamos e assistíamos à televisão ali. No andar de cima, meu quarto estava pronto para minha volta, com sua decoração de chalé inglês.

Pouco mais tarde — e não sem atritos com meu pai —, consegui me instalar fora da casa, num estúdio entre a piscina e a sauna. O quarto era minúsculo e continha apenas uma cama embutida na parede, duas estantes e um lavabo, mas, por estar afastado da casa, me trouxe um pouco mais de autonomia.

Levei muito tempo para me integrar àquela vida de família, desconhecida para mim. Nos primeiros meses, observava, estudava o ritmo de uns e outros. Meu irmão Abdellatif era recém-nascido. Ele tomava todo o meu tempo quando eu voltava do colégio. Eu tinha dificuldade para reatar com meu irmão Raouf e minhas três irmãs, para criar uma cumplicidade que nunca havíamos tido. Com minha mãe, foi mais fácil. Logo redescobrimos nossos pontos comuns. Nosso vínculo tão forte não tinha se afrouxado com a distância.

Reinava em casa uma atmosfera simpática. Era um lar de verdade, cheio de animação e alegria. Mas, à medida que meu pai se tornava um personagem importante do reino,[1] o ambiente ia ficando menos caloroso. Nossa intimidade familiar ressentiu-se disso.

Em casa, os cortesãos eram ainda mais submissos a meu pai do que no Palácio. Os homens esperavam na antecâmara. As mulheres vinham na esperança de copiar as roupas novas de minha mãe, modelo de elegância para todo aquele círculo. Víamos sob o olhar de uma corte que dispunha de nossa vida e de nosso tempo.

Às vezes tínhamos a sorte de almoçar todos em família. No entanto, a maior parte do tempo os cortesãos se incrustavam e se amontoavam no pequeno salão em que meu pai recebia os ministros e os oficiais para trabalhar. Quando as mulheres chegavam, iam todos para o andar de cima, ao grande salão, tomar um drinque e bater papo. Os adultos jantavam tarde; não era raro ter à mesa uns trinta convivas.

Em casa não se sentia o luxo, mas percebia-se o poder do meu pai. Eu não fazia ideia de sua influência. Descobrira vagamente no Palácio que ele era importante; a rainha-mãe gostava muito dele, as cortesãs o reverenciavam, o rei dedicava-lhe muito tempo.

Voltando para casa, descobri também que o temiam, que o caluniavam, que ele era tido por uma pessoa feroz. Meus amigos o pintavam como o inimigo público número um. A simples evocação do seu nome os congelava.

No liceu Lalla Aïcha, onde meus pais me matricularam no primeiro colegial C, eu era respeitada e invejada, mas cochichavam e me apontavam pelas costas. Uma aluna me chamou de filha de assassino, por causa do caso Ben Barka, cujo teor eu continuava ignorando. Eu não sabia como rebater. Com a ingenuidade própria da minha idade, não era meu pai que eu condenava em nossas discussões políticas, mas o Poder e a Repressão, com um P e um R maiúsculos.

[1] 1969: o general Mohamed Oufkir é ministro do Interior do rei Hassan II desde 1964.

Eu amava meu pai apaixonadamente. Achava que não o conheciam como eu o conhecia, com sua sensibilidade, generosidade, bondade. Era um homem calmo, discreto, aparentemente mais moderado do que minha mãe — que nunca media as palavras. Na realidade, ele era muito mais áspero e contundente do que ela. Seu instinto era certeiro e só confiava em si próprio, mesmo com o risco de se enganar ou de se indispor em seu meio, pois não era dado a muita diplomacia.

De caráter desconfiado, às vezes era capaz de se mostrar muito colérico, apesar do sangue-frio de que dava provas na maior parte do tempo. Era meio caprichoso. Às vezes, alegre e relaxado, mostrava um senso de humor sutil, que podia fazer toda uma audiência rolar de rir. Outras vezes, caía num mutismo profundo, de que ninguém conseguia tirá-lo. Inacessível, inabordável, parecia então uma esfinge.

Ele tinha gostos simples, mas alma de grão-senhor. Mesmo na época em que só vivia do seu soldo de capitão, era capaz de gastá-lo numa noite para levar mamãe ao restaurante. Era bonito, altivo, cheio de carisma. Quando entrava num lugar, eclipsava todo mundo. Pudico, envergonhado até, nunca beijava mamãe na nossa frente. Ele a abraçava carinhosamente ou apertava-lhe a mão com muito afeto.

Meus pais mantinham uma relação terna e respeitosa. Não erguiam a voz um para o outro, não brigavam quaisquer que fossem seus conflitos, seus problemas. Tinham muita admiração um pelo outro. No entanto, eram muito diferentes.

Mamãe era artista, boêmia, dispersiva, gastadora, generosa e caseira. Era uma mulher alegre, que amava a vida, as festas, que gostava de cantar bem alto todo o repertório da música oriental clássica. Tinha ótima voz. Gostava de cinema e de carros velozes, que ela mesma pilotava a toda pelas ruas de Rabat. Autodidata, lia muito e se interessava por tudo.

Seu caráter inflexível lhe valia muitos inimigos. Era franca, direta, impaciente, colérica, não tinha jogo de cintura. Ao contrário dos cortesãos e cortesãs do Palácio com quem convivia ou que a rodeavam, não era calculista, nem manipuladora. Era íntegra, talvez até demais. Conosco, era maternal e não manifestava preferência por nenhum dos filhos, mesmo considerando a ligação especial entre nós duas. Era mais presente do que meu pai, embora seus dias fossem sempre muito cheios.

Apesar de tudo, meu pai era acessível, contanto que a gente fosse a ele. Mantinha com cada um dos seis filhos uma relação particular.

Myriam, que estava então com catorze anos, ficava doente com frequência. Sofria de epilepsia. Meus pais haviam consultado médicos no mundo inteiro, mas em vão. Suas crises eram violentas e escandalosas. Será que era essa doença que tornava meu pai distante em relação a ela? Eu me lembro, porém, de um dia em que ela falsificou as notas no boletim. Mamãe percebeu e pediu que meu pai a castigasse. Mas ele era incapaz de nos punir ou de erguer a mão para nós. Pediu a Mimi para acompanhá-lo ao salão. Ele fingiria que bateria nela; ela berraria a intervalos regulares para persuadir mamãe da realidade do castigo.

Aos doze anos, Raouf era o herdeiro, o primeiro filho homem da família, um jovem deus odiosamente mimado pelas mulheres da casa e venerado por todos. A guarda batia continência para ele; Raouf tinha uma admiração ilimitada por papai.

Apesar de papai adorá-lo, a relação entre os dois era difícil. Quando adolescente, meu irmão era de uma grande beleza, quase feminina, com os cabelos compridos, a pele morena, as maçãs do rosto proeminentes. Meu pai dobrava sua severidade e era quase agressivo com ele, por temer que seu herdeiro se tornasse homossexual.

Esse medo era infundado. Meu irmão já fazia muito sucesso com as meninas e correspondia ao interesse delas. Depois do golpe de Estado de Skhirat,[2] Raouf não desgrudou mais do meu pai. Conseguiu que o deixasse fazer parte da escolta. Como já sabia dirigir aos treze anos, era frequente tomar o lugar do mo-

[2] Ver pp. 94-5.

torista, sair à noite com papai e esperar pacientemente que suas reuniões de trabalho terminassem, às vezes bem tarde.

Maria, com sete anos, e Soukaïna, com seis, tinham um caráter bem diferente. Viva e independente, Maria encantava papai; mas era difícil entendê-la. Já naquela época, ela não exteriorizava seus sentimentos. Soukaïna, por outro lado, era afetuosa e meiga. Ela se aconchegava a papai, chupando o dedo ou cantando de um jeito tão engraçado que ele morria de rir.

"Ele era um homenzinho, pirueteiro e careteiro..."

Ela passava o tempo todo deitada no chão, de bruços, rabiscando num papel. Meu pai estava convencido de que Soukaïna ia ser pintora ou escritora.

Abdellatif, ainda de fraldas, era a alegria de todos. O desejo de papai havia sido satisfeito. Seu último filho era parecido com ele. Aliás, quase o perdeu prematuramente: por pouco não foi devorado por um filhote de leão que lhe tinham dado de presente.

O animal, que corria livremente pelo gramado, resolveu primeiro brincar com dois yorkshires, depois com o bebê que engatinhava perto dali. Agitou-o como uma bola ante o olhar impotente das babás; em seguida colocou-o entre suas patas e arreganhava os dentes para quem fizesse menção de se aproximar. Foi preciso chamar papai para que ele verificasse o perigo pessoalmente. O leãozinho acabou soltando sua presa e foi mandado para o zoológico, para brincar com seus semelhantes.

MEU PAI E EU

Nós dois éramos cúmplices, amigos. Eu o encantava, ele me provocava sem, entretanto, ultrapassarmos certos limites. Eu evitava mostrar-lhe temor ou respeito servil: era insubmissa demais para isso.

De manhã, chamava-me para ajustar o nó da gravata ou abotoar o colarinho. Eu tinha orgulho desse ritual, ele também. Um dia, em que eu não conseguia abotoar direito sua camisa, mostrei, só para implicar, que ele estava com uma papada. Era muito vaidoso e tomou imediatamente as medidas que se impunham: uma partida de tênis em casa com seu amigo, o general Driss Ben Omar, uma sauna e leves restrições alimentares. Mas essas decisões não duraram muito.

Quando ele ia viajar, pedia-me para preparar sua mala e contava isso, com orgulho, para seus ministros. Ele me dizia com um pequeno sorriso:

"Vista-me como os seus astros do rock, quero estar na moda..."

Por volta da uma da tarde, quando chegava do ministério ou do estado-maior, ia para o grande salão. Instalava-se em seu sofá, sempre no mesmo lugar, pedia uma cerveja, saboreava-a lentamente. Eu terminava de almoçar e subia para vê-lo, às vezes com Soukaïna, que tinha um amor imenso por ele. Eu cuidava dele, servia-o, ficava a seu lado até a hora de voltar para o colégio, acariciando a cicatriz que ele tinha na mão direita, sequela de um desastre de automóvel.

Ele havia instalado um grande piano no salão e me pedia para tocar, quando tínhamos convidados. Orgulhava-se muito de meus dotes musicais. Eu obedecia, reclamando um pouco, porque não gostava nada desse papel de mocinha da casa.

Algumas semanas depois da minha volta, acompanhei meus pais em visita oficial à Espanha: fomos a Sevilha por ocasião da Feira. Foi uma oportunidade para eu me aproximar, para voltar a ser deles, e até como filha única, já que meus irmãos e irmãs ficaram em Rabat. Devo a essa viagem meu primeiro momento verdadeiro de felicidade familiar. Íamos juntos a todas as festas dadas pela aristocracia espanhola, dançávamos até o raiar do dia flamencos endiabrados.

Eu descobria um pai divertido, *bon vivant*, notívago, apreciador das canções de amor e das ciganas bonitas. Um pai autoritário, também. Uma noite ele me proibiu de sair usando uma camisa indiana transparente que eu vestia sem sutiã, como era moda na época. Ficou irritado com tamanha indecência.

Nossa cumplicidade tinha seus tropeços. Então com dezesseis anos, eu era rebelde e refratária a qualquer forma de autoridade. Havia sido reprimida por longos anos. Mais tarde tive de brigar de novo para poder usar minissaia. Recusei que um motorista me levasse de manhã ao colégio e me buscasse na hora da saída. Eu queria levar uma vida normal, o que não era nada fácil para a filha do general Oufkir.

Esperei com impaciência os dezoito anos para tirar habilitação de motorista. Meu guarda-costas, que dirigia muito mal, me ensinou os primeiros rudimentos do volante. Mas eu não tinha a menor noção do código de trânsito. Tirei a carteira graças aos policiais da minha escolta, que intercederam a meu favor junto ao inspetor.

Todos os dias eu me encontrava com um bando de amigos que papai não via com bons olhos. Alguns, como Sabah, minha melhor cúmplice, lhe pareciam avançadinhos demais. Véronique e Claudine eram da minha turma no colégio Lalla Aïcha. Os pais de Véronique, trotskistas convictos, eram filiados ao partido de Abraham Serfaty.[3] Eles viviam como remanescentes de 1968 numa casa de Rabat, não muito longe de nós. O jardim, abandonado, era o domínio dos cachorros — pastores alemães, dobermanns, buldogues. As crianças eram deixadas à própria sorte. Era o exato oposto da minha vida, mas isso não prejudicou nossa amizade.

Véronique me convidava com frequência para almoçar, apesar da atitude reticente de seus pais em relação a mim. Eles não hesitavam em me provocar, em fazer alusões a meu pai. Acabei respondendo que não tinha nenhum argumento político para defendê-lo, mas que era meu pai e que eu não admitia que o ofendessem.

Entre meus amigos rapazes, havia Ouezzine Aherdane, filho de um líder berbere que foi ministro várias vezes nos rei-

[3] Abraham Serfaty: formado pela Escola Francesa de Minas. Esse opositor do regime é o criador do partido de extrema esquerda Ilal Amam ("Avante"). Foi detido em janeiro de 1972, solto, novamente preso, em 1974, na penitenciária de Ghbila, depois no presídio militar de Kenitre. Libertado em 1991 e expulso para a França.

nados de Mohammed V e de Hassan II; Maurice Serfaty, filho de Abraham Serfaty; Driss Bahnini, filho do ex-primeiro-ministro, o filho de um empresário, e outros mais... Ouezzine adotava o estilo Bob Dylan: usava cabelos compridos e camisas floridas. Dirigia fuscas sem escapamento, que pintava conforme seu humor: segunda-feira, amarelo-limão; terça, rosa-choque. Depois viria a preferir Mustangs conversíveis.

Eu trocava com prazer meus carrões com motorista por aquelas máquinas barulhentas. Certa tarde, matando aula, estávamos todos no carro de Ouezzine fazendo baderna. O farol fechou, e um carro parou juntinho do nosso. Dentro dele, meu pai olhava para nós com severidade. Aterrorizado, o bando se enfiou debaixo dos bancos do fusca. Ouezzine, que era orgulhoso demais para deixar transparecer seu medo, arrancou olhando fixo para a frente.

Eu ia muito à casa de Maurice Serfaty e lá encontrava os militantes que seu pai recebia. Apesar de ser filha de quem era, de ser vigiada como ele também o era, mas cada um por motivos diferentes, Abraham sempre depositou em mim a maior confiança, pois era amiga do seu filho. Ele era inteligente o bastante para não misturar filhos com política. Eu não ignorava nada acerca das suas atividades, mas nunca teria passado pela minha cabeça falar delas a meu pai. Ele próprio, aliás, nunca teria me proibido de frequentar a casa dos Serfaty.

Meu pai se preocupava principalmente com aqueles rapazes todos à minha volta. Era influenciado por sua roda de cortesãos hipócritas, que fingiam se inquietar com a minha virgindade e com minha honra. Eu nem ligava. Desafiá-los me divertia mais do que qualquer outra coisa. Claro, eu não queria decepcionar meu pai; mas isso não me impedia de pular o muro quase todas as noites para saciar minha paixão pela música e pela dança.

Eu era muito organizada. Até as dez da noite marcava minha presença, respondia às perguntas sobre meus estudos como uma garota exemplar. Quando anunciavam que o jantar estava servido, eu me levantava, beijava meus pais e dava boa-noite aos convidados pretextando precisar estudar para uma prova no dia seguinte. No meu quarto, vestia uma minissaia ou uma bermuda e me enchia de maquiagem. Punha na minha cama um travesseirão com uma peruca na ponta, e caía fora!

Todavia, não era nada fácil: vivíamos de uma maneira sufocante. Éramos vigiados o tempo todo. Nem pensar em sair sem escolta. A casa estava sempre cheia de guardas e, entre eles, numerosos espiões. Os telefonistas que se revezavam em casa também espionavam. Mas eu havia conquistado a cumplicidade de um deles, que me ajudava a escapar.

Os dois irmãos mais moços da minha mãe, Azzedine e Wahid, de vinte e dezessete anos, me esperavam no carro deles. Íamos encontrar os amigos nas boates da moda. Azzedine tomava ciosamente conta de mim e não deixava ninguém chegar perto.

Eu dançava até o raiar do dia. De manhã, acordava às sete horas para ir ao colégio e considerava uma questão de honra passar nos exames. Certa noite, quando me arrumava, ouvi os dois batentes de madeira da janela se entreabrirem. No escuro, reconheci meu pai. Alguém tinha me denunciado. Naquela noite, fiquei tranquilamente na cama. Ele nunca me disse uma palavra sobre o que sabia.

Passávamos o verão na praia, perto de Rabat. Meus pais possuíam lá dois chalés, muito mais simples do que os que a burguesia construía, os quais às vezes pareciam verdadeiros palácios. As casas de meus pais eram verdadeiras casas de praia. Eles ocupavam a primeira delas e nos deixavam a outra. Queriam que me instalasse com eles, mas eu me recusava, com o pretexto de estudar para os exames. Na realidade, queria continuar pulando o muro, coisa que, lá também, constituía uma verdadeira operação militar. O terreno era repleto de jipes e a polícia e o exército patrulhavam dia e noite.

Eu costumava acordar ao meio-dia. Meu pai — que fingia acreditar que meu sono profundo se devia a minhas noites de estudo para o exame final do secundário — sugeriu que déssemos uma volta de automóvel depois do almoço, um dia em que fui para a mesa com os olhos ainda inchados. Estar a sós com ele era coisa tão rara que aceitei toda contente.

Dirigiu um tempo sem dizer nada, depois perguntou se eu tinha ouvido falar de uma boate chamada La Cage. Neguei vigorosamente, mas a contragosto. Era lá que eu dançava até o sol nascer. Ele parou na frente da boate.

"Não está reconhecendo?"

Fingi não entender, e ele não insistiu.

Outro dia ele afirmou, diante de um grupo de pessoas, que eu tinha sido vista numa boate, em Casablanca. Por sorte era mentira, e pude protestar minha inocência sem falsidade.

"Uma noite me veem em Casablanca, por que não no dia seguinte na La Cage?"

"Quanto a Casablanca, acredito em você; já quanto à La Cage, não sei, não..."

Em Londres, aonde me levou pela primeira vez, ele me pegou fumando no banheiro do Play Boy, um restaurante da moda. Ele me esperou sair e declarou que preferia que eu fumasse às claras a fumar escondido. Pouco depois encetou uma discussão na minha frente com o general Ben Omar, um homem austero que educava seus filhos com base no temor. Repetiu que não gostava de coisas escondidas. Preferia me ver fumar na frente dele a me ouvir mentir, o que deixou o bom general chocado.

Meu pai comia deselegantemente, mastigava fazendo barulho, não tinha bons modos. Ninguém em sua roda ousava chamar-lhe a atenção e mamãe também não se incomodava nem um pouco com isso. Ele também detestava a cozinha refinada. Como eu, só gostava de ovos, de preferência estrelados. Em visita oficial a Agadir, ele foi ver um dos seus melhores amigos, Henry Friedman, dono da Casbá de Agadir, uma espécie de Club Mediterranée, que ele fora o primeiro a lançar e que existe ainda hoje.

De todo o seu círculo de conhecidos, Henry era o único que ousava dizer o que pensava a meu pai. Era um judeu do Leste da

Europa, ruivo, de olhos azuis, com quase dois metros de altura e cento e cinquenta quilos. Um mastodonte, com o charuto aparafusado na boca, a voz rouca, cavernosa. Ex-deportado, personificava a alegria de viver, mas tinha um lado autoritário. Adorava comer. A fome e as privações por que passara nos campos de concentração lhe haviam inculcado um profundo respeito pela comida. Excelente cozinheiro, ele próprio preparara para meu pai uma mesa coberta de apetitosas iguarias.

Meu pai passou em revista todo o bufê.

"Desculpe, Henry", disse por fim, "mas não gosto de nada disso. Quero uns ovos estrelados."

Henry ficou uma fera e vociferou contra meu pai, que permanecia calmíssimo. Os serviçais tremiam ao ver que o general Oufkir deixava lhe passarem um carão, mas Henry, roxo de raiva, continuava a descompô-lo. Quanto mais Henry ficava furioso, mais o sorrisinho de meu pai se alargava. Estava feliz da vida por tê-lo provocado.

Em casa, eu não suportava sentar-me com ele à mesa. Minha educação rigorosa, à alemã, não tolerava o menor desvio de conduta. Quando eu almoçava com as crianças, não podia me impedir de repreendê-las. Elas eram bem-educadas, claro, mas não o suficiente, para meu gosto. Eu lhes ensinava a cortar um linguado, a mastigar devagar. Não me acostumava àqueles modos, e elas debochavam dos meus, ensinados por Rieffel, a governanta, e polidos pelo requinte inaudito do Palácio. Nunca pude me livrar desses modos.

Durante um almoço em companhia dos oficiais mais próximos do meu pai, fiquei exasperada com o barulho das mandíbulas dele. Encarei-o fixamente. Ele ergueu um pouco a cabeça, também me encarando. Tínhamos nos entendido sem precisar de palavras. Ele pôs-se a mastigar com mais força ainda, me desafiando. Eu também o desafiei, dizendo:

"Não dá para a gente ouvir nada aqui, só você."

Todos os oficiais largaram seus talheres. Eles me desaprovavam: eu era insolente, desaforada, faltava ao respeito para com meu pai. Mas ele não replicou.

Outro dia, ele havia decidido parar de fumar. Chegou do estado-maior com os bolsos cheios de chicletes. Ele sabia que eu detestava ouvir alguém mascando. Abriu o pacote, enfiou todos os tabletes na boca e olhou fixamente para mim. Não desviei meu olhar.

Outra vez, ele estava no salão com alguns ministros, discutindo política. Fui para a sala ao lado e pus a música bem alto. Ele me pediu para abaixar. Obedeci, deixei passar dez minutos, aumentei de novo. Era esse tipo de briguinha que cultivávamos o tempo todo.

No fim do ano minhas notas não foram boas o bastante para passar. Minhas escapadas noturnas haviam deixado sequelas. Optei por um colegial literário e pedi que meus pais me pusessem num colégio interno. Achava que assim seria mais livre.

No ano letivo seguinte, matricularam nós três, Raouf, Myriam e eu, em Meknés, no Liceu Paul-Valéry. Não tinha perdido meu costume de pular o muro, e o fazia com frequência cada vez maior, o que me valeu numerosas reprimendas e até um par de tapas no dia em que, em vez de voltar para o internato de manhãzinha, fugi para passar o dia inteiro com Sabah, em Rabat.

UMA MENINA MIMADA

A vida de todo o mundo? Eu sonhava com ela... Mas ignorava como podia ser... Meu universo era tão fácil... Bastava estalar os dedos para que tudo fosse providenciado sem que eu tivesse de fazer qualquer esforço. Viajar? Eu pegava avião na primeira classe como quem toma um ônibus. Me vestir? Apanhava o que quisesse com os estilistas das grandes capitais europeias e, se preciso, me apoderava dos vestidos Saint-Laurent de mamãe. Sair? As festas e os bailes se sucediam, com convidados que estavam sempre nas colunas sociais. Férias? Era só escolher o destino: o mundo era inteirinho meu. Tudo me parecia normal: o dinheiro, o luxo, o poder, a realeza, a submissão. Em torno de mim, as pessoas eram tão dóceis que mesmo se você tivesse olhos negros, elas elogiariam o azul do seu olhar, porque assim lhes haviam ordenado.

No meu baile de dezoito anos, meus pais convidaram toda a alta sociedade marroquina, o príncipe Moulay Abdallah, a princesa Lamia, todo o governo, um bom número de militares e alguns artistas.

E eu? Eu, menina mimada, fazia tromba. As provas de roupas me aborreciam. Usar um vestido Dior não era para mim; um penteado "careta" também não. No meu canto, fazendo beicinho, batendo os pés... O cabeleireiro, que levou duas horas montando um coque complicadíssimo, com litros de laquê e muita frisagem, jurou que nunca mais viria me pentear quando viu o pouco-caso que eu fazia da sua obra-prima. Antes mesmo de ele terminar de guardar suas coisas, enfiei a cabeça debaixo d'água e soltei os cabelos nos ombros. Merecia umas boas palmadas!

Tive de receber os convidados com meus pais, desdobrar-me em amabilidades, desempenhar o papel da moça perfeita em idade de se casar. Abri o baile com o príncipe Moulay Abdallah, disse palavras amáveis para as senhoras de idade, sorri para o vovô, para os generais, para os ministros... Fiz o que era esperado de mim, boa parte da noite.

Mas quando o grupo jamaicano tocou os primeiros reggaes, Malika, a bem-comportadíssima, se soltou na pista de dança. Tirei meu lindo vestido de musselina branca bordada de rosas, meti um jeans com uma camiseta e, descalça, dancei até não poder mais a noite toda, a maior parte do tempo com meu pai.

Aquela noite tão temida acabou me agradando. Cobriram-me de presentes, entre eles joias magníficas; elogiaram minha beleza, meus pais estavam felizes... E eu me diverti bastante. Durante muito tempo, inclusive nos meus primeiros anos de prisão, guardei um pequeno álbum de fotos tiradas naquela noite. O álbum foi confiscado, como todo o resto. Mas pude reavê-lo quando me soltaram. Os rostos dos generais — executados depois do golpe de Skhirat e que estavam presentes naquela noite — haviam sido assinalados com caneta verde.

Com que sonham as mocinhas? Com o amor, a maioria delas. Eu sonhava com a luz... O cinema continuava sendo minha grande paixão, o caso da minha vida, desde a época em que eu passava todos os filmes de que tinha gostado para Lalla Mina e meus colegas do colégio real. Ser estrela de cinema era o que me animava... Todas as ocasiões eram boas para me aproximar dos espetáculos e dos paetês. Em Londres, onde mamãe tinha casa no Hyde Park, encontrei a atriz grega Irene Pappas. Ela trabalhava num filme que estava sendo rodado num estúdio londrino. Fiquei enlouquecida. Ainda bem que meus dois tios, Azzedine e Wahid, estavam lá, me pajeando. Na verdade, eles se divertiam tanto quanto eu.

A gente ia para o apartamento que Irene tinha alugado, dançávamos *sirtaki*, bebíamos vodca e champanhe, ríamos, cantávamos, voltávamos de madrugada, de Maserati ou Lamborghini, levados pelo filho do rei Fahd da Arábia ou por um jovem ator grego, Yorgo. Era assim que eu aprendia inglês...

Paris me fascinava... Todas as ocasiões eram boas para suplicar a meus pais que me deixassem ir para lá. Mas, de novo, eu precisava de algum pajem. Minha prima, Leila Chenna, com quem eu brincava quando criança, foi encarregada dessa tarefa. Instalei-me na casa dela, toda feliz. Pouco mais velha que eu, Leila era a moça mais bonita da sua geração. Seu físico a ajudou; ela havia se tornado atriz. O diretor Lakhdar Yamina tinha se apaixonado perdidamente por ela e lhe deu papel na maioria dos seus filmes, entre eles o célebre *Crônica dos anos de brasa* que ganhou a Palma de Ouro em Cannes. Ela também fez uma figuração num filme de James Bond.

Leila encarnava meu sonho. Teve sucesso no cinema, era independente. Convivia com os atores que eu mais admirava no mundo. E não era egoísta... Apresentou-me Alain Delon. O astro dos astros. O ator que as mulheres adulavam. Mas ele não me impressionou. Para a garota de dezessete anos caprichosa e espontânea que eu era, ele já era um coroa. Quase um velho. A única coisa que podia haver entre nós era uma amizade, às vezes ambígua, mas totalmente platônica. Estive com ele algumas ocasões em Paris, depois em Nova York e no México, onde ele filmava *O assassinato de Trotsky*, de Joseph Losey, com Romy Schneider. Ensinou-me a jogar *yam*.

Alain tinha muito afeto por mim, mas respeitava a mocinha protegida atrás de uma couraça de princípios virtuosos. Meu lado de virgem louca não lhe desagradava. Volta e meia ele me telefonava em Rabat. Alertado por seus cortesãos, sempre prontos a temer por minha honra, meu pai se preocupou com essa relação. Não havia por quê. Alain era um amigo de verdade, dos mais fiéis. Mais tarde ele provou que não me esquecera.

Jacques Perrin frequentava o apartamento de Leila. Ele acabava de produzir Z. Era admirado, festejado... E lindo... Tive um pequeno flerte com ele, sem maiores consequências. Com certeza estava um pouco apaixonada. Mas ainda não me sentia pronta para me entregar a alguém. Minha liberdade tão recente me inebriava demais.

Os Estados Unidos encarnavam meu sonho. Nova York e Hollywood eram minha mais linda recompensa. Lá passei umas férias de Natal memoráveis. Na Grande Maçã, fiz amizade com Marvin Dayan, sobrinho de Moshe — o que, quando voltei, deixou meu pai todo prosa e escandalizou alguns de seus ministros. Los Angeles? Uma das minhas melhores lembranças. Acompanhei a princesa Nehza, irmã mais moça do rei, e fomos convidadas a frequentar o jet set de Hollywood. Íamos de jantar em jantar, cada um mais incrível que o outro. Encontrei neles todas as celebridades do cinema na época: Zsa-Zsa Gabor, Edward G. Robinson e tantos outros. Eu estava impressionada, intimidada mas fascinada... Por mais consciente que estivesse de que devia aquele convívio prestigioso a meu nome, que me abria todas as portas como um "abre-te, Sésamo", nem por isso deixava de estar aturdida.

Numa dessas noites, acabei me apaixonando loucamente por um caubói de cinema, Stuart Whitman, que só precisou piscar seus lindos olhos azuis para que eu quase desmaiasse. Confidenciei sobre essa paixão fulminante à minha vizinha de sofá, uma deslumbrante modelo francesa. Ela me ouviu com grande seriedade.

"Entendo", respondeu-me sorridente. "Realmente ele é maravilhoso!"

Eu ia continuar falando daquela minha súbita paixão, enumerar em detalhe todos os seus encantos, quando percebi Nehza me fulminando com o olhar. Ela fez um sinal me chamando.

"Malika, isso é comportamento? Não só você paquera aquele sujeito descaradamente, mas ainda por cima faz isso na frente da mulher dele!"

Era minha linda vizinha de sofá... Ela teve a elegância de não ficar zangada comigo por causa da minha confissão e me convidou a sua casa várias vezes. Minha ingenuidade a seduzira. Fiquei amiga dela e do marido, a quem minha paixão sem esperança enternecia.

Na casa deles, em Malibu, fiz amizade com a encantadora Brigitte Fossey, filha de militar como eu e mãe da pequena Marie, de quatro meses. Pouco depois, Steve MacQueen — que encontrei numa boate de Los Angeles onde eu dançava com o filho de Dean Martin — me convidou para passear de buggy com ele no deserto da Califórnia. Ele conhecia meus pais. Passamos juntos um dia inesquecível, disparando pelas dunas. Nunca ri tanto!

Eu tinha imensa vontade de ser atriz. E quase consegui com um agente americano, amigo do meu pai, um contrato para fazer um filme. Meu pai precisou empregar todo seu poder de persuasão, pelo telefone, para me dissuadir da ideia.

"Malika, primeiro você termina o secundário, depois se instala nos Estados Unidos. Aí, você poderá fazer o que bem entender."

Obedeci à voz da razão. Quando penso que Hollywood me aguardava...

Com o distanciamento que tenho hoje, vejo, com divertimento e certo afeto também, essa moça nada boba mas mimada pela vida, cujos acessos legítimos de revolta certamente teriam dado em nada. Minha sorte estava traçada de antemão:

um rico casamento aos vinte anos, uma vida de luxo e tédio, com sexo, infidelidades, frustrações e insatisfações afogadas no álcool ou nas drogas. Um destino idêntico ao de tantas outras mulheres da alta sociedade marroquina que conheço e que são muito infelizes.

O meu calvário, pelo menos, terá me poupado essa decadência. Claro, perdi anos que nunca mais vou recuperar. Entro na vida no momento em que inicio a velhice. É doloroso e injusto. Mas tenho hoje outra ideia da existência: não dá para construí-la com artifícios, por mais atraentes que sejam. Nem a riqueza nem a aparência têm hoje importância para mim.

A dor me fez renascer. Levei tempo para morrer como Malika, filha mais velha do general Oufkir, filha de um poder, de um passado. Ganhei uma identidade. Minha identidade. E isso não tem preço.

Se não fosse todo esse estrago, esse horror, eu quase diria que o sofrimento me fez crescer. De qualquer modo, me transformou. Para melhor. Mais vale ver o lado positivo das coisas.

O GOLPE DE SKHIRAT

Aquele verão de 1971 se anunciava particularmente agradável. Apesar do meu ano letivo dispersivo, tive boas notas no exame de francês. Fui então aceita na série literária do último colegial. Dois longos meses de férias se apresentavam diante de mim, com muitas perspectivas de passeios, banhos de mar, amigos, projetos de viagem. No dia 10 de julho, à uma da tarde, eu ainda dormia. Na véspera, coisa rara de acontecer, meu pai levou a família toda ao restaurante. A noitada foi um sucesso, rimos muito. Ao voltar, me diverti em casa a noite inteira, daí ter acordado tão tarde. A vida era boa e tranquila. O que podia acontecer conosco?

Fui acordada brutalmente. Os guarda-costas corriam por toda a casa, os empregados estavam agitados. Ouviam-se aviões de caça zumbir no céu. Reinava uma atmosfera de catástrofe. E era uma catástrofe mesmo: houvera um golpe de Estado no palácio de Skhirat, onde o rei organizara três dias ininterruptos de festejos para celebrar seus quarenta e dois anos.[4]

Impossível contatar meu pai, e minha mãe havia ido almoçar com sua amiga Sylvia Doukkali, que tinha uma casa na praia. Raouf tinha ido de moto para a cidade com uns amigos. Preocupada com meu irmão e não sabendo o que fazer, resolvi ir ao encontro da minha mãe. O anúncio do acontecimento surpreendera os convidados; alguns ainda estavam de maiô e calção. A casa de Sylvia ficava a apenas alguns quilômetros do palácio de Skhirat, e, quando peguei o carro com mamãe para voltar a Rabat, vi chegar no sentido inverso dezenas e dezenas de caminhões militares.

Foi impossível voltar para casa. Passamos então a noite refugiadas numa casinha que possuíamos na cidade. Sylvia Doukkali veio conosco. Ela estava em pânico: Lharbi, seu marido, que era secretário particular do rei, não havia voltado para casa. Ela não tinha nenhuma notícia dele.

De manhã cedinho, alguém telefonou para mamãe avisando que Lharbi Doukkali tinha sido um dos primeiros a ser executado em Skhirat. Houve mais de duzentos mortos, um terço dos quais eram convidados do rei. Este conseguiu reprimir a rebe-

[4] No dia 10 de julho de 1971, duas turmas da escola militar real de suboficiais irrompem no palácio de Skhirat durante o aniversário do rei. Massacram centenas de convidados, oficiais, membros da corte e celebridades masculinas do mundo todo — naquele dia a festa estava reservada aos homens. O rei se esconde no banheiro. Outros amotinados tomam a rádio, bombardeiam o palácio de Skhirat e de Rabat. O rei consegue, pouco mais tarde, retomar o controle da situação.

A alma dessa primeira conjuração é o general Medbouh, um oficial austero e íntegro, revoltado com a corrupção que reina no país. Será morto em Skhirat pelo coronel Ababou, seu cúmplice. Dez oficiais, entre eles quatro generais, serão executados por uma corte marcial. O general Oufkir pede a absolvição dos 1081 alunos oficiais amotinados e a obtém. Sua participação nesse primeiro golpe nunca foi claramente provada, mas a maneira como o ato foi organizado e a clemência que ele denotou para com os rebeldes sempre intrigaram muita gente. Data dessa época sua "ruptura" com o rei Hassan II.

lião, mas cento e trinta e oito amotinados foram mortos. Dez oficiais, entre os quais quatro generais, haviam sido detidos. Seriam executados pouco depois.

Esse golpe de Estado caía como uma bomba na minha existência sem surpresas. Eu nunca poderia imaginar que alguém atentasse daquela maneira contra o poder do rei. Como simples oficiais poderiam pretender aniquilá-lo se não houvesse toda uma conjuntura possibilitando o golpe? Eu não estava suficientemente madura, não estava suficientemente a par da política para compreender direito o que acabava de acontecer. Lembro-me sobretudo do pânico reinante e da minha dor ao saber da morte de algumas pessoas próximas a mim que se achavam em Skhirat.

Naquela manhã, depois de voltar para casa, mamãe e eu decidimos ir ao palacete do rei na Alameda das Princesas, a dois passos do nosso. O rei tinha se refugiado lá com suas mulheres. Fomos recebidas calorosamente, emocionadamente até. Todo mundo chorava, se beijava. Mas pela primeira vez na vida senti certo mal-estar. Agitavam-me pensamentos contraditórios. Eu tivera muito medo por meu pai e pelo rei, mas não suportava mais a monarquia, o poder. Não era mais o meu lado.

Sentia-me envergonhada por me agradecerem pela ação de papai. Ele ajudara a esmagar os rebeldes, mas eles não lutavam para pôr fim à corrupção? Mais tarde, conversando com os amigos, apurei minhas posições. Compreendi pouco a pouco que as coisas não eram tão simples assim — de um lado os maus, que são eliminados, do outro os bons...

Minha mãe fazia questão de ver o rei. Eu conhecia bem a casa e conduzi-a até os aposentos dele. Quando chegamos à porta, ele abriu-a subitamente. Seu estado de nervos era tal que deu um passo atrás ao nos ver. Ficou zangado com mamãe por tê-lo assustado. Era tão orgulhoso que não suportava que uma pessoa de fora o surpreendesse num momento de fraqueza. Minha opinião não contava: eu fazia parte do seu círculo íntimo.

Mamãe, que queria obter o corpo de Lharbi Doukkali, tentou convencê-lo. Ele se pôs a gritar.

"Você se desdobra para ser útil aos outros, cuida do luto de uns e do enterro de outros. Mas lembre-se do que vou dizer: essa gente toda, com quem se preocupa tanto, não vai erguer um dedo se acontecer alguma coisa com você amanhã."

Ainda assim, ele aceitou que ela recolhesse o corpo de Lharbi para que fosse enterrado decentemente.

Os dias que se seguiram foram terríveis. Os dez oficiais detidos foram fuzilados sem nenhum processo. Eram todos amigos íntimos de meu pai, que voltou para casa lívido, os olhos vermelhos, a boca crispada. Vestia seu uniforme de combate. Subiu diretamente para o quarto e deitou-se na cama. Sentei-me a seus pés e peguei sua mão, para beijá-la. Mamãe estava a seu lado.

Meu pai chorou por muito tempo a morte dos amigos. Não conseguira convencer o rei a julgá-los na legalidade. Ele sabia que nenhum deles poderia ser poupado, porque haviam atentado contra a segurança do Estado, mas queria que tivessem um julgamento. Pela primeira vez na vida, não fora capaz de empregar a linguagem comedida do político. Berrara contra Hassan II. Perdeu novamente a compostura no dia do enterro dos convidados e de todos os que haviam morrido para proteger o monarca. Este acompanhava o séquito usando um de seus casacos xadrez prediletos. Meu pai acusou-o de não respeitar os mortos.

Nnaa, minha avó paterna, deixou seu palmeiral de Ain-Chair e veio para nossa casa. Eu não a via muito, mas gostava muito dela. Era uma figura extraordinária — a dignidade, a grandeza de alma, a piedade personificadas. Essa mulher do deserto, sóbria, sem artifícios, sempre trajando um simples cafetã branco, parecia uma índia sioux, com as maçãs do rosto salientes, os olhinhos negros puxados, cabelos acobreados penteados em tranças. Ela era muito corajosa. Pegava víboras com as mãos e, como meu pai, montava maravilhosamente bem.

Meu pai e ela se cumprimentaram beijando-se as mãos, à moda da gente do Sul. Toda trêmula, ela disse:

"Meu filho, que Deus o proteja. Pensei que você tivesse morrido."

Friamente, ele deteve as lágrimas da mãe.

"Mamãe, só permito que você derrame lágrimas por mim se eu morrer como um criminoso. Mas se você julgar que morri como homem, por favor, não derrame nenhuma."

Pouco depois, eu me trancava com ele no salão e dava livre curso à minha dor e à minha raiva. Não suportava que os filhos dos generais executados tivessem sido enxotados de casa, espancados a murros e pontapés pelos soldados. Eu tinha ouvido dizer que aquelas ordens vinham de meu pai. Exigi que se explicasse.

Ele se desculpou e me disse que desejava ver os filhos do general Habibi, que fora um de seus amigos mais queridos. Servi de intermediária. Depois de muita hesitação, o filho mais velho aceitou vir a nossa casa durante a noite. Meu pai entregou-lhe uma maleta sem revelar seu conteúdo.

"Espero que seus irmãos e você se comportem sempre como homens dignos de seu pai."

Seus olhos se encheram de lágrimas quando pronunciou essas palavras.

Mina, a filha do general Medbouh, assassinado por seu cúmplice, o coronel Ababou, em Skhirat, tinha vinte e dois anos, mesma idade do meu tio Azzedine, com quem ela saía. Ela não conseguia retirar o corpo do general do hospital Avicenne. Intervim mais uma vez junto a meu pai, que lhe deu dinheiro e arranjou um novo passaporte para que ela pudesse ir para a França. Ela adotou o nome de seu avô materno, o marechal Ammezziane, para não ter problemas. Aquele gesto me chocou.

"Aconteça o que acontecer na minha vida, vou conservar meu nome."

Quanto mais os dias passavam, mais eu tinha a convicção íntima de que iria perder meu pai em circunstâncias trágicas. Não podia explicar essa intuição: era algo além do meu entendimento.

No dia seguinte ao golpe, eu me abri com um dos meus amigos, Kamil.

"Este ano não foi nada", falei. "Ano que vem vai ser bem pior, você vai ver."

E repeti a meu pai:

"Tome cuidado, senão vai acontecer com você a mesma coisa que aconteceu com Medbouh."

Ele não respondeu nada.

O PÓS-SKHIRAT

Depois do golpe, minha mãe foi para Londres, descansar longe da agitação da corte. Levei as crianças para Kabila, um balneário da moda, que ficava ao norte do país. Pela primeira vez, eu era inteiramente responsável por elas e levei muito a sério meu papel de irmã mais velha. No fim do verão, todos voltamos para Rabat. Meu pai, que trabalhava quase sempre em casa, agora saía de manhã cedo e só voltava à tarde, para receber os ministros e os oficiais.

Seu poder tinha sido ampliado,[5] mas ele se transformara em outro homem. Parecia quebrado. A gravidade não abandonava mais seu rosto; recusava-se o menor prazer. Acho que continuava de luto por seus amigos. Havia reatado com sua primeira família, o exército, e não suportava mais nosso modo de viver no desperdício e na opulência. Desejava mais simplicidade e sobriedade.

Nossa mudança de vida foi radical. Em casa, ele impôs uma disciplina quase militar. A segurança foi reforçada, os agregados e os cortesãos se tornaram menos presentes. Ele supervisionava tudo. Não podíamos mais ver filmes, nem receber quem quiséssemos. Raouf foi obrigado a ter aulas de árabe com um oficial de fé islâmica. Meu modo de vestir valeu-me algumas críticas. Eu estava tão chocada com esse novo comportamento que brigávamos com muita frequência.

As visitas inesperadas do rei se multiplicavam. Ele quase violava nossa intimidade. Parecia que o abismo entre meu pai e

[5] Depois de Skhirat, o general Oufkir foi nomeado pelo rei ministro da Defesa e chefe de estado-maior das forças aéreas reais. Ele controlava as Forças Armadas, a Polícia, o Interior.

ele só aumentava. Eu não encontrava mais a relação de cumplicidade que eles mantiveram por tanto tempo; a hostilidade surda que reinava entre os dois homens de que eu mais gostava me entristecia e perturbava.

Sentia-me mal em casa e fora dela. No país, reinava um ambiente estranho. A monarquia estava abalada. Pela primeira vez, o poder divino do rei era questionado pela opinião pública. A pessoa sagrada do intocável descendente do Profeta, emir dos crentes, havia sido atingida. Em janeiro, os estudantes universitários e secundários entraram em greve. Houve rebeliões que meu pai reprimiu violentamente. No Liceu Lalla Aïcha, eu era cada vez mais rejeitada. Ninguém, fora meus amigos próximos, manifestava simpatia por mim. Mas eu continuava assistindo às aulas; era boa aluna e queria obter meu diploma do secundário. Mas a própria diretora temia por minha segurança e aconselhou meus pais a me tirar da escola.

Após horas de discussão, pude convencê-los a me mandar para Paris, onde me matricularam no Lycée Molière, com uma identidade falsa. Em comum acordo com Alexandre de Marenches, diretor do SDECE,* tomei o nome de minha mãe e passei a me chamar Malika Chenna. Meus pais também aceitaram alugar para mim um apartamento a alguns metros do meu novo colégio, em vez de providenciar uma casa de estudantes.

Eu estava sob a responsabilidade de uma amiga mais velha, Bernadette, que prometera cuidar de mim e não me deixar sair à noite. Compromisso que ela não conseguiu cumprir: eu era extremamente persuasiva.

Não quis que mamãe comprasse para mim móveis conforme seu gosto, demasiado "burguês". Eu não queria nada que fosse muito caro, temendo que meus futuros amigos descobrissem minhas origens. Ela me deu um pouco de dinheiro, que gastei no Mercado das Pulgas. Minha nova vida me parecia o auge da boemia, ou pelo menos da ideia que eu tinha de levar

* Sigla do Serviço de Documentação e de Contraespionagem francês. (N. T.)

uma vida boêmia: comer congelados num quarto e sala do XVI arrondissement de Paris* parecia deliciosamente esquerdista para a menina mimada que eu era...

Paris me pertencia e eu não deixava de sair todas as noites, suplicando a Bernadette que não contasse nada a meus pais. Passei a frequentar regularmente o Castel e o Régine, mas, mesmo voltando de madrugada, eu me esforçava para tirar boas notas. Simples questão de orgulho.

Certa noite em que eu estava numa festinha na casa de um amigo marroquino, Bernadette me ligou desesperada.

"Malika, venha rápido para casa, seus pais não param de telefonar, é urgente."

Era uma da manhã. Levaram-me para casa. Em frente ao prédio, na rue Talma, vi uma aglomeração. Ao me aproximar, percebi que eram policiais fardados e à paisana. Tinha polícia por toda parte: no pátio interno, na entrada, nas árvores, nas escadas.

O embaixador do Marrocos, que acabava de chegar, manifestava indícios de uma agitação das mais febris. Não me explicou nada e me pediu para pegar uma mala que Bernadette já havia preparado. Mais me empurraram do que me levaram para seu carro. Passei a noite na casa do embaixador, que então me revelou que suspeitavam que o coronel Kadhafi queria me raptar.

Ele me perguntou se naqueles últimos dias não tinham ocorrido coisas estranhas comigo. A memória reavivou-se. Sim, de fato, dois brutamontes de preto tinham tocado nossa campainha, duas ou três noites antes, dizendo que nosso apartamento estava à venda e que queriam visitá-lo. Pelo olho mágico, Bernadette e eu vimos a aparência dos sujeitos e não os deixamos entrar. Pouco depois, fui seguida na rue de la Pompe, quando fazia compras. Bernadette foi a primeira a perceber.

O SDECE me mostrou umas fotos, mas recusei-me a reconhecer quem quer que fosse. Não era do meu estilo denunciar

* Um dos distritos mais chiques de Paris. (N. T.)

alguém, eu tinha princípios... Peguei um avião para o Marrocos, onde permaneci por uns dias, mas supliquei a meus pais que me deixassem voltar para a França. Em contrapartida, eu aceitava uma proteção reforçada. Por algumas semanas tive a impressão de ver policiais por toda parte.

Um mês antes dos exames finais, quase perdi a vista num grave desastre de automóvel. Um dos meus amigos, Luc, filho de André Guelfi,[6] dirigia. Ele perdeu o controle do carro e bateu num poste. Eu, que não usava o cinto de segurança, atravessei o para-brisa.

Transportaram-me para o hospital de ambulância. Estava com a bochecha em frangalhos, o nariz lacerado em três pontos, o supercílio aberto, o olho machucado, a garganta cortada, a boca rasgada de ponta a ponta. O punho estava quebrado, o polegar torcido e, para completar, ocorrera um traumatismo craniano. Deitada na maca, na sala de emergência, ouvia os comentários das enfermeiras que acreditavam que eu estivesse inconsciente.

"Que pena! Ela está completamente desfigurada! Devia ser bonita! Que horror..."

Operaram meu olho duas vezes, e, por sorte, a segunda operação foi bem-sucedida. O rei havia mandado Moulay Abdallah e alguns ministros ficarem a meu lado. Minha mãe não saía de perto de mim. Meu pai telefonava sem parar. Não podia vir à França, onde tinha sido condenado à prisão perpétua por contumácia, no caso Ben Barka. Mas dizia-se que o presidente Pompidou estava disposto a deixá-lo cruzar a fronteira. Assim que pude falar com ele, implorei que não saísse do Marrocos.

Fiquei hospitalizada duas semanas. Quando tive alta, quis logo retomar uma vida normal. Sofria muito e tinha de usar permanentemente óculos escuros, porque a luz me incomodava.

Pouco depois de sair do hospital, fui ao consultório do professor Mora, que tinha me operado. Ele me felicitou.

[6] André Guelfi: homem de negócios corso, amigo do general Oufkir.

"Srta. Oufkir, sua força de vontade salvou-lhe a vista."

Passados alguns dias, eu já havia recuperado a metade da visão. Hoje, meu rosto é sensivelmente o mesmo de antes do desastre. Só fiquei com umas poucas cicatrizes. Não pude voltar a Paris para retirar os últimos pontos de sutura e fazer algum tratamento. Na prisão, meu rosto ficou um bom tempo agitado por tiques. Às vezes ainda hoje, quando estou cansada ou irritada, o nervo facial treme involuntariamente.

Meus pais me fizeram voltar ao Marrocos para terminar minha convalescença. Eu tinha decidido fazer o exame final em outubro, no Liceu Descartes, como era permitido para os candidatos impedidos de fazer o exame em junho.

Mas os acontecimentos decidiram de outro modo.

O GOLPE DE 1972

O rei, que recebia o presidente Boumediene, tinha me pedido para ir vê-lo assim que eu voltasse a Rabat. Eu estava desfigurada. Meu rosto estava intumescido, coberto por cicatrizes, e os olhos orlados de manchas azuis.

"Não é nada grave, Malika", ele me consolou. "Todo o mundo já sofreu um desastre de automóvel uma vez na vida: Lalla Malika, Lalla Lamia, eu... No próximo mês vou mandar você aos Estados Unidos consultar especialistas e logo, logo, garanto, não se verá mais nada."

Estávamos no começo de julho. Mamãe queria que eu fosse com a família a Kabila passar as férias, mas eu queria estudar para o exame final. Para repassar as matérias com tranquilidade, consegui que me deixassem ficar em Rabat, com papai. Ele estava cheio de trabalho, nossa casa tinha virado um verdadeiro estado-maior. Ele não saía mais; eu via desfilar os oficiais, os ministros. O ambiente era meio sinistro. Apesar de tudo, ia vê-lo todos os dias, quando ele podia me receber, na hora do almoço ou no fim do expediente.

Mamãe possuía, defronte da nossa casa, uma bonita casinha,

com uma sala, um pequeno quarto e um jardim encantador. Instalei-me lá para ter sossego. Eu estudava sem parar, com uma amiga que fazia os exames do último ano de direito.

Meu pai resolveu que iríamos passar um fim de semana em Kabila. Alugamos o Mystère 20 que ele utilizava para todas as suas viagens. Eu estava um tanto receosa. Apenas um mês depois do meu desastre de automóvel, ele quase havia perdido a vida num acidente de helicóptero. Numa outra vez, escapou de um atentado a bomba numa cerimônia oficial, à qual não pôde comparecer. Sempre achei que o rei queria destruí-lo, mas nunca tive provas disso.

Entre os dois, o rompimento se acentuava cada vez mais. No meio de uma reunião do Conselho de Ministros, quando acabavam de decidir um aumento substancial do azeite, do açúcar e da farinha, meu pai puxara o revólver ameaçando se matar. Acho que ele sonhava em estabelecer uma monarquia constitucional com o príncipe herdeiro, Sidi Mohammed, no trono. A corrida para o poder estava iniciada.

Aquele fim de semana em Kabila foi incomum; na verdade, completamente maluco. Meu pai tinha um comportamento estranhíssimo. Ele acabava de nos fazer passar um ano inteiro na mais total seriedade e agora punha-se a dançar e a cantar o dia todo...

Eu havia trazido de Paris os últimos discos de sucesso, e já às dez da manhã ele me atormentava:

"Kika, quero dançar, ligue o som a todo o volume!"

Quantas vezes ele não pedira para abaixar o volume?

Descobria um pai diferente. Um verdadeiro pai. Havia esquecido o quanto ele podia ser encantador, atencioso, alegre, animado. Da manhã à noite, era uma festa. Ele era a própria alegria de viver. Mal acordava, às seis, ia para a praia e deitava-se à beira-mar, sozinho — logo ele, que não gostava nem um pouco do mar! Contemplava o raiar do dia ou fitava o horizonte. Meus ferimentos, que mal tinham cicatrizado, teoricamente não me permitiam tomar sol com ele, mas eu nem dava bola. Era minha maneira de dizer "sou normal" e, principalmente, de segui-

-lo. Ele, que não sabia nadar, até tomou uma aula de esqui aquático. Por precaução, pôs uma roupa de mergulho e usou uma boia volumosa. Sua aparência era tão cômica que logo o batizamos de "Moby Dick, o rei do mar".

Em Kabila, a vida era muito simples. Recebíamos muitos convidados em casa, mas mamãe fazia questão de ir ela mesma à feira, escoltada pelos guarda-costas. Ela discutia os menus com o cozinheiro. Não lhe teria passado pela cabeça estalar os dedos para ser servida. Meu pai vivia de calção de banho; no fim do dia, enfiava uma túnica, do tipo que os homens azuis, os tuaregues, usam no Sul. Mas o poder continuava mais que nunca onipresente. Estávamos rodeados de policiais, de homens armados. Nossa mesa, nossa companhia eram das mais procuradas pelos cortesãos. Para nossos convivas, o máximo era deixar escapar casualmente no curso de uma conversa:

"Almoçamos na casa dos Oufkir..."

Depois de três dias maravilhosos, vividos num ritmo alucinado, tomamos o avião de volta. Retornei aos estudos na casinha. Uma tarde, por volta das seis, fui ver meu pai. Estava sozinho. Instalei-me com ele em nossa sala de estar, de frente para o jardim.

Servi-lhe um uísque e sentei-me ao seu lado, acariciando sua mão, como eu costumava fazer.

"Não quer cantar um pouco comigo?", pediu-me de repente.

"Se você quiser... Mas o quê?"

Começou então a cantarolar:

"*Segunda de manhã, o rei, sua mulher e o pequeno príncipe vieram à minha casa apertar minha mão...*"

De vez em quando ele me olhava com o rabo dos olhos.

"Vamos, cante comigo!", dizia.

Ele nunca me deu nenhuma explicação sobre o porquê daquela canção. Ainda hoje, sempre me pergunto sobre sua atitude, no mínimo curiosa, que me intrigou durante muito tempo.

Certa manhã, por volta das nove, eu estudava quando ouvi papai me chamar do jardim. Discreto, nunca deixava de se anunciar ao telefone.

Abri a porta e recuei, impressionada com seu olhar. De pé, diante de mim, ele me fixava com uma intensidade e um amor tais que fiquei espantada, inquieta mesmo. Perguntei-me se me encarava assim por causa das minhas cicatrizes e se ainda estava bravo comigo por eu estar desfigurada.

Abraçou-me então, apertou-me carinhosamente e indagou dos meus projetos. Mamãe possuía uma casa em Casablanca e eu tinha resolvido me instalar lá, para ficar mais perto dos meus amigos, os Layachi.

"Vou ficar muito melhor lá", afirmei. "As meninas vão me ajudar no estudo. E, pode acreditar, não vou sair de noite, tenho de passar no exame. Juro que vou passar."

"Está bem. Sabe que confio em você."

"Eu sei, papai, sei que confia em mim. Pode ficar sossegado."

Ele, que nunca estava disponível, que sempre tinha tantas coisas a fazer que, quando vinha me dar um beijo, já estava indo embora, dessa vez hesitava...

Desci a escada com ele. Ele ergueu os olhos, percorreu a sala com o olhar, deteve-o em mim.

"Minha querida, sabe que eu adoro você, não sabe?"

Nem pude responder.

Depois deu meia-volta e saiu. Fiquei ali de pé, sem reação. A porta tornou a se abrir. Era ele, de novo. Veio até mim, abraçou-me com força. Acabou indo embora, como que a contragosto.

Pouco depois, eu partia para Casablanca.

Era o dia 16 de agosto de 1972. Eram mais ou menos quatro da tarde. Eu estava na sala da nossa casa em Casablanca, rodeada de amigos. Batíamos papo alegremente.

Movida por uma intuição que não sou capaz de explicar, liguei a televisão. Um jornalista anunciava que havia sido dado um golpe e que o avião real tinha sido bombardeado acima de Tétouan. Não se sabia o nome do instigador do atentado.[7]

Corri para o rádio, querendo sintonizar a emissora francesa France Inter. Esperava que me confirmassem que o autor do golpe era meu pai. À minha volta, meus amigos repetiam que era ele, que tinham certeza. Mas as informações eram vagas, não se sabia de nada preciso, apenas se supunha que se tratava do general Oufkir e que o golpe tivera êxito. A calma ainda não estava restabelecida.

Assim que soube da notícia, a irmã da minha amiga Houda Layachi suplicou-lhe que fosse embora com ela. Tinha medo de que o exército cercasse a casa, que os soldados me matassem e a elas duas também. Histérica, ela me culpava por tudo.

Todo mundo foi embora, menos Houda. Eu não podia entrar em contato com ninguém da família, as linhas estavam ocupadas ou não atendiam. Fiquei prostrada, aflita, sem saber o que fazer.

Por volta das sete da noite, o telefone tocou. Era meu pai.

Ele tinha a voz sem timbre de um homem que resolveu se matar e que envia sua última mensagem. A impressão era aterrorizante. Um fantasma falava na outra ponta da linha.

Ele assumiu um tom neutro para me dizer que me amava e que tinha orgulho de mim. Depois acrescentou:

[7] No dia 16 de agosto de 1972, o avião real, voltando de Paris, foi perseguido e metralhado duas vezes, acima de Tétouan, por vários F5 do exército marroquino, pilotados especialmente pelo coronel Amokrane e pelo comandante Kouera (este ejetou-se do seu avião e foi detido), que decolaram do aeroporto de Kenitra, base do complô. O avião real conseguiu aterrissar sem problemas no aeroporto de Rabat-Salé. O rei estava são e salvo. Amokrane, mal desceu do avião, partiu de helicóptero para Gibraltar com quatro cúmplices e pediu asilo político. Denunciou explicitamente Oufkir, "o fiel dentre os fiéis". Convocado pelo rei ao palácio de Skhirat, Oufkir vai encontrá-lo por volta das 23 horas. Vê-se diante do seu ex-braço direito, Ahmed Dlimi, e de Hafid El Alaoui, chefe do Protocolo. A tese oficial sustenta que ele se suicidou com cinco tiros, um deles mortal, no pescoço.

"Peço-lhe para ficar calma, aconteça o que acontecer. Não saia de casa antes que a escolta venha pegar você."

Comecei a berrar.

"Papai, diga que não é verdade, que não vai se repetir o que aconteceu no ano passado..."

"Escute, minha filha, estou lhe pedindo para ficar calma, sabe que confio em você."

Ele martelava palavras que não eram as que eu desejava ouvir. Eu gostaria tanto que ele me tranquilizasse, que me dissesse que não era o mentor do atentado. Mas desde o início de nossa conversa eu havia compreendido que era ele. E que estava perdido.

Eu não podia aceitar sua derrota. Soluçava sem poder dizer uma só palavra. Ele não falou mais nada e desligou.

Foi a última vez que ouvi sua voz.

Eu não conseguia pegar no sono. Repassava mil vezes na cabeça as últimas palavras do meu pai e sua atitude estranha. Algo de grave tinha acontecido. Eu não ousava telefonar, com medo de que me confirmassem o pior.

Por volta das três da manhã, meu avô ligou.

"Malika, pegue o carro e volte para Rabat."

"De jeito nenhum. Só recebo ordens do meu pai. Onde está ele?"

O velhinho insistiu em vão. Por volta das cinco, o telefone voltou a tocar. Eu continuava sem pegar no sono. Estava devorada pela angústia. As piores suposições atravessavam meu espírito.

Sem meias palavras, mamãe anunciou o que eu temia ouvir:

"Seu pai morreu. Pegue suas coisas e volte para Rabat."

Depois desligou sem me dar tempo de responder.

Houda tinha ouvido o telefone tocar. Entrou no meu quarto, com uma expressão de ansiedade estampada no rosto.

"E aí?"

"Meu pai morreu."

Ela berrou, chorou, jogou-se nos meus braços, manifestou seu pesar ruidosamente. Eu estava fria como uma pedra. Aquela frase — "Meu pai morreu" — não significava nada para mim. Não tinha sentido. Eu precisava de uma prova.

A escolta chegou. Em lágrimas, todos os policiais me apresentaram suas condolências. Eu as aceitei, maquinalmente. Sentia-me como um zumbi, incapaz de pronunciar uma só palavra.

Eu me repetia interiormente: "Não é possível, ninguém morre assim, ele não pode morrer".

Fui até a janela. Por um curto instante, agarrei-me ao espetáculo da natureza. O sol nascia sobre as árvores do jardim. A manhã se anunciava magnífica, como todas as outras antes dela.

Tentei me convencer, mas faltava ânimo.

"Se ele tivesse morrido, eu veria lá fora, alguma coisa teria mudado."

Que a vida continuasse sem ele, assim, como antes, era impossível.

A MORTE DE MEU PAI

Na estrada de Rabat, uma barreira nos mandou parar no acostamento. Um guarda da escolta saiu do carro e revelou minha identidade. Policiais em soluços correram na minha direção.

A cena se repetiu ao longo de todo o trajeto. Apesar daquela atitude de luto, eu ainda conservava uma esperança. Ou pelo menos a inventava. Tentava me convencer de que ele estava apenas ferido. Gravemente, sem dúvida, mas respirava, vivia. Talvez eu chegasse a tempo de falar com ele...

A multidão aglomerada em frente de casa, os carros estacionados em toda parte não me deixaram dúvida. Fui recebida pelo irmão do meu pai, com um ar grave, e por meu avô, que também adotava uma atitude circunspecta, composta. Ele tentou me barrar a entrada. Eu me debati com violência.

"Deixe-me passar, Baba el Haj, quero vê-lo. Quero saber onde ele está."

"Uma mulher não tem o direito de ver o corpo de um homem morto. Está sendo lavado."

"Quero ver o corpo do meu pai."

Forcei a porta da sala. Os homens que velavam o corpo o cobriram imediatamente com um lençol branco. Todo o mundo tinha se levantado. Exigi ficar a sós com ele e me sentei para contemplá-lo.

Em seu rosto contraído, procurei desesperadamente algum detalhe capaz de me tranquilizar, de me dizer que ele havia morrido dignamente. Ele trazia um sorriso desdenhoso nos lábios, como todos os que pereceram executados. Será que deixou a vida com indiferença? E por que aquele sorriso? Será que se devia ao desprezo sentido pela última pessoa sobre a qual seus olhos tinham pousado?

Contei as marcas de balas em seu corpo. Havia cinco — a última, no pescoço, me deixou louca de dor. Fora o tiro de misericórdia.

No entanto, ele havia sofrido muito mais com as quatro primeiras balas do que com a última. Tinham acertado uma no fígado, uma no pulmão, uma no abdome e outra nas costas.

"Só mesmo um covarde pode ter cometido tal massacre", pensei com raiva.

Saí da sala e me livrei de todas as minhas roupas. Enfiei uma *djellaba* branca, tirei as joias. Eu tinha de vestir luto para mostrar que minha vida parara ao mesmo tempo que a dele.

Pedi seus óculos e sua farda. Não os tinham encontrado. Vasculhei a casa toda. Ao abrir uma gaveta, dei com uma sacola de plástico em que estava guardada sua farda empapada de sangue. Senti-me aliviada por um breve instante. Era uma parte dele, pelo menos, que nos restava. Também encontrei seus óculos.

Minha mãe, que acabava de chegar de Kabila, pediu para ver o corpo. Meu pai estava lavado, penteado, tinham-no vestido com uma *djellaba* branca. Ele repousava num caixão instalado na sala de cinema. Só dava para ver seu rosto. Parecia tranquilo.

Todo mundo passava para apresentar suas condolências. Arrasada, mamãe soluçava e repetia sem cessar:

"Por que o mataram? Por quê? Por quê?"

Os militares presentes apressaram-se a levar ao soberano as palavras da minha mãe.

O rei enviou-nos comida do Palácio, porque o costume impede que se cozinhe numa casa enlutada. Recusei aquela mão que nos estendiam. E, além do mais, será que era mesmo uma mão amiga? Eu não queria trair meu pai, pisotear seu cadáver. A covardia sem dúvida compensa por um instante, mas o preço final é demasiado elevado. Buscar uma composição? Nem pensar... Eu detestava a hipocrisia que queriam me impor. Eu não tinha mais nada a ver com o rei, ainda que ele fosse meu pai adotivo. Ainda que eu já sofresse com essa ruptura.

Criticaram minha atitude. Para justificar nossa prisão, as boas almas sustentaram que o rei nos punira porque eu ousara humilhá-lo repelindo sua oferta. E eu poderia ter reagido de outro modo? Se não tivesse sido sua filha adotiva, se ele tivesse sido, para mim, apenas um soberano e não um pai, eu provavelmente teria posto menos paixão em minha recusa, menos orgulho em minha cólera. Eu teria me comportado com toda a deferência devida à sua posição.

Mas nossa relação era demasiado afetiva. Desafiando-o, eu queria dar-lhe o troco. Para todo mundo, porém, minha conduta tinha um sentido político.

Durante os três dias que precederam o enterro, cuidei das crianças. Mamãe estava abalada demais. Tínhamos de preservá-las de uma maneira ou de outra. Raouf estava em estado de choque. Prostrado. Ele tinha perdido seu ídolo, o homem que ele mais amava no mundo.

As meninas não paravam de chorar. Tinham lhes dito que papai estava no céu, mas elas se recusavam a aceitar que não voltariam mais a vê-lo. Até o pequeno Abdellatif compreendia que algo grave acabava de acontecer. Nossos amigos iam e vinham, tentavam nos consolar. A presença deles era preciosa, mas eu mal os percebia.

Durante o dia, eu era como um robô, tinha tanto o que fazer e resolver! Não havia tempo para lamentar minha sorte. Todas as noites, porém, o pesadelo recomeçava. Eu via sem cessar o corpo do meu pai. As quatro balas em seu torso e a quinta no pescoço. Ouvia suas derradeiras palavras, aquela voz de além-túmulo, dizendo que me amava. Eu chorava, sem poder dormir.

Não queríamos falar com a imprensa, que nos acossava. Um jornalista perguntou por perguntar a meu tio Azzedine:

"O senhor acha que seu cunhado seria capaz de se suicidar com cinco tiros no corpo?"

Meu tio respondeu que haviam executado o general Oufkir. Sua declaração saiu naquela noite na rádio francesa France Inter.

Mamãe confiou a seus amigos de Tânger, Mamma Guessous e seu marido, o uniforme militar ensanguentado do meu pai. Era a única prova de seu assassinato. Ela queimou outra farda na caldeira da sauna, com a cumplicidade de seu irmão, Azzedine. No dia seguinte, o rei mandou o diretor da polícia buscar a farda. Mamãe lhe disse que a tinha queimado. O homem então respondeu, trêmulo:

"Sua Majestade já tinha me dito: 'Você vai ver, ela vai responder que queimou a farda.'."

A caldeira foi revistada de cabo a rabo. Mandaram analisar os restos de tecido encontrados. O rei acreditou então que a prova do assassinato do meu pai havia virado fumaça. Mas a verdadeira farda nunca foi encontrada. Mamma Guessous teria sido forçada a entregá-la? Nunca mais falamos sobre isso.

No terceiro dia, o corpo foi levado de madrugada. Como meu pai morrera assassinado, ele já havia ganho seu lugar no paraíso e merecia os alaridos alegres das mulheres que acompanhavam seus despojos.

Hassan II deu ordens de enterrá-lo em seu deserto de Tafilalet. Mamãe preferia Rabat. Ela queria poder recolher-se em seu túmulo. Mas a derradeira vontade do meu pai era repousar debaixo de uma palmeira em sua aldeia natal, de modo que mamãe se submeteu a ela. Raouf e os homens da minha família acompanharam meu pai até sua última morada. Em Ain-Chair e em todos os seus arredores, as dunas estavam cobertas de mulheres de luto. Elas se aglomeraram em torno do caixão aos soluços.

Ele foi enterrado da forma mais modesta do mundo, ao lado do pai, num pequeno mausoléu. Nunca fui lá. Tenho a sensação de que, quando for, terei enfim chegado ao final da minha viagem.

No dia seguinte, 20 de agosto, foi decretada nossa prisão domiciliar. Expulsaram nossos empregados e nos trancaram em casa. A família da minha mãe ficou lá, assim como meu avô e alguns de nossos amigos fiéis: Ann Brown, nossa governanta inglesa, Houria, Salem, Fatmi... O cerco se apertava.

Mamãe foi submetida a interrogatórios severos, conduzidos pelo comissário Yousfi, que encontraríamos mais tarde na prisão. Ela teve um sonho premonitório, para o qual não dei atenção na hora, mas de que falaríamos muitas vezes na prisão. Nós duas galopávamos numa estrada que de repente se transformava em túnel, cujo teto se abaixava cada vez mais sobre nós.

No momento em que íamos ser esmagadas, conseguíamos sair. Os cavalos paravam bem no meio de um morro. Víamos Rabat do alto. Esse sonho se explicou pouco mais tarde: os cavalos representavam a vida, e o túnel que nos sufocava, a prisão.

Outro luto terrível iria em breve se abater sobre nós e multiplicar nossa dor. Azzedine, meu jovem tio tão corajoso, morreu num desastre de automóvel. Seu carro foi atingido pelo de um guarda. Ele não morreu instantaneamente, ficou algumas horas em coma esperando o socorro que, curiosamente, tardou a chegar.

Eu gostava muito de Azzedine. Ele era meu cúmplice de todos os instantes, meu amigo e meu irmão. Tinha me protegido, mimado, encoberto minhas traquinices. Era bonito, engraçado, encantador e cheio de vida. Seu desastre me pareceu suspeito. Tive a sensação de que não nos diziam a verdade. Ninguém nunca confirmou minhas suspeitas sobre sua morte, mas a dúvida ficou.

Eram desgraças e lágrimas demais. Mamãe, que sabia que os dias negros estavam apenas começando, perguntava-se como nos livrar deles. O rei a odiava. Ele declarara no rádio que ela era a eminência parda do golpe e que levara meu pai a empreendê-lo.

Somados o caso da farda, nossa recusa tida como ofensiva, o ódio que o rei passara a ter por ela, todas as condições estavam reunidas para castigá-la. Cogitou-se de bani-la sozinha. Mas nós, seus filhos, não queríamos deixá-la por preço algum. Aonde ela fosse, nós iríamos, todos juntos, unidos no pior.

Ao longo desses quatro meses e dez dias de luto em que fomos prisioneiros em nossa própria casa, tentei salvar as aparências. Dava aulas às crianças, tentava levar uma vida normal. No fundo da nossa dor, houve apesar de tudo alguns episódios divertidos que nos permitiram rir e respirar um pouco. Nossas provações eram demasiado arrasadoras.

A propriedade estava sempre repleta de policiais que brigavam entre si por causa do turno de guarda durante o ramadã, porque a comida era deliciosa e éramos generosos. Para fazer entrar nossos amigos que haviam deixado a casa e que tinham vontade de nos rever, imaginamos um estratagema.

Arranjamos Valium e enchemos a chaleira com ele. Oferecemos o chá aos guardas, e todos dormiram. Foi assim que nossos amigos pularam o muro da mansão para ficar alguns dias conosco. Na noite em que foram embora, voltamos a encher de Valium o chá, e eles fizeram o mesmo caminho no sentido inverso.

Esse tempo todo, eu vivia pensando em fugir. Mas éramos muito bem guardados. E, depois, aonde ir? Eu era garota demais, meu avô velho demais, minha mãe estava triste demais. Estávamos desarmados. Eu sentia que algum destino nos esperava e que ele seria trágico.

* * *

No dia 23 de dezembro o luto terminou. Mamãe tirou sua roupa branca. Preparávamos a festa de Natal, afinal devíamos alguns dias alegres para as crianças. Guirlandas ornavam as paredes e os lustres; armamos uma árvore de Natal no salão, cheia de presentes em volta. Tentávamos, como podíamos, tornar a atmosfera mais leve.

O diretor da Polícia chegou no fim da tarde e ordenou que preparássemos bagagens para quinze dias. Iam nos levar para o Sul do Marrocos.

A porta da frente foi lacrada. Ninguém teria o direito de entrar em casa.

"Vocês têm a palavra de Sua Majestade", ele afirmou.

Eu tinha assistido à conversa. Disse às crianças para prepararem suas malas, e, de minha parte, esvaziei tudo o que havia nos armários. Mamãe achou que eu tinha ficado louca. Só estávamos indo por quinze dias...

Dei a Houria todas as roupas novas compradas em Paris e que eu ainda não tivera tempo de usar, joias, perfumes, bolsas, sapatos.

"Mas você não vai ter o que vestir quando voltar..."

"Só por milagre volto um dia", pensei.

Entreguei-lhe uma caixa com meus álbuns de fotos e cartas, uma das quais me era particularmente cara. Era uma carta de amor que meu pai mandara um dia à minha mãe com um buquê de flores.

Peguei a maior parte das minhas coisas: roupas práticas, meus romances, todos os meus livros de estudo e os das crianças, o álbum de fotos do baile dos meus dezoito anos.

Tivemos a permissão de levar duas pessoas conosco. A escolha não foi fácil. A primeira a querer nos acompanhar foi Achoura Chenna, uma prima-irmã da minha mãe, um ano mais velha que ela. Viera morar conosco aos dez anos, quando perdeu o pai, irmão do meu avô. Ainda menina aprendeu a costurar e cozinhar. Casou-se alguns meses depois de mamãe, com um professor politicamente engajado. O casal teve uma filhinha, morta bem pequena.

Achoura não podia mais ter filhos. Preferiu pedir divórcio a aceitar que seu marido tivesse outra esposa. Ficando sozinha, bateu na porta da prima e foi bem acolhida. Tornou-se nossa governanta e compartilhou nossa vida e nosso luto a ponto de nos seguir ao inferno.

A segunda, Halima Aboudi, era a irmã mais moça de Fatima, governanta de Abdellatif. Esta última já deixara nossa casa, aterrorizada pelos acontecimentos, e fora contratada pelo general Dlimi.[8] Halima, que tinha a minha idade, dezoito anos e meio, veio nos dar suas condolências e acabou ficando durante os quatro meses do luto. Quando ela soube que partíamos, propôs espontaneamente ir conosco: ela não queria se separar do pequeno Abdellatif, de dois anos e meio, ao qual havia se apegado fortemente.

"Faço questão de ir com vocês", disse a mamãe, rogando-lhe que a levasse.

Ann Brown, a governanta inglesa, e Houria, minha amiga, também queriam nos acompanhar. Isso estava fora de cogitação. Por ter vivido muito tempo no Palácio, eu sabia mais ou menos como se passavam as coisas quando alguém era banido. Mas eu estava muito longe da verdade.

Fomos embora na véspera do Natal. Três mulheres e seis crianças cercadas de policiais armados. Maria e Soukaïna se aconchegaram a mim, mortas de medo. Raouf cerrava os punhos. Abdellatif chupava o dedo.

[8] General Ahmed Dlimi: braço direito de Oufkir, chefe da Segurança Nacional, estava em Paris, como Oufkir, no momento do sequestro de Ben Barka. Tornou-se comandante do exército (era ajudante de ordens de Hassan II). A guerra contra os guerrilheiros da Frente Polisário ocupa-o até janeiro de 1983, data em que morre num misterioso desastre de automóvel, algumas semanas antes de seu braço direito, Ghali el-Mahli, morto nas mesmas circunstâncias.

Virei-me uma última vez para ver nossa casa e despedi-me dela para sempre. Meus soluços eram silenciosos para não assustar as crianças. Eu não chorava apenas meu pai, já chorava minha vida, aquela vida que me roubavam.

Se o exílio era doloroso para todos, para mim era ainda mais. Eu era a única a pressentir que ele nada teria de provisório.

Segunda parte

VINTE ANOS DE PRISÃO

UM ANO NO DESERTO (25 DE DEZEMBRO DE 1972 — 8 DE NOVEMBRO DE 1973)

O OÁSIS DE ASSA

Aonde íamos? Não tinha a menor ideia. Rodamos durante a noite.

Instalaram-nos num carrão americano, sem cortinas nem vedação de piche nos vidros. Nossa escolta armada tentou em vão descontrair o ambiente. Procurei ouvir informações no rádio da polícia. Continuava ignorando aonde nos levavam, mas compreendia que a estrada estava toda controlada pelas forças de segurança e que éramos vigiados de perto.

De madrugada, os carros param além de Agadir, em Goulimine, uma aldeia bem próxima do deserto. Levam-nos até a casa do alcaide, a quem anunciam a presença da mulher e dos filhos do general Oufkir. Ele nos recebe com todas as honras e manda nos servir um café da manhã suntuoso.

Não sei mais o que pensar. Terei razão de pressentir o pior? Meu pai estará mesmo morto? O alcaide fala dele com respeito, reverencia-o abertamente, e a polícia não sai de perto...

Não entendo nada. E será que existe alguma coisa para entender? Entramos no domínio do irracional, do injusto, do arbitrário. Num país em que prendem as crianças pelos crimes de seus pais, entramos no reino da loucura.

Passamos um dia e uma noite na casa do alcaide de Goulimine, depois pegamos de novo a estrada até o deserto. De noite, os carros pararam. O espetáculo é de uma beleza selvagem. A lua, quase cheia, ilumina os planaltos áridos e as velhas montanhas do Alto Atlas, cujos picos arredondados se destacam no escuro.

Adoro o deserto, percorri-o com frequência na época em que Moulay, o primo do rei, me levava para conhecer o país com Lalla Mina. Esse tempo me parece tão remoto que me pergunto se de fato existiu.

Mandam-nos sair do carro e enfileiram-nos num terreno baldio. Os policiais se postam diante da gente e nos ameaçam com suas *kalashnikovs*.

Mamãe dá um jeito de chegar junto de mim e me cochicha bem baixinho no ouvido:

"Kika, acho que é o fim."

Infelizmente, era só o começo.

O que se segue confirma meus pressentimentos. Aquela parada brusca, aquelas cenas todas não passavam de manobras para nos intimidar, preparar nosso espírito. Entramos de novo nos carros e rodamos mais algumas horas. A viagem é penosa, principalmente para as crianças: os menores têm nove e dez anos, e o bebê, dois anos e meio. Está quente, estamos com sede, com fome, com medo. Ninguém pode nos tranquilizar, nem aplacar a angústia que nos sufoca.

No fim da viagem, levaram-nos para uma pequena aldeia de que não pudemos ver muita coisa, porque os carros penetraram imediatamente num quartel. Pelo rádio da polícia, compreendi que estávamos em Assa, um lugar isolado nos confins do deserto, perto da fronteira argelina.

Na época do protetorado, esse quartel era um lugar de exílio. Os franceses mandavam para lá os dissidentes, os políticos de oposição. O lugar é muito velho, deteriorado, aqui e ali as pedras das paredes estão se soltando.

Um dia depois da nossa chegada, somos acordados por berros inumanos. Tinha havido um desmoronamento de noite, sete *muhazzins*[1] morreram sob os escombros. Agarrados às grades das janelas, vimos os corpos serem levados embora. Mau presságio.

[1] Membros das forças auxiliares de segurança.

Os policiais que nos acompanharam eram todos originários de Rabat. Tinham muito apego por nossa família e estampavam no rosto o luto por meu pai. Mostraram-se atenciosos conosco. Mas lá fomos recebidos por outros, com instruções diferentes. Devíamos ser tratados com dureza, como prisioneiros. Estes, nós não conhecíamos. Haviam sido recrutados nas regiões mais remotas do Marrocos para evitar qualquer conivência conosco. Os chefes deles, sim, vinham de Rabat.

Introduzem-nos numa casa de terra situada dentro do quartel. Um homenzinho idoso, todo encarquilhado na sua *djellaba* militar, está perto de uma mesa, com nove pães redondos enfileirados junto de algumas latas de sardinha.

É Bouazza, comandante da praça. Usa uma dentadura que controla com dificuldade: a gente ficava sempre com a impressão de que ele ia cuspi-la ou engoli-la. Apesar do medo que toma conta de mim, não consigo conter um sorriso interior diante daquele detalhe cômico. Bouazza arrota e berra dizendo que doravante teremos de obedecer a ele e garante que vai nos sujeitar. Diz que recebe ordens diretamente do rei, portanto nada de empinar o nariz para ele.

Abaixo a cabeça. Bouazza vocifera, mas ele nada mais é que um eco do seu amo. Um amo que pronunciou sua sentença — inelutável, segundo a lógica da minha educação. Súdita fiel, não me resta mais que aceitá-la e me resignar a suportá-la.

Mas a situação presente está além da compreensão de Bouazza. Ele comandou durante quarenta anos a prisão militar de Kenitra; assistiu aos golpes, vigiou dezenas de prisioneiros políticos, mas nunca tivera de encarcerar três mulheres e seis crianças.

De nosso caso, só conseguiu assimilar duas coisas, das quais se gaba:

"Encarcerar os Oufkir. Ordem do rei."

Nossa brutal mudança de vida — essa passagem da opulência à miséria — chocou-me por muito tempo. Mas, no início, ainda era um luxo em comparação com o que nos aguardava.

Para a moça cheia de vontades que eu era, obsessiva, exigente quanto à limpeza da roupa de cama e dos sanitários, aquele lugar era um lixo. Tudo me enojava: os cobertores militares, cinza, ásperos, sujos, que jogaram em cima dos colchões de espuma, as paredes horrorosas, com o reboco caindo, a areia que cobria o chão do casebre de terra em que nos instalaram depois de tirarem nossas malas do carro. Ainda bem que havia a alegria inocente das crianças e a inconsequência dos meus dezoito anos. Levávamos tudo na brincadeira.

No dia seguinte, cheia de determinação, fui dar uma olhada na casa, que era minúscula. Três cômodos apertados, colchões no chão e só. Não tínhamos armários, por isso tivemos de pôr nossas roupas em cima dos lençóis. Também não tínhamos água corrente. Para nos lavar, lavar a louça, beber, davam-nos baldes. No quartel, sentia-se por toda parte a presença dos guardas.

Desfazendo as malas, notei com amargor a contradição entre aquele lugar miserável e nossas roupas caras. Pudemos levar umas vinte malas de grife — Vuitton, Hermès e Gucci —, repletas de coisas bonitas. Em nossa vida de antes, mamãe se vestia com os grandes costureiros parisienses, comprava as roupas das crianças em Genebra. Eu esvaziava as lojas que estavam na moda em Paris, Londres ou Milão.

No deserto, de repente tudo aquilo pareceu um tanto ridículo.

Mamãe deixara quase todas as suas joias, trazendo apenas uma pequena maleta. Pudemos trazer nosso aparelho de som, nossos discos e rádios Zenith, com os quais é possível captar o mundo inteiro.

Distribuí água e sabão pedindo a todos que me ajudassem a limpar a casa. Depois instalei o aparelho de som de Raouf. Tínhamos um arremedo de geladeira, que funcionava como podia, graças a um gerador em péssimo estado: só funcionava de noite, fazendo um barulho infernal. A lâmpada clareava tão pouco que tínhamos a impressão de viver à luz de velas.

Apesar dos pesares, de noite eu ligava o som. A gente ouvia

nossos discos, que eram de 33 RPM, tocados em 78 RPM, e escutava rádio. Para divertir as crianças, jogávamos cartas. Fazíamos o possível para criar um ambiente agradável. Até fizemos uma criação de escorpiões para organizar corridas.

Eu vivia um conto de fadas às avessas. A princesa que eu tinha sido se transformara brutalmente em Cinderela. Pouco a pouco, deixava de lado meus hábitos de antes; passava a vestir roupas surradas, sempre as mesmas, em vez de calças ou blusas limpas que me lembrassem demais o passado. O deserto nos ensina a ficar nus.

Para passar o tempo, comíamos sem parar. Nossa comida era racionada, porque a cidade ficava longe, as estradas eram esburacadas e as provisões só chegavam a cada três semanas. Nosso menu se compunha de pão, azeite e mel, mas ainda não tínhamos de que nos queixar. Serviam-nos mais carne de cabra, de gosto muito forte, do que de carneiro. Mas pelo menos havia o suficiente para nos fartar.

De manhã, fazíamos o café se prolongar bastante. Depois lavávamos a louça todos juntos e cuidávamos do almoço. Mamãe e eu dividimos as tarefas. Ela cozinhava e eu lavava a roupa numa bacia ao ar livre. Halima e Achoura nos ajudavam.

Passávamos quase o dia todo no quintalzinho. Depois do lanche, que se arrastava também por horas a fio, a noite não demorava a cair. Jantar, serões, histórias lidas por mamãe antes de dormirmos. E como as noites pareciam compridas... No inverno, a casa é um gelo, é difícil cair no sono. Lampiões a gás nos serviam de calefatores.

Como na minha infância no Palácio, a noite exacerba meus sofrimentos. Meu único vínculo com a vida são as estações de rádio francesas: Europe 1, RFI, France Inter. Não posso viver sem o que é para mim, ao mesmo tempo, uma tortura. Cada música tocada me lembra um momento feliz da vida. Sinto falta dos amigos, do meu passado. Embora sabendo que a saudade é mortal, tenho grande dificuldade para me desprender do que eu amava. Sinto-me emparedada viva, como na Idade Média, e contenho-me para não berrar.

Na escuridão, ouço mamãe soluçar. Mais que a perda de nossa liberdade, ela chora seu marido, sozinha na cama, assim que nos vê deitados. Sua vida de mulher terminara aos trinta e seis anos apenas; morrendo, meu pai condenou-a à solidão. De dia, ela lê com frequência o Corão, e vejo em seus olhos tristes, sempre cheios de lágrimas, como ela sofre.

Autorizaram-nos passar duas horas por dia na aldeia, que fica no oásis. Não quis ir, a princípio para fazer companhia a mamãe, que não tinha vontade de sair, mas principalmente para marcar minha posição. Não admitia dobrar-me à condescendência deles.

Myriam, Achoura, Halima, mamãe e eu ficamos em casa, enquanto as crianças saem acompanhadas por uma escolta de policiais sempre amabilíssimos com elas. Visitam o palmeiral povoado pelos homens azuis e voltam sempre com as mãos cheias: hena, tâmaras, cestas trançadas pelas mulheres. Quando percebem que seus visitantes voltam todos os dias em horas fixas, os aldeões lhes preparam chá, pães que saem quentinhos do forno, doces.

Essas horas são importantes para as crianças. Podem enfim se exprimir, contar o que descobrem. Estão na escola da natureza. Abdellatif parece encantado. Ainda não está com três anos e tudo é brincadeira para ele. Montam-no numa mula para passear, ver as vacas, os bezerros, as galinhas.

Uma aldeã nos deu de presente uns pintinhos. Um para cada um de nós. Cada ave ganhou um nome e acabou desenvolvendo uma personalidade parecida com a de seu dono. Esses bichinhos nos ajudam a passar o tempo. Falamos deles entre nós, brincamos com eles, tentamos fazê-los dormir numas caixas de papelão. De noite, é uma alegre confusão para catá-los; eles se espalham pela casa inteira piando. As crianças riem, correm atrás deles. Adoram essa diversão.

Tento fazê-las crer que nossa existência é mais ou menos normal. Levo-as a um mundo imaginário, invento brincadeiras, conto histórias. Quero preservá-las das preocupações. Elas fingem, corajosamente, acreditar. Mas sabem muito bem que nada é tão provisório quanto afirmo.

Até Abdellatif sabe. Ainda agora eu o vejo, pequenino em sua túnica azul, dizendo em seu falar ainda hesitante:

"Quando eu crescer, vou ter uma casa, mas não vai ser que nem esta, vai ser todinha com carpete, e sem areia no chão."

Imagino o que os outros estão sentindo, se aquele pequerrucho já está marcado pela nossa vida de antes.

O PERÍODO EM AGDZ
(28 DE ABRIL — 30 DE MAIO DE 1973)

Fizeram-nos partir de repente, certa manhã do fim de abril, para Agdz, uma aldeia situada no deserto, próxima de Zagora e de Ouarzazate. Aguçando os ouvidos, pudemos captar algumas palavras sobre os motivos daquela partida precipitada. Os aldeões começavam a fazer perguntas; ficaram sabendo quem éramos e mostravam-se indignados por submeterem crianças a um tratamento daqueles.

Rodamos dezoito horas sem parar, em furgões com vidros cobertos de piche. Tornaram-se mais duros conosco. Não tínhamos o direito de sair dos veículos, nem mesmo para fazer xixi. Fazíamos nossas necessidades, um de cada vez, numa latinha de leite em pó sem tampa.

Já de noite, chegamos a uma aldeia bem pobre. Trancaram-nos na casa do alcaide, onde ficamos um mês na mais completa escuridão, sem nunca sair. Do lado de fora, a vida seguia, simples, tranquila. Uma fonte, o murmúrio do vento nas folhas, os gritos e as brincadeiras das crianças, os risos das mulheres, os latidos dos cachorros. Esses sons familiares, tão distantes e tão próximos, nos despedaçavam o coração.

Torna-se um hábito: para matar o tempo, cozinhamos e comemos. Mamãe prepara os pratos à luz das velas. Eu me dedico a fazer crepes marroquinos, com que as crianças se deliciam. Organizo corridas de sapos e concursos de puns que as fazem chorar de rir. Elas se imaginam numa colônia de férias, e eu entro, com prazer, no mundo delas.

No entanto, sofro com o conforto ínfimo, a sujeira, os cobertores militares, a ausência de sanitários, as camas de hospital alinhadas uma ao lado da outra. Ainda meus hábitos de criança mimada...

Para sobreviver, viajo na imaginação. Pego meu livro de geografia, instalo as crianças à minha volta.

"Depois 'disto', vamos todos morar no Canadá", digo a elas.

Sonho com esse país. Descrevo minuciosamente as florestas, os lagos, as montanhas, os grandes espaços nevados, a polícia montada, os diques dos castores. Quanto mais objeções me fazem, mais eu tento convencê-las. Até mamãe entrou na brincadeira:

"Não, no Canadá não", ela replica. "Faz frio demais, é longe demais... E a família? Como vamos fazer para nos vermos?"

Ainda temos algumas referências.

Bouazza apareceu certa manhã e nos afirmou que falavam de nós e dele na *Paris-Match*. Ele parecia orgulhar-se muito por ter entrado assim na história. Aquilo nos deu alguma esperança. Se falam de nós na imprensa, é que ainda existimos. O mundo não poderá tolerar por muito tempo semelhante injustiça...

Estamos sempre cheios de ilusões quanto à natureza humana.

Essa nova prisão assinala uma etapa importante para mim. Ao chegar a Agdz, sou uma pessoa normal, ainda não penso como uma prisioneira. Mas foi assim que me trataram e que me tratarão dali em diante, aonde quer que eu vá. Tenho hoje a certeza de que os dias ruins não terão fim.

Voltamos a Assa, no fim daquele mês de maio. Nossas condições de vida mudaram. Durante nossa ausência, construíram num terreno baldio fora do quartel uma casa pré-fabricada das mais simples. As paredes, o chão, o teto, tudo é cor de terra. Mas é mais sólida que a do quartel, que ameaçava desmoronar a cada instante, e foi sem dúvida por isso que construíram uma nova. O que significa que não querem nossa morte. Por enquanto. Instalamo-nos ali.

A casa compreende uma entrada, uma sala, banheiro com chuveiro e quartos alinhados ao longo de um corredor. Cada um tem o seu. Depois do aperto da moradia precedente, aquela casa nos parece um palácio. No horizonte, só há o céu e, além dele, as montanhas. Temos o direito de sair no terreno baldio, escoltados pelos guardas sempre presentes à nossa volta.

No fundo, não há uma grande mudança em relação à nossa vida de antes. Até onde minha memória alcança, nunca andei sem escolta, nunca abri uma janela sem ver um ou vários policiais armados encarregados da minha segurança. Aqui, em vez de nos protegerem, vigiam-nos. Não podemos mais ir à aldeia. E, apesar de nossos pedidos, não podemos enviar nem receber correspondência. Solicitamos a um guarda que entrasse em contato com meu avô. O guarda prometeu fazê-lo, mas não cumpriu a promessa.

Uma das crianças descobriu um alçapão: tomamos a decisão de dar uma olhada no subsolo. Quem sabe não existia a possibilidade de abrir um túnel? A ideia de fugir já passava por nossa cabeça. No entanto, mal descemos a escada, vimo-nos cobertos de milhares de baratas que tomavam as paredes e o chão do porão.

Com o verão, começou o pesadelo. De dia, o termômetro subia a sessenta graus à sombra, o sol batia no telhado de zinco. De noite, o calor subia da areia e das pedras, que o haviam armazenado o dia inteiro. Acima de nossas cabeças, o zinco se dilatava fazendo uma barulheira horrorosa. Sufocávamos como se vivêssemos numa estufa, por isso passávamos as noites do lado de fora.

Para conseguir dormir um pouco, nós nos enrolávamos em lençóis molhados, que borrifávamos o tempo todo com água. Cobríamos as moringas com panos úmidos para termos água fresca. Pelo menos não racionavam nossa água.

Com a estação da seca, vieram também os ventos do deserto. Os vidros das janelas se quebravam com as rajadas, e a areia entrava casa adentro, cobrindo nossos rostos e corpos. O vento trazia aranhas enormes e peludas, terrivelmente venenosas, que se confundiam com o chão. Tentávamos escapar também dos milhares de escorpiões que se enfiavam debaixo da cama, nas paredes, em nossa roupa de cama. Mamãe e eu lavávamos tudo para expulsá-los, o que fazia todos no quartel gargalharem: ignorávamos que os escorpiões adoram a umidade. A mulher de Bouazza foi mordida por um. Ele ficou furioso porque escapávamos por milagre às picadas.

Para encurtar os dias, dormíamos a manhã inteira, o que nos deixava acordados até de madrugada. Ríamos, brincávamos, contávamos histórias. Quando o tempo por fim ficou fresco, organizei jogos para distrair as crianças. Criei uma cidadezinha e atribuí um papel a cada um. Soukaïna fazia uma costureira judia, tal como víamos nos guetos marroquinos. Abdellatif era seu auxiliar.

Raouf abriu uma pizzaria e instalou um cartaz na entrada: "Bobino, o rei das batatas fritas". Era preciso pagar para comer lá. Maria tinha o papel de cabeleireira, e eu, de manicure-pedicure-esteticista. Mamãe era a cliente universal, que devia sempre cuidar da beleza, tirar medidas na costureira e comer no "Bobino".

Eu retomava as defesas que criara no Palácio: encenava o que me impediam de viver.

"ZUAIN ZUAIN BEZEF"

Bouazza apertava cada vez mais a disciplina, tamanho o medo que tinha de Rabat. Depois começou a nos maltratar. Ameaçava mamãe, perdia a calma diante de nós.

Certa manhã, ele explodiu. Pôs-se a berrar tão alto que quase perdeu a dentadura.

"Trabalhei quarenta anos da minha vida nas prisões, mas sempre vigiei homens! Aqui, me infligem a pior das coisas: massacrar uma mulher e umas crianças! Não é trabalho para mim, nunca na vida pensei fazer uma coisa dessas...!"

Saiu, visivelmente alterado, continuando a monologar. Algum tempo depois anunciou-nos que ia deixar aquela guarnição. Parecia aliviado. Depois, contou que na aldeia um vidente excepcional predizia o futuro sem nunca se enganar. O mago sem dúvida vira sua partida próxima...

Bouazza mudou então de atitude, ficou mais simpático e, o que é incrível, acabou nos trazendo o vidente.

Vimos chegar um homenzinho de idade indefinida, rosto e corpo totalmente torcidos, incapaz de ficar de pé ou caminhar. Sua barriga e seu queixo tocavam o chão, seus quatro membros estavam paralisados. Era carregado por uns policiais, que o largaram diante de nós, como se fosse um pacote.

Vinha acompanhado de uma mulher da aldeia, uma berbere de pele bem morena. Ela tirou o véu e colocou seu material junto do velhinho — uma peneira chata de vime contendo farinha, na qual os clientes passavam as mãos.

O vidente estudava detidamente as marcas deixadas pelas mãos — apesar de ser cego... Dirigiu-se à minha mãe em berbere, mas ela não entendeu tudo. A fala do Médio Atlas, primeira língua dela, era diferente do linguajar do deserto. Meu pai era um dos raros a dominar os quatro idiomas.[2]

O homem se exprimia com dificuldade, babando ao abrir a boca. A mulher que o acompanhava nos traduziu suas palavras. Ele disse primeiro que eu não devia me expor ao sol por causa das minhas cicatrizes no rosto. Aquilo nos impressionou, pois ele não podia vê-las. Deu-me um unguento.

"Passe no rosto que vão desaparecer com o tempo. O tempo é o melhor curandeiro."

Explicou que era preciso acrescentar camaleões secos e moídos, misturados com leite de camela. Todos os dias, eu devia passar algumas gotas do preparado no nariz. Como testei a re-

[2] Há quatro idiomas berberes no Marrocos: o *tachellit*, falado no Sul, o *tamazigt*, no Médio Atlas, o *rifano*, no Rif, e o *tassoussit*, na região de Soussi (Agadir e litoral).

ceita com sucesso na minha pele danificada, devo dizer que era de fato eficaz.

Falou-nos de Mimi e de sua epilepsia incurável. E olhem que meus pais haviam consultado os melhores especialistas da França e dos Estados Unidos! Mas não tínhamos muito interesse pela saúde de um ou de outro. O que queríamos é que ele nos falasse da nossa vida.

"Quando vamos sair deste inferno? Quando vamos voltar a ver nossa família, nossos amigos? Quando poderemos levar uma vida normal?"

Nós o cobríamos de perguntas ansiosas. Soltou então um grande suspiro.

"Ainda vai demorar e ser terrível. Mas acontecerá um milagre e o mundo inteiro falará dele. Enfim, vocês vão acabar conseguindo o que querem... Mas, vou avisando, vai parecer interminável."

Mamãe pediu-lhe para precisar o tempo, mas ele não pôde atender a ela. Recusava-se a fazê-lo desde quando foi atacado pelos maus espíritos, disse-nos a mulher. Acrescentou simplesmente que estávamos protegidos, porque éramos descendentes do Profeta e nunca seríamos atingidos com muita gravidade pelos males. O que se revelou exato.

Todas as vezes que nos víamos envoltos nas trevas, que chegávamos ao fundo do desespero, todas as vezes que um de nós estava a ponto de baquear, repetíamos em árabe a frase daquele velho cego:

"*Zuain zuain bezef*, será milagroso, muito milagroso."

Essa predição nos fez aguentar por vinte anos.

Durante nossos primeiros anos de prisão, sonhei somente com o rei, nunca com meu pai. Eu revia o Palácio, as concubinas, minhas travessuras, nossas risadas, os encontros com ele, nossos momentos privilegiados.

Nunca revivi cenas familiares felizes ou dolorosas, nem a morte do meu pai ou o luto que a seguiu; não houve, em meus sonhos, ressentimento, confrontação ou revolta. Só voltavam as boas lembranças dessa infância que me haviam roubado.

Eu acordava cheia de vergonha e culpa. Ficava perturbada, com um grande mal-estar, e não podia compartilhar esse sentimento com os meus. Não teriam compreendido.

Sem dúvida suportei melhor que meus irmãos e irmãs nossos vinte anos de provações, porque já sabia, ao ser presa, o que solidão e abandono significavam. Mas também aprendi a dor de conhecer o inimigo e ser próxima dele.

Foi infinitamente doloroso para mim ter sido criada por meu carrasco e ter experimentado, por muito tempo, os sentimentos ambivalentes de amor e ódio por ele. No início, meu estado de espírito em relação ao rei era complicado, difícil de deslindar. Meu pai havia tentado matar meu pai adotivo. Morrera por isso. Era uma tragédia. A minha.

Às vezes, já não sabia que perda devia lamentar, quem eu devia chorar. Eu era fruto da educação do Palácio, tudo o que eu era devia àquele que me educara. Mas amava tanto meu pai verdadeiro! A confusão tomava conta da minha mente, eu voltava atrás o tempo todo. Procurava o porquê, mudava a história à força de enumerar os muitos "eu não deveria ter feito assim".

Se eu continuava a respeitar o pai adotivo que Hassan II havia sido para mim, por outro lado odiava o déspota que se tornara no dia em que começou a nos perseguir.

Eu o odiei por seu ódio, por minha vida destruída, pelos sofrimentos da minha mãe, pela infância mutilada dos meus irmãos e irmãs.

Eu o odiei pelo crime irreparável que cometeu ao encarcerar por tanto tempo, em condições tão desumanas, uma mulher e seis filhos, o mais novo com menos de três anos.

AS MURALHAS DE TAMATTAGHT (8 DE NOVEMBRO DE 1973 — 26 DE FEVEREIRO DE 1977)

O PALÁCIO DE EL GLAOUI

Um canto se eleva na escuridão. Fui a primeira a começar, depois Raouf, Mimi, as meninas, mamãe, Achoura e Halima juntaram suas vozes à minha. A letra fala de exílio e esperança, de partida na noite. É nossa história.

Você apunhalou nossa vida, diz o refrão, *mas a justiça prevalecerá*.

A primeira vez que ouvimos essa canção no rádio estávamos em Assa. Os intérpretes eram jovens marroquinos que formaram um grupo muito popular no Marrocos. Darham, o líder, é casado com uma das minhas primas. Ao entoar a canção em coro naquele dia, ignorávamos que ele a compusera para nós. Os policiais que nos acompanham nessa terceira viagem, no furgão blindado em que nos amontoaram, também se põem a cantar. Aperto as meninas contra meu peito e choro.

Fizeram-nos partir de Assa no começo do inverno sem nos explicar o motivo dessa retirada súbita. Refletindo sobre isso mais tarde, acho que o compreendi. O rei preparava a Marcha Verde[1]

[1] Marcha Verde: no momento da agonia de Franco, a Espanha ainda tem soberania sobre o Saara Ocidental, onde a Frente Polisário reivindica a independência. Em meados de outubro de 1975, o Tribunal de Haia dá um parecer favorável à autodeterminação do povo saariano. Hassan II anuncia então a organização de uma "marcha pacífica de 350 mil pessoas" rumo ao Saara Ocidental, pela sua reintegração ao Marrocos. Foi um sucesso sem precedentes: os candidatos selecionados deviam arvorar um estandarte verde (cor do islã) e levar na mão um exemplar do Corão. A Marcha se dá no dia 6 de novembro de 1975. Os participantes, vindos de todo o Marrocos, da Mauritânia e de sete outros países, penetraram dez quilômetros no território e se detiveram diante das linhas espanholas. Esse ato simbólico permitiu ao rei fazer pressão sobre Madri, evitar uma operação militar onerosa e satisfazer sua vontade expansionista — assim como a

para recuperar o Saara Ocidental. Tiveram de nos afastar do Sul do Marrocos, de onde minha família é natural e onde tínhamos numerosos simpatizantes.

No furgão que nos levava para nosso novo destino, os guardas dispuseram um tapete vermelho no chão e moringas cheias d'água para as crianças. Nossa juventude e nossa alegria de viver estão ainda mais fortes e, apesar da escuridão, da poeira, da angústia, tentávamos permanecer alegres. Mimi é nosso alvo predileto. A despeito das condições catastróficas da viagem, ela consegue dormir roncando, de boca aberta, o rosto coberto pela areia que penetra no veículo. O espetáculo é tão cômico que não paramos de rir e zombar dela.

Numa parada, vi passar um comboio de carros e motocicletas. Um rali automobilístico no deserto. Estamos a alguns quilômetros dos pilotos e eles não nos veem, não nos ouvem, nem sequer suspeitam da nossa existência. A vida continua, está ali, bem perto de nós, e ninguém sabe ou quer saber.

Após um trajeto longo e penoso como os precedentes, chegamos a Tamattaght, bem além de Ouarzazate. Instalam-nos numa imensa fortaleza que domina majestosamente o deserto, um antigo palácio em ruínas cujas muralhas altíssimas nos impedem de ver o céu.

Aqui e ali, ainda dá para admirar o que resta dos esplendores passados, as paredes e tetos pintados à mão em nuances de pastel e dourado. O palácio de Tamattaght pertenceu ao paxá El Glaoui[2] de Marrakech, que vivia num luxo ainda maior que o soberano legítimo.

Entra-se na fortaleza por um grande portão pintado de azul.

---

da oposição e de uma vasta parte da opinião pública marroquina. O governo espanhol firmou um acordo, no dia 14 de novembro de 1975, concedendo uma transferência de soberania para o Marrocos e a Mauritânia. No dia 18 de novembro, foi votada a lei de descolonização. O Marrocos conquistou "pacificamente" o Saara Ocidental.

[2] El Glaoui, paxá de Marrakech. Participou da destituição e do exílio de Mohammed V, em 1953.

Dispomos de dois cômodos para nove pessoas, no primeiro andar. No térreo, um antro de terra batida nos serve de cozinha. Num outro recinto minúsculo, armazenamos nossos mantimentos e troféus: o local é cheio de escorpiões e víboras, e, cada vez que pegamos algum, nós o colocamos num vidro grande cheio de álcool. Halima encontrou um enorme píton, todo enrolado, que nos assustou menos do que aos guardas, que ficaram simplesmente aterrorizados e saíram dali em disparada.

Nós nos lavávamos no andar de baixo, perto de uma lareira sempre acesa de dia. Mamãe inventou um engenhoso sistema de sauna. Fez uma espécie de tenda índia com cinco caniços grossos, amarrados com uma corda e cobertos com um plástico sobre o qual colocávamos nossos cobertores. Mamãe aquecia as pedras e colocava-as num pequeno balde dentro da tenda. Borrifando-as com água, as pedras desprendiam um calor agradável. Tomávamos banho um de cada vez; mamãe primeiro com Abdellatif, depois as meninas e eu, em seguida Mimi, depois Raouf e por fim Achoura e Halima. Para nós, era como se fôssemos ao banho turco, um acontecimento sempre alegre.

Escadas altíssimas e íngremes levavam aos dois cômodos principais. No alto dos degraus, uma porta abria para um comprido corredor, estreito como um caixão. No fim do corredor, havia um pequeno cômodo onde guardávamos nossas bagagens. Esse cômodo não tem janelas, mas, como descobriríamos mais tarde ao procurar uma abertura, dá para um oásis.

É preciso subir mais três degraus para chegar ao nosso domínio: uma sala com piso de cimento, iluminada por pequenas frestas abertas no telhado, ladeada por duas "alcovas"; na realidade, dois corredores compridos de teto alto, escuros e apertados. São nossos quartos. Um lavatório e um buraco no chão nos servem de banheiro. Na sala, pomposamente batizada de átrio, dispusemos mesas para a escola, um tapete em que Abdellatif brinca, um colchão em que mamãe se instala de dia com seu rádio e seus livros.

A mobília era das mais sumárias, mas tentamos, com nossos pobres meios, dar ao lugar um ar alegre. As mesas de cabeceira eram simples caixas de Coca-Cola que cobrimos com tecidos bonitos; penduramos fotos na parede e dispusemos aqui e ali pequenos objetos, espelhos, bibelôs, que dão um pouco de calor ao lugar.

De início, dormíamos todos juntos na primeira alcova, em colchões de palha postos no chão. No inverno, o frio era tão rigoroso que esquentávamos as mãos pondo-as sobre os lampiões a gás. No verão, o calor é sufocante, o deserto nos deixa prostrados.

Recebíamos visitas frequentes: umas ratazanas do campo que a fome tornava agressivas. Nós as matávamos a cacetadas. Raouf foi mordido na cara ao jogar um balde d'água numa delas. A ratazana ficou furiosa e pulou selvagemente no meu irmão.

Nossas noites são agitadas. Mamãe está preocupada; toda noite, enquanto lê à luz do lampião a gás, sente um sopro passar sobre seu rosto, uma presença a seu lado. Raouf tem pesadelos horríveis.

Decidimos mudar de alcova. É a vez de Maria ter sonhos violentos. Ela acorda aos berros, o rosto banhado de suor. Mamãe continua sentindo aquela presença.

Por volta das quatro da manhã, ouço ruído de passos, murmúrios de uma multidão, gente que carrega baldes vazios, andando de lá para cá no banheiro e nas escadas. Esses fantasmas me aterrorizam. Certa noite, instalada no centro do quarto, sinto distintamente uma mulher do tamanho de um duende deitar-se em cima de mim e me apertar até me sufocar. Acordo os outros. Ninguém consegue dormir de novo e mamãe tem de nos ler o Corão até de manhã para expulsar os espectros.

Contamos essa história a um dos policiais, o que mais boa vontade demonstrava em relação a nós. Ele acreditou em nosso relato e revelou que o lugar era amaldiçoado, porque fora construído em cima de um cemitério. Será que sofremos uma alucinação coletiva? As almas dos mortos voltaram para nos assombrar? Podemos nos revoltar contra inimigos tangíveis, mas lutar contra presenças sobrenaturais está bem acima das nossas forças.

Mudamos uma vez mais de alcova. Os espectros, se são isso mesmo, continuam presentes, mas se manifestam com menos furor. Mamãe não para de sentir um sopro no rosto, mas se acostuma, e, passados alguns meses, nossos visitantes noturnos desaparecem completamente.

Deixei passar os primeiros dias, para nos instalar direito, e então organizei nossa vida. Eu queria preservar as crianças, dar-lhes pontos de referência. Nessa existência irreal, isolada de todos e de tudo, tentei estabelecer alguma normalidade.

O dia era construído em torno das aulas. Eu levava a sério meu papel de professora. Tinha instaurado vários níveis de estudo. As duas meninas estavam no terceiro primário, Raouf no quarto ginasial e Mimi no primeiro colegial. Acordávamos por volta das sete, nos lavávamos, tomávamos o café da manhã e por volta das oito e meia começávamos a estudar. Eu ditava um texto em francês para as meninas e pedia em seguida que fizessem um resumo e uma análise sintática, e que respondessem a perguntas de gramática.

Deixava-as estudando sozinhas e repetia a dose com Raouf, depois com Mimi. Eu agia por intuição, resolvia os exercícios e repetia o que não tinham compreendido.

Exigia que cada um deles aprendesse de cor, com a definição do dicionário, cerca de cinco a seis novas palavras por dia que, depois, deviam empregar em frases ou numa pequena redação. Posteriormente, incluí inglês e árabe. Raouf se encarregava da matemática; repassávamos juntos o programa e ele ensinava às crianças.

Enquanto isso, mamãe preparava o almoço. Não éramos submetidos a racionamento, mas não tínhamos frutas, nem manteiga, creme, ovos ou balas para as crianças. Depois, cuidava do caçula. Ela lhe ensinava o alfabeto e brincava como se ele estivesse no jardim de infância. Achoura e Halima ajudavam minha mãe a cozinhar, arrumar a casa e lavar a roupa, e preparavam as reservas. Quando tinham um tempinho livre, Halima fazia tricô, e Achoura, que era analfabeta, repassava as aulas de francês que eu lhe dava.

Depois da aula da manhã, lavávamos as mãos, fazíamos algumas atividades físicas e almoçávamos. Voltávamos às aulas às duas da tarde, o que permitia a mamãe descansar um pouco, ouvindo as notícias no rádio. Sábado, eu não dava aula, mas escolhíamos um tema e debatíamos a manhã toda.

Raouf e os pequenos se interessavam particularmente pela Primeira Guerra Mundial. Também gostavam de geografia, e viajávamos em imaginação pelo mundo afora. Falávamos de Luís II da Baviera — que me fascinava —, do seu país, da sua história. O ensino não era dos mais ortodoxos, mas eles achavam melhor assim.

Por volta das seis, "saíamos" para relaxar. Tínhamos autorização para ir a um pequeno pátio sombrio, rodeado de altas muralhas, que nos dava a sensação de estarmos emparedados; mas era nosso único meio de respirar um pouco de ar fresco. Estendíamos um tapete, acendíamos o fogareiro e mamãe preparava crepes. Nós nos deliciávamos com essa nova recreação, que também era um meio de nos sentir em família.

Depois vinha o banho, o jantar e a leitura obrigatória. As meninas liam com facilidade. Raouf era o mais reticente. Era preciso dar-lhe literatura de guerra, aventura, relatos de aviadores ou de soldados da guerra da Indochina. Líamos até as dez da noite durante a semana e até mais tarde, na sexta e no sábado.

À noite, os morcegos vinham pendurar-se acima de nossas cabeças. No início, eles nos assustavam; depois, passamos a esperá-los com entusiasmo para dar início a uma grande brincadeira.

Uma vez por mês, organizávamos um espetáculo que preparávamos ativamente. Criei, numa ocasião, duas peças de teatro, uma em francês, outra em árabe. Eu tinha apenas vinte anos e uma energia incrível. Dispunha deles, da sua juventude e ingenuidade para realizar meus sonhos de criança. Eu era tudo: roteirista, diretora, coreógrafa, regente, enfim, criadora.

Cantávamos, dançávamos, fazíamos mímica. Nossa única espectadora era mamãe, escrevíamos esses divertimentos para ela. Éramos minuciosos nos preparativos. Confeccionávamos os figurinos valendo-nos de nossas roupas. Eu tinha cortado o cabelo de Achoura à Mireille Mathieu, porque ela devia interpretar uma de suas canções. A coitada não compreendia uma só palavra de francês, e mesmo assim cantava em playback, vestida de preto, esboçando atitudes e passos de dança que ela ensaiava incansavelmente. O resultado era simplesmente cômico.

Quase sempre eu invertia os papéis. Punha uma *djellaba* masculina, desenhava uma barbicha no queixo, enquanto Raouf representava minha mulher. Comprido, canelas peludas, os seios postiços aplicados debaixo da sua indumentária marroquina e mímicas exageradamente afeminadas, ele era impagável. Mamãe chorava de rir durante as duas horas da representação. Vê-la feliz, ainda que por um curto instante, era nossa recompensa.

Certos sábados à noite, reinventávamos o cassino de Monte Carlo. Os artistas da família, Soukaïna e Raouf, haviam fabricado uma roleta, desenhado um pano verde, e mamãe, puxando pela memória, nos ajudou a dispor os números na ordem correta. Um grão-de-bico servia de bola. Raouf fazia Grace Kelly, e eu, o príncipe Rainier. Ele usava um vestido de noite aberto nas costas, estava maquiado, penteado e, se a semelhança com a princesa não era lá essas coisas, o efeito era fantástico. Também recriamos lojas, como em Assa, só que numa escala maior, e até confeccionamos um Banco Imobiliário. Ensinei-lhes o *yam*, que eu jogava com Alain Delon.

Eu costumava contar para as crianças alguns dos episódios mais marcantes da minha adolescência. Minhas lembranças não me deixavam, eram tudo o que eu tinha para lutar contra a angústia. Eu não podia me impedir de repeti-las. Cada um de nós tinha suas histórias para contar aos outros para provar que já havia vivido, apesar da pouca idade, salvo Abdellatif, que não conhecia nada. Mas, com o passar dos anos, as lembranças de uns e outros se confundiam, se modificavam, se deformavam. Meus irmãos e minhas irmãs se apropriavam das minhas, nós nos defendíamos assim contra o vazio que nos ameaçava.

Precisávamos aprender a viver todos juntos, na promiscuidade, no desconforto, no escuro, na falta de higiene, no isolamento e no encarceramento. As crianças cresciam, o que nem sempre era simples. Apesar de todos os meus esforços, eles compreendiam muito bem o que aquela existência comportava de injusto e de anormal. Raouf interiorizava sua mágoa. Ele tinha quinze anos quando chegamos a Tamattaght. Ainda não vivera o luto pelo pai, exatamente na idade em que um rapaz mais tem necessidade do pai. Não podia nem mesmo se vingar e, assim, crescia sem poder se expressar, rodeado de mulheres e de crianças. De todos nós, era ele o mais órfão.

Soukaïna vivia uma adolescência difícil. Sofria com a vida, era triste depois alegre, ansiosa, em seguida deprimida. Todos os dias enfiava uma cartinha debaixo do meu travesseiro. Dizia que gostava de mim, revelava-me suas inquietações, dúvidas, vontades, necessidades. Então conversávamos sobre tudo isso e eu tentava tranquilizá-la.

Com Maria, o contato era mais difícil, apesar da afeição que havia entre nós. Ela era tão frágil que o menor choque a aniquilava. Quando um acontecimento a atingia, ela não comia mais, não falava mais, não queria nem se mexer. O horror da sua situação se lia em seu olhar: ela parecia arrasada.

Imersa em sua doença, Myriam suportava muito mal o luto, a prisão, nossas condições de vida. Vivia drogada com Mogadon, que obtínhamos graças à cumplicidade dos guardas, e, apesar disso, as crises de epilepsia se sucediam e se tornavam cada vez mais frequentes. Pobre Mimi... aquilo era terrível, e não tínhamos como aliviá-la. Numa crise mais violenta, derramou uma panela de leite fervendo na coxa. Por falta de cuidados médicos, a queimadura levou meses para cicatrizar.

Todos nós mimávamos descaradamente o pequeno Abdellatif, para compensar a infância que não teria. Ele recebeu mais do que seria normal em atenções e afeto, em brinquedos que fazíamos para ele com madeira e papelão, em histórias, contos, carinhos e mentiras. Tentávamos desastradamente preservá-lo, numa atitude demasiado protetora que lhe causou inúmeros problemas quando ele foi libertado. Nós nos esforçávamos mais para salvá-lo do presente do que para prepará-lo para o futuro. Mas será que tínhamos outra opção?

O vidente tinha razão: estávamos protegidos. As doenças mais graves se sucediam, mas sempre escapávamos. Quase morri de uma peritonite que me deixou zonza de febre semanas a fio. Mamãe não saía de perto de mim, passava-me água na testa para tentar baixar a temperatura.

Um de nossos enfermeiros me dava aspirina, o único remédio à sua disposição. Vendo que meu estado não melhorava, o comandante da guarnição informou Rabat, mas sem resultado. Combati sozinha essas dores atrozes, antes de entrar em coma. Quando a febre baixou, eu havia emagrecido terrivelmente, perdido todos os cabelos. Mas sobrevivi.

Estávamos isolados, ainda que, graças a meu avô, Baba el Haj, como nós o chamávamos, recebêssemos algumas cartas e livros. Desde nosso desaparecimento, o bom velhinho tinha envidado todos os esforços, lutado como um louco, para entrar em contato conosco e conseguir algumas comodidades para nós sem medo da repressão — porque tudo o que dizia respeito aos Oufkir passara a ser maldito.

Depois de bater em todas as portas, de escrever aos chefes de Estado estrangeiros, ao presidente Giscard d'Estaing, às organizações humanitárias, foi solicitar ao príncipe Moulay Abdallah que permitisse que nos mandassem livros e cartas.

O príncipe não nos esquecera. Mais uma vez mostrou sua grande humanidade, aceitando a súplica do meu avô, que pôde então nos enviar regularmente os romances, ensaios, manuais escolares que encomendávamos e aguardávamos com impaciência. Quando a caixa cheia de livros chegava a Tamattaght, ficávamos felizes como crianças diante de uma árvore de Natal... Era a prova de que lá fora ainda nos amavam.

Esse favor valeu ao príncipe represálias do rei. Segundo dizem, foi posto em prisão domiciliar. Mas Moulay Abdallah não se resignou. Em seu leito de morte, o príncipe suplicou mais uma vez ao irmão que nos libertasse.

Com a caixa de livros, recebíamos uma carta censurada em que Baba el Haj nos dava notícias prudentes. Graças à cumplicidade de uns guardas que o haviam contatado, pudemos receber outras cartas, escritas por nossa família e nossos amigos.

Mamma Khadija, mulher do meu avô, se encarregava de trazer esse correio clandestino e pegar o nosso, em encontros secretos a que ela comparecia de mobilete, driblando a vigilância incessante de que todas as nossas relações eram objeto. Também ela entrara para a resistência. Não desempenhou por muito tempo esse papel de mensageira: morreu de tristeza, alguns anos depois da nossa prisão.

Em Paris, eu quase havia ficado noiva de um rapaz, Ali Layachi. Ele me escreveu várias cartas repletas de todas as fórmulas ardentes que um namorado pode mandar para uma moça com a qual se sente comprometido. Respondi às primeiras, mas seu tom inflamado logo me desagradou. Ele não compreendia a situação com a qual nos confrontávamos. Tentei explicar a diferença que agora existia entre nós.

"Há os que estão dentro e os que ficaram fora", escrevi-lhe. "Um mundo nos separa, muros nos separam; no fundo, tudo nos separa."

Parei de lhe escrever e pus fim, assim, a essa história. Em nosso pesadelo cotidiano, não havia lugar para os sonhos de futuro, menos ainda para o amor, apesar de eu estar na idade para isso.

As outras cartas nos faziam mais mal do que bem. Embora as esperássemos com impaciência — pois elas eram o único vínculo que nos prendia ao exterior —, ficávamos chocados com o egoísmo e a falta de tato dos que nos escreviam. Não sabendo o que dizer, contavam-nos suas vidinhas tranquilas, a ceia de Natal com *foie gras* e champanhe, as viagens, as festas e os acontecimentos felizes; todos os prazeres que compõem uma existência comum, de que nos víamos privados.

Dos vinte e cinco policiais destacados para nos vigiar dia e noite, três quartos haviam montado guarda em nossa casa de Rabat. Conheciam meu pai, ao menos de vista, respeitavam mamãe e gostavam de nós de uma maneira quase paternal. Traziam-nos ovos frescos, guloseimas para as crianças, boa carne, pilhas para o rádio. Quando iam fazer compras, cada um, de acordo com suas posses, nos comprava um docinho, que faziam chegar a nós quando traziam nossos baldes de água cotidianos.

Um deles deu um filhote de pombo para Abdellatif. Depois trouxeram outros. Esses pombos tiveram filhotes... Em algumas semanas, tínhamos uma verdadeira criação. Nós os instalamos em caixas de papelão encostadas num dos muros do pátio. Organizamos nossa vida em torno da deles. Cada um de nós tinha o seu, e lhes demos nomes, personalidades, como aos pintinhos. Nós nos divertíamos vendo-os andar por ali, horas inteiras, principalmente na manhã de domingo, quando não havia aula. Uma das fêmeas se chamava Halima. Observávamos seu balé nupcial com o macho, os beijos, as demonstrações de afeto e o acasalamento.

Mas prisioneiros são sempre prisioneiros, e, apesar do amor por nossos pombos, nunca deixávamos de inspecionar as caixas para roubar seus ovos. Mamãe fazia então uma torta de laranja — mesmo com a indignação de Maria, grande defensora dos animais, a quem apelidamos de Brigitte Bardot.

Cinco ou seis meses depois da nossa chegada a Tamattaght, os policiais nos mandaram uma batata por cima da muralha, com um bilhete dentro, avisando que iriam dar uma batida. O coronel Benaïch havia chegado de Rabat, diretamente sob as ordens do Ministério do Interior. Esse homem perdera seu irmão, médico pessoal do rei, no golpe de Skhirat, e responsabilizara meu pai pela morte. Nem é preciso dizer que ele não tinha a menor simpatia pelos Oufkir.

Entrou com violência, aos empurrões. Eu ainda estava de camisola e tive a sensação de estar sendo violentada. Ainda tinha o velho reflexo bobo de me dizer, como todas as vezes que me magoavam injustamente:

"Ah! Se meu pai estivesse aqui, ele não teria se atrevido..."

Entrou na segunda alcova, que utilizávamos para as aulas quando fazia frio demais para ficar na sala. Tínhamos pendurado na parede dessa alcova uma foto de que todos gostávamos muito: papai, na entrada na Itália, com seu regimento. Ele mandou jogá-la no chão e depois pisoteou-a. Fez a mesma coisa com nossas outras fotos, objetos, mobília precária e os frascos em que conservávamos os bichos venenosos. Confiscou os livros que eu não tivera tempo de esconder depois da advertência dos policiais.

Depois que ele se foi, o átrio ficou parecendo um campo de batalha. Estávamos petrificados de medo, angustiados, incrédulos diante de tanta violência. Começávamos a compreender que íamos ficar ali por muito tempo e que não haveria trégua no que estávamos fadados a suportar. Éramos prisioneiros, não havia outra palavra.

Até então, tínhamos sido relativamente bem tratados. Ainda comíamos o quanto quiséssemos. A música, o rádio nos permitiam ficar em contato com o exterior.

A chegada de Benaïch mudou nossa vida. Os policiais que nos vigiavam passaram a ter a missão de nos atormentar. Quem havia dado ordem de nos tratar com rigor? Quem tinha interesse em aumentar a pressão? Não encontrávamos as respostas.

Os *muhazzins* — forças policiais auxiliares truculentas e disciplinadas — seguiram à risca esse novo programa. Os policiais, mais sensíveis, reagiram organizando em torno de nós uma verdadeira rede de assistência. Os da velha geração haviam resistido aos franceses durante o protetorado. Estavam acostumados a assumir todos os riscos, sem abandonar uma grande prudência; conheciam perfeitamente o sistema e agiam de maneira a ter o máximo possível de segurança.

Passaram a nos avisar sobre os dias das batidas atirando-nos uma cenoura ou uma batata por cima das muralhas. Esse aviso nos permitia esconder nossos bens mais preciosos, em particular o rádio, para impedir que fossem confiscados. Alguns policiais iam a Rabat encontrar nossos avós. Pegavam com eles a correspondência, remédios — entre eles o Mogadon de Mimi — e o dinheiro que nos permitia melhorar nossa comida.

A cada quinze dias, quando os guardas abriam os portões para nos trazer os mantimentos, eu me sentava no quintal com Raouf para tentar espiar a paisagem além dos muros. Quando nos trouxeram para aquele fortim, era noite; não sabíamos nada do lugar em que estávamos. As muralhas que nos cercavam nos impediam de ver.

Todas as vezes que o portão se abria, um sujeitinho esquisito tentava nos transmitir uma mensagem com o olhar. Seu físico era estranho: usava barba, cabelos compridos, seus olhos negros e penetrantes eram fixos como os de um drogado. Ele me lembrava um Rasputin em miniatura. Não entendíamos o que ele queria; nós o achávamos realmente esquisito.

Certa manhã, um policial que entrava nos cochichou discretamente que devíamos reclamar um enfermeiro. Seus olhos designavam Rasputin. Cheios de desconfiança, fingimos não entender. No entanto, pouco depois, diante da insistência muda do barbudo, fizemos sinal para ele entrar.

Ele era da mesma aldeia do meu avô materno, solidário como todos os berberes, e só queria nos ajudar. Na noite seguinte a nosso primeiro encontro, ouvimos um barulho de desmoronamento no pátio da fortaleza. Descemos correndo. Um enorme saco de farinha acabava de cair no chão. Com sua lanterna, Rasputin emitia sinais luminosos. Mal tivemos tempo de ver seu rosto, e o dos outros que estavam com ele.

Até então, os guardas que nos ajudavam o faziam em pequena escala: um bife, uma caixa de ovos, um pouco de farinha ou de guloseimas que passavam de bolso em bolso. Com Rasputin, o abastecimento alcançou um nível quase industrial: sacos de farinha, de arroz, de sêmola de trigo, de açúcar, garrafões de azeite, cento e cinquenta ovos...

Para nos trazer todas essas provisões, Rasputin e seus cúmplices deviam carregá-las do oásis até a fortaleza, penetrar nas ruínas, chegar ao lugar em que vivíamos escalando as pedras, com o risco de provocar um desmoronamento, amarrar os sacos com uma corda para fazê-los aportar até nós e, tudo isso, com a maior discrição possível. Vários esquadrões de policiais e das forças auxiliares vigiavam metro a metro nossa prisão e seus arredores.

O descarregamento continuou boa parte da noite. No fim, o enfermeiro desceu pelo mesmo caminho que os sacos, acompanhado por dois jovens policiais, intimidados mas orgulhosos por nos apertar a mão. Convidamos todos eles a subir até nossos aposentos e nos instalamos no corredor, onde tínhamos arrumado os bancos. Todas as vezes que nos abasteciam, isto é, sempre que podiam, conversávamos com eles ali, até o raiar do dia.

Essas conversas eram preciosas para nós, principalmente para Raouf, que necessitava desesperadamente de companhia masculina. Tomávamos chá, comíamos os doces que traziam. Os pequenos ficavam animadíssimos. Abdellatif se recusava a ir para a cama; aninhava-se em mim, lutava contra o sono — para ele também esses momentos eram importantes. Falávamos de tudo um pouco, ríamos, trocávamos piadas e notícias do mundo, mas Rasputin sempre dava um jeito, num momento ou outro, de nos chamar à realidade.

"Vocês nunca vão sair daqui", ele nos dizia, "não tenham a menor ilusão."

Ingenuamente, contávamos com uma graça real no momento da Festa do Trono ou do aniversário de Hassan II. Mas ele destruía nossos sonhos em nome da lucidez.

Mamãe, que nunca participava dessas conversas, tentava nos tranquilizar.

"Não estão vendo que esse homem é maluco? Não se deixem impressionar, crianças, ele não sabe o que diz."

Rasputin tinha todo o aspecto de um demente, mas estava disposto a tudo para nos ajudar. Nos dois meses seguintes a sua última visita, ficávamos sempre à espera da troca da guarda, na qual ele tinha uns cúmplices. Essa troca de guarda devia nos trazer as respostas às nossas cartas, um rádio, mais livros, porque os que nosso avô nos mandava nunca bastavam.

Chegado o dia, Raouf, que escalava como um cabrito, subiu até o topo das muralhas e se instalou para observar o lado de fora através de uma pequena seteira. Juntei-me a ele. Vimos os caminhões que chegavam e os que deviam ir embora. Os policiais se encontravam, se beijavam, se abraçavam.

Ficamos muito entusiasmados com as caixas que entrevíamos nos caminhões. Elas nos prometiam vários dias de leitura, de música, de felicidade.

Raouf me cutucou com o cotovelo. Sua voz estava inquieta.

"Olhe, Kika. Está acontecendo algo de anormal. Todo mundo corre para todos os lados."

Acompanhei seu dedo apontado para uma aglomeração. Vi uns policiais se agitando, Rasputin correndo. Alguém o traíra... O enfermeiro fora pego. Revistaram suas coisas: encontraram dinheiro, o rádio, os livros, o aparelho de som. Tudo o que nos havia sido enviado foi confiscado, salvo as cartas, que ele dissimulara com todo o cuidado.

Quarenta e oito horas depois do desmantelamento de nossa rede, Yousfi, comissário da DST,* apareceu acompanhado por três esbirros. Já o conhecíamos: foi ele que interrogou mamãe por ocasião da morte de meu pai.

Depois de revistarem tudo, instalaram uma mesinha e iniciaram um interrogatório que duraria o dia inteiro. Assistimos a uma encenação completa: máquina de escrever, depoimento anotado... Depois de muitos rodeios, eles nos disseram que o enfermeiro confessara que tramávamos uma ação irreparável. Queriam saber qual.

Rasputin tivera a inteligência de denunciar todos os guardas para que não pudessem punir ninguém em particular. Afirmara

* Sigla da Direção de Segurança do Território, ou seja, a polícia secreta. (N. T.)

que tinham nos ajudado por motivos ao mesmo tempo políticos e humanos.

"Agimos como pais de família com essas crianças", ele argumentara, "qualquer um faria o mesmo."

Assim, todos os policiais foram detidos, mas logo em seguida soltos. Na fortaleza, íamos sofrer as consequências disso.

A nova equipe de *muhazzins* que mandaram redobrou a vigilância: revistas, batidas, mais guarda, supressão da correspondência, dos livros enviados, dos contatos com nossa família.

Passaram a nos dar cada vez menos comida. Felizmente, tínhamos guardado reservas suficientes para alimentar um batalhão, e pudemos sobreviver.

A RESISTÊNCIA

Essas novas condições nos revoltaram. Mas fazer o quê? Éramos tão impotentes, tão isolados, estávamos à mercê dos caprichos do monarca...

Numa noite de desespero, entre tantas outras, saí ao pátio para contemplar o céu. Pela primeira vez em muito tempo, chorei. Eu procurava uma resposta para as minhas lágrimas na beleza da abóbada estrelada. A noite estava límpida, serena e desesperadoramente silenciosa. Estavam nos enterrando vivos e íamos perecer assim, longe de tudo e de todos, sem ninguém para nos ajudar. Senti vontade de berrar, mas a proximidade das crianças me deteve, como me detinha todas as vezes que gritos de raiva e de dor subiam até meus lábios.

Na manhã dos meus vinte e três anos, acordei bem cedo e me acomodei numa cadeira, sozinha, diante de nosso pombal. Todos ainda dormiam. Durante aquelas poucas horas de trégua, pensei na minha vida, nos anos que passavam, na minha juventude que ia embora.

Via o tempo consumar sua obra em meu rosto e em meu corpo. Eu usava cabelos muito compridos, até a cintura e, quando passava diante do grande espelho que ainda possuíamos ou quando surpreendia o olhar dos guardas, embora tão paternal, eu percebia que era bonita. Admirava com desespero meu corpo firme, torneado, meu rosto juvenil, e me dizia que aquela plenitude nunca mais voltaria. Nenhum homem me amaria nem desfrutaria a graça dos meus vinte anos.

Eu sofria por mamãe, que nunca havia estado tão bonita. Às vezes, eu até interrompia o que estava fazendo para contemplá-la. Sofria por minhas irmãs, que se tornavam mulheres sem ter podido ser crianças; por Raouf, privado de modelo paterno, e por Abdellatif, privado de tudo; por Achoura e Halima, encarceradas a nosso lado por fidelidade.

Sofria por todos nós, despojados de liberdade e de esperança. Eu havia vivenciado o luto por meu pai. E, agora, o fazia por minha vida.

Em todo esse desespero, eu só tinha uma certeza: éramos os únicos que podíamos trabalhar por nossa causa. Era o que me dava ânimo quando meu moral ficava lá embaixo.

Mandamos ao rei uma petição assinada com nosso sangue. Nós a entregamos por intermédio do comandante da guarnição, que a remeteu a seus superiores. Ingênua, quase pueril, a carta apelava para a magnanimidade do monarca. Escrevíamos que era indigno da parte dele tolerar que perseguissem uma mulher e crianças. Sua resposta foi à altura de nossa súplica.

Mamãe, Raouf, Mimi e eu começamos então uma greve de fome. Era pleno inverno, o chão e as paredes estavam gelados. Não saíamos da cama, ficávamos enrolados em nossos finos cobertores para mantermos algum calor.

No início, embora debilitados, estávamos sérios e cheios de ardor. Depois, tendo a natureza retomado as rédeas, recomeçamos a comer escondido dos guardas. Num dos baús de mamãe, que ficava no cômodo em que havíamos guardado nossas bagagens, tínhamos separado uns trinta pães, que púnhamos no sol da manhã para amolecer. Chamávamos aquilo de sessão de bronzeamento.

Eu limpava os pães com a escova de sapato para tirar as marcas de mofo e fazia-os circular de cama em cama. Também tínhamos uma reserva de grão-de-bico, único alimento que os grevistas consumiam, sempre às escondidas: *tajine* de grão-de-bico, sopa de grão-de-bico, aperitivo de grão-de-bico. Essas magras rações nos permitiam sobreviver, devolvendo aos carcereiros a pouca comida que nos davam.

Mas ainda éramos corruptíveis... A promessa de um quilo de manteiga pôs fim à nossa ação. Parecia-nos, já, sentir o cheiro dos crepes e dos biscoitos...

De todo modo, a greve não deu em nada. Nossa sorte não interessava a ninguém.

No entanto, tínhamos de agir. Resolvemos fugir.

Pouco antes da nossa greve de fome, Raouf, que se acostumara a fuçar por toda parte, descobrira que a janela do quartinho das bagagens fora, sem dúvida, tapada. Como ele morria de vontade de espiar lá fora, soltamos alguns tijolos. Descobrimos então uma janela de ferro forjado e abrimos.

A paisagem foi uma revelação. A escuridão havia cessado, o céu finalmente nos pertencia. A janela dava para um oásis situado ao pé da colina. Ouvíamos o crocitar dos corvos, os pios das rolinhas, os pastores chamando seus rebanhos e, até, o gorgolejo da água.

Brigamos para poder desfrutar a vista, cada um na sua vez. Olhar ao longe, respirar fundo... coisas que são tão comuns quando não nos são proibidas.

Voltamos a fechar a janela, deixando-a porém em condições de ser aberta quando tivéssemos vontade. Vez por outra, quando algum de nós estava meio triste, dirigia-se ao quartinho e assistia ao raiar do dia, ao pôr do sol, contemplava a primavera no oásis, provas de que a natureza e as estações ainda existiam.

Maria e Soukaïna iam lá com muito mais frequência do que nós, para se fartar com os menores detalhes. Era doloroso para mim encontrá-las ali e surpreender a expressão melancólica de seus rostinhos encostados nas grades. Como a fome, a depressão numa criança é um espetáculo insuportável.

Quando resolvemos fugir, nossa primeira ideia foi alargar a janela. Mas os guardas nos ouviram tirar os tijolos e jogá-los no buraco da latrina, que tinha cinco metros de profundidade. O barulho era impressionante. Eles entraram e vasculharam tudo. Por sorte, tínhamos conseguido esconder as provas de nossa façanha antes de eles chegarem, e não viram nada. Esse alerta nos fez compreender que era necessária a máxima discrição.

Tivemos de tentar por outro lugar. A cozinha, que era de terra socada, parecia ideal. Como ferramentas, Raouf e eu dispúnhamos de uma colherzinha cada um. Começamos a cavar a parede a uns vinte centímetros do chão para abrir caminho. Em menos de dez minutos, já tínhamos tirado muita terra, mas devíamos tomar cuidado com o desmoronamento das pedras.

Numa tarde, tínhamos aberto um buraco grande o suficiente para passarmos. Esgueirei-me dentro desse túnel rastejando e vi-me diante de uma abertura murada.

Senti uma coisa roçar minha coxa e pus-me a berrar.

"Não vou continuar, Raouf; está infestado de ratos."

"Kika, você quer fugir ou não deste maldito lugar? É nossa única oportunidade. Pense bem... Vamos, coragem..."

Raouf insistiu tanto que acabei obedecendo. Como era preciso ir em frente, então, em frente!

Começamos a retirar as pedras. Era um trabalho perigoso e cansativo. Tínhamos de carregar pesos enormes, sem deixar as pedras caírem, para não chamar a atenção dos guardas. Nossa tenacidade foi recompensada. A abertura finalmente ficou desobstruída, e saímos no meio de umas ruínas impressionantes, com uma extraordinária sensação de liberdade.

Estávamos ébrios, atordoados pelo céu e pelo ar. Andávamos sem dizer palavra, comunicando-nos com os olhos, exprimindo-nos com gestos. Fazia quase três anos que vivíamos no silêncio. Esse primeiro passeio quase foi o último. Uma coluna de pedras desabou a nossos pés com um estrondo que parecia anunciar o fim do mundo. Tivemos apenas o tempo de saltar.

Levamos alguns minutos para nos recuperar do susto. A coluna poderia ter nos esmagado. Raouf olhou para mim; pensávamos a mesma coisa. Quem, lá em cima, nos protegia tanto?

Meu irmão e eu não precisávamos de muitas palavras para nos entender. Nossa fuga tinha de ser preparada com a mais completa minúcia, como uma verdadeira operação bélica. Partiríamos nós dois. Em maior número, era arriscado demais.

Durante quase duas horas, ficamos ali fora para analisar, avaliar, calcular. Subimos até o último nível do forte, tomando cuidado com os rochedos que poderiam desabar a qualquer momento sobre nós.

Embaixo, no oásis, alguns guardas tomavam ar. Podíamos até ouvir os risos deles. Escondidos atrás das pedras, observamos atentamente as amendoeiras, o capim gordo, a terra vermelha.

Depois Raouf me disse para olhar além de uma estradinha.

"Está vendo? Tem um rio contornando o forte... É por ali que vamos passar para chegar a Ouarzazate."

Regressamos com pesar, mas precisávamos nos juntar aos membros da nossa família e persuadi-los da validade de nosso plano. Os pequenos estavam entusiasmados, sorviam nossas palavras, prontos para qualquer coisa. Mamãe, que era mais cética, escutava sem dizer nada.

Para convencê-la, amarramos dois pedaços do pano forte que cobria os colchões e explicamos que íamos descer as muralhas com essa corda improvisada.

O lugar por onde queríamos fugir estava situado a vinte metros de altura. Quando nós lhe mostramos, mamãe foi categórica: não ia nos deixar correr tal risco. Não houve nada que a fizesse mudar de ideia.

"Se querem fugir, estou de acordo", dizia ela, "mas arranjem outra ideia, menos perigosa. Não quero perder vocês."

Ela pensou e seu rosto se iluminou. A fortaleza sem dúvida tinha uma porta que dava para o oásis. Bastava encontrá-la, desobstruí-la, e poderíamos sair por ela. Procuramos a porta entre as colunas em ruínas e as massas de rochedos. Na minha pressa, tropecei à beira de um despenhadeiro e, não fosse minha presença de espírito — e, sem dúvida, a do meu anjo da guarda —, teria despencado no vazio. Virei-me. Mamãe estava lívida.

Quando hoje dizemos que alguém está com "a expressão das ruínas", isso quer dizer que seu olhar está congelado, seu rosto aterrorizado, como o de mamãe quando ela pensou que eu ia despencar.

Movida por uma feliz intuição, mamãe nos pediu para ajudá-la a deslocar uma enorme pedra. A porta que procurávamos estava atrás dela, e dava de fato para o oásis. Não precisaríamos arriscar nossa vida para escapar.

Mas, antes desse grande dia, tínhamos de treinar. Aprender a resistir. Três vezes por semana, Raouf e eu saíamos ao meio-dia, hora em que o sol é mais forte, cada um carregando uma mochila pesadíssima, e andávamos quatro horas seguidas no pátio.

Fantasiávamos em nossos projetos. Havia sobrado um pouco de dinheiro de nosso avô. Depois de atravessar o oásis, iríamos até Ouarzazate de ônibus. Também precisávamos de reservas de comida. Não tínhamos documentos de identidade, mas eu havia encontrado entre minhas coisas a caderneta de vacinação de um amigo marroquino que eu conhecera em Paris. Dei-a a Raouf e guardei na memória o nome da irmã dele, caso nos detivessem. Ainda éramos tão ingênuos...

Entre todos os nossos livros, havia um que sempre desprezáramos porque tratava de magia, bruxaria e ciências ocultas. Mamãe pegou-o por acaso e, depois de o ler, resolveu pôr em prática algumas receitas para o êxito da nossa aventura.

Confeccionou uma boneca de cera, espetou-lhe agulhas e pronunciou os encantamentos misteriosos que deviam nos ajudar a fugir. Todos nos torcíamos de rir, chamávamos mamãe de bruxa, e ela, que a vida inteira nunca tinha acreditado em todas essas bobagens, ficava com um ar concentradíssimo.

No dia marcado para a fuga, Raouf e eu estávamos do lado de fora para o derradeiro ensaio geral.

Uma das meninas veio nos procurar, afobada.

"Voltem correndo. Eles estão lá. Querem ver mamãe."

Voltamos esbaforidos, cobertos de poeira. Os policiais nos

informaram que íamos sair de Tamattaght. Zombamos ainda mais de mamãe, chamando-a de bruxa desastrada.

"Vocês não queriam mudar daqui?", ela replicou mortificada. "Pois conseguimos!"

As crianças estavam felizes com a partida. Fazia quatro anos e meio que estávamos presos e acabávamos de passar mais de três anos naquela fortaleza em ruínas. Abdellatif, nascido em fevereiro, ia festejar seus sete anos; as meninas tinham treze e catorze anos; Raouf, dezenove; Myriam, vinte e um; eu, vinte e três, e mamãe, apenas quarenta. Se os menores estavam empolgados, eu estava cética, inquieta, pressentindo o pior.

Claro, não disseram para onde íamos, mas fizeram-nos crer que as condições de vida iam certamente mudar, seriam mais favoráveis. Era sem dúvida a resposta a nossa petição... Sim, o rei tivera piedade de nós. Nosso tratamento seria atenuado. No dia seguinte, quem sabe, estaríamos livres... Acaso não tinham mandado que separássemos as coisas que usávamos, pegando apenas as nossas e deixando os colchões, os cobertores e tudo o que pertencia ao Estado? A situação talvez fosse se resolver...

Deixavam-nos subentender isso, mas não confirmavam nada. Por que aquela indefinição? Sem dúvida para conseguir nossa boa vontade durante a transferência. Estávamos divididos entre a esperança e o medo. Por reflexo, eu tinha escondido meu radiozinho nas roupas que vestia. Minha intuição era correta, e, mais tarde, eu me felicitaria por isso.

Achava que havia limites para o sofrimento humano. Em Bir-Jdid descobri que não.

A PENITENCIÁRIA DE BIR-JDID (26 DE FEVEREIRO DE 1977 — 19 DE ABRIL DE 1987)

MAU COMEÇO

Nossas bagagens estão no pátio, a agitação está no auge. Não queremos deixar Tamattaght sem nossos preciosos pombos; mas eles não entendem que vamos partir e voam acima de nossas cabeças num barulhão de asas batendo e de arrulhos indignados.

As crianças correm em todas as direções para pegá-los e, sempre que conseguem, prendem-nos em cestos de vime. Maria, Soukaïna e Abdellatif riem às gargalhadas. Essa partida é quase uma brincadeira para eles. Nós, os mais velhos, estamos em pânico — angustiados, para usar a palavra exata.

Um incidente nos aterroriza ainda mais: os policiais querem nos colocar dois a dois nos furgões blindados com janelas cobertas de piche. São brutais, empurram-nos sem consideração com suas baionetas para nos fazer avançar. Mamãe não aceita que nos separem. Ela grita, suplica, chora. Eles acabam cedendo, sem dúvida por medo de um escândalo. Mamãe viajará com os dois meninos, Myriam com Achoura e Halima, e eu com as meninas.

Dentro dos veículos, não distinguimos nada. Quase nos fazem tropeçar para sentarmos mais depressa. Depositamos os cestos com nossos preciosos pombos a nossos pés. Não pudemos pegar todos. Diante de nós, tomam lugar dois *muhazzins* armados com baionetas.

Até as crianças estão silenciosas agora. A atmosfera mudou. Borro, o novo comandante da guarnição de Tamattaght, não é nada delicado. Veio substituir o comandante anterior faz uns meses, quando os *muhazzins* encarregados de nos vigiar tiveram seu efetivo triplicado. Essa nova mudança se deveu ao medo de uma fuga preparada por um misterioso comando vindo da Argélia. Pelo menos foi o que imaginamos entender. Foi talvez por esse motivo que nos fizeram sair de Tamattaght.

De todo modo, não vão nos dar nenhuma explicação, como sempre. Só esperamos que Borro não nos siga, para onde quer que nos levem.

A viagem durou vinte e quatro horas, cada vez mais penosas à medida que rodamos. Somos vigiados o tempo todo. Não há meio de nos afastarmos para fazer nossas necessidades quando descemos do veículo; os policiais nos acompanham e nos vigiam até terminarmos.

Estamos em fevereiro. Aproveitando uma redução da velocidade do comboio, colo o rosto contra uma fenda do furgão blindado. Bandeirolas ornamentam as árvores. Preparam ativamente a Festa do Trono, prova de que o rei está mais poderoso do que nunca. Mergulho de novo, por alguns instantes, em minhas lembranças. No Palácio, essa festa era um momento feliz em que éramos mimadas. Mas a realidade volta a se impor e faço um enorme esforço para descobrir onde estamos. Impossível, a escuridão é muito forte.

Cansada, embrutecida pela estrada, tremendo de frio, respiro profundamente. O ar está empapado de umidade; ouço o canto das rãs. Deduzo que saímos do deserto e estamos próximos do mar. Não me engano. O quartel de Bir-Jdid, para onde nos levam, dista quarenta e cinco quilômetros de Casablanca. Só ficaremos sabendo disso muito mais tarde.

A estrada sofreu uma inundação, tornando-se inacessível para os furgões blindados. Somos obrigados a descer para tomar uns Land Rovers, sempre divididos em três grupos. Vendam-nos os olhos, mas temos tempo, num lapso de segundo, de memorizar a paisagem. Estamos numa região agrícola, onde os campos se sucedem. Ao longe, distinguimos uma fazenda. Será que é para lá que estão nos levando? Grades e mirantes rodeiam a construção.

Tremo de frio a ponto de bater os dentes. Das profundezas da noite, como numa peça de teatro, ouço, então, uma voz de homem, distinta, educada, uma voz cheia de humanidade, que contrasta com os berros de Borro e dos *muhazzins*.

O homem sai da sombra. É o coronel Benani, encarregado da nossa transferência de uma prisão para outra. Ele me enrola com seu albornoz, oferece cigarros e vai buscar dois maços para mim. Fico comovida às lágrimas com esse gesto de solicitude, o primeiro após muito tempo. Depois rodamos mais quinhentos metros. Quando o comboio finalmente para, percebo o ronco aflitivo de um gerador.

O rei respondeu à nossa súplica.

Fizeram-nos entrar numa casa, olhos sempre vendados. Alguém fechou uma porta, e tiraram nossas vendas. Percebemos então uma pequena construção colonial de cimento, com a forma de um L.

Entra-se nela por um portão de madeira que dá para uma comprida alameda margeando um pequeno pátio em que cinco figueiras vigiam, como sentinelas. Quatro portas dão para esse pátio: as de nossas quatro celas, alinhadas entre si, exceto a primeira, a de mamãe, que é perpendicular às três seguintes.

Numa pequena depressão do terreno próxima da primeira cela, duas enormes palmeiras formam uma abóbada de folhagem. As paredes que nos encerram, espessas e altas a ponto de encobrir o céu, são contíguas a um quartel repleto de mirantes. Numerosas guaritas com soldados armados estão dispostas em torno da casa. Não podemos fazer um gesto sem sermos vigiados.

Informaram-nos logo que seríamos separados durante a noite. Teríamos o direito de nos ver durante o dia e fazer nossas refeições juntos, mas de noite cada um deveria ir para a sua cela. Mamãe divide a dela com Abdellatif, minhas irmãs e eu ficamos juntas, Achoura e Halima são reunidas, e Raouf dorme sozinho.

A novidade nos deixa em prantos. Mamãe grita, suplica, diz que eles não têm o direito de separá-la dos filhos.

“Posso suportar qualquer coisa, menos isso...”

"Senhora, saiba que me envergonho do que faço", responde o coronel Benani, terrivelmente embaraçado. "Esta missão vai marcar minha vida para sempre. Mas recebi ordens e, infelizmente, sou obrigado a cumpri-las."

Nossas celas não anunciam nada de bom para a sequência de nosso tratamento. Nós, que já estávamos acostumados ao desconforto, à sujeira, ao rudimentar, agora, aqui, defrontávamo-nos com o sórdido. As paredes e as portas blindadas foram sumariamente pintadas de cinza, e a umidade é tanta que a água escorre do teto até o chão. A luz elétrica, pálida, vem do gerador que só funciona uma ou duas horas durante a noite. Os colchões são finas camadas de espuma cobertas por uma capa de limpeza duvidosa.

Cada uma das nossas celas comporta pequenos cômodos e um minúsculo recinto a céu aberto, com o alto fechado por uma grade de grossas barras. Vai ser nossa única fonte de ar fresco. Chega-se à cela de mamãe por três degraus. A cela principal é dotada de banheiro e de um quarto de despejo de um metro e meio, situado a meia altura da parede e acessível por uma escadinha de mão. Colocamos ali os pertences que nos restam.

Antigamente, havia lá uma janela que foi fechada e coberta com plástico rígido opaco. Enquanto for pequeno o bastante para Abdellatif caber ali de pé, será seu posto de observação. Ele conseguiu furar o plástico com a ponta de um espeto e gruda o olho no furo para tentar espiar o lado de fora.

A cela deles, como as nossas, é fechada por uma porta recentemente blindada. No canto do pátio, outra porta leva à cela que divido com minhas irmãs. Além do recinto gradeado, dispomos de uma cela em que instalamos nossas quatro camas, fracamente iluminadas por uma abertura estreita no teto, coberta com plástico rígido, de um gabinete com vaso sanitário, de um compartimento onde guardamos nossas malas, de outro pomposamente batizado de "sala de esportes" e de uma "sala de banhos", um recinto em que tomamos banho de balde. Esse banheiro é separado da cela de mamãe por uma parede.

A água que nos trazem serve para nos lavar e para beber. Quando a vertemos, ela corre pelo chão em declive até uma valeta. Com as barras de metal que logo tiramos dos estrados, cavamos a terra seguindo instintivamente o percurso da água. Quando nos proibirem de sair de nossas celas, essa valeta servirá de espelho: mamãe se deita de barriga para baixo no chão, nós fazemos o mesmo no nosso lado; assim, nosso reflexo na água fará com que nos vejamos. Durante anos, será nossa única maneira de manter contato, além da voz. São momentos de forte emoção. Temos vontade de nos tocar, de nos beijar, mas não há como.

A cela de Achoura e Halima é pegada à nossa. As duas mulheres dormem num aposento minúsculo, cozinham num recinto cujo teto é fechado por uma grade dupla. Ao lado, fica a cela de Raouf, cujo vaso sanitário — um buraco cavado na terra — dá para o pátio das figueiras. As medidas de segurança são mais rigorosas para meu irmão. Para chegar à sua cela, é preciso atravessar três portas.

A primeira revista ocorre no início do mês de abril, dois meses depois da nossa chegada a Bir-Jdid. É feita para nos impressionar. Como temíamos, Borro comanda esse novo campo de prisioneiros. É um personagem sinistro, sem alma e sem um pingo de humanidade, que recebe suas ordens de Rabat e aplica-as ao pé da letra. Ele confisca nossos discos, livros e aparelho de som. Ainda bem que tínhamos adquirido certa rapidez e desconfiança.

Enquanto uns distraem os *muhazzins*, os outros abrem num piscar de olhos as caixas de som e desmontam os alto-falantes, que distribuímos por todas nós e escondemos entre as coxas. O pequeno rádio de pilha é escondido da mesma maneira, assim como alguns livros escolares e os fios elétricos. Durante esses onze anos de pesadelo, o rádio será nosso elo com o mundo. Sem ele, não teríamos sobrevivido.

Alguns dias depois de ter revistado nossos quartos, eles vêm com picaretas e suprimem tudo o que ainda dá ao lugar uma aparência de casa: os parapeitos, as flores, as árvores.

Todos os anos, no aniversário do rei, nós lhe mandamos uma carta suplicando-lhe que nos conceda o seu perdão. Em julho, anexamos a nossa carta alguns retratos que desenhei e que guardam bastante semelhança com os retratados: ele, seu filho, Sidi Mohammed e Mohammed V.

O agradecimento não se fez esperar. Pouco tempo depois dessa carta, Borro e seus esbirros nos trancaram na cela de Raouf até cair a noite. Ouvimos ruídos surdos, marteladas. Quando pudemos enfim sair, os danos revelaram-se enormes. Eles levaram o que restava de nossas magras posses, nossos bibelôs, os últimos livros escolares, os brinquedos de Abdellatif, nossas reservas de comida, quase todas as nossas roupas, as joias de mamãe, meu álbum de fotografias.

Depois fizeram uma grande fogueira com tudo o que era inflamável. Permitiram-nos assistir ao espetáculo. As crianças ficaram ainda mais traumatizadas porque Borro revistou Soukaïna à força e descobriu as pilhas do rádio nela. Chocada, ela teve febre alta dez dias seguidos e não pôde sair da cama. Estava com apenas treze anos.

Na manhã seguinte, eles voltaram. Fizeram-nos sair ao pátio. Borro andava de um lado para o outro. Diz-nos que sabe a que ponto as crianças são apegadas aos pombos. É verdade que, durante uns anos, aquelas avezinhas foram uma das nossas poucas alegrias.

"Mas os pombos", acrescenta, "não são feitos para serem criados. São feitos para serem comidos. Vamos matar dois por dia."

Apesar das nossas lágrimas, eles cumprem a palavra. Durante alguns dias, voltam todas as manhãs com dois pombos mortos. Resolvemos poupar Abdellatif desse espetáculo. O garoto, que fez sete anos no dia 27 de fevereiro — a manhã seguinte de nossa instalação em Bir-Jdid —, está arrasado.

Pouco tempo depois de nossa chegada, tenta suicidar-se. Ainda tem sua bicicleta e pedala na alameda ao longo do pátio das figueiras. Converso com mamãe, espiando-o com o canto do olho, e então o vejo cambalear de repente e cair. Corremos até ele. Está com um olhar vidrado e não consegue ficar de pé. Em seguida, adormece profundamente. Raouf o pega por baixo dos braços para ampará-lo, enquanto tento fazê-lo tomar uma infusão de hena.

O pânico chega ao auge. Achoura e Halima berram arrancando os cabelos, as três meninas estão paralisadas. Quanto a mamãe, dá a impressão de que lhe tiraram a força e as cores. Ela nos fita sem ser capaz de agir, terrivelmente chocada — excessivamente chocada sem dúvida — até mesmo para chorar.

Consigo fazê-lo cuspir boa parte dos remédios que engoliu — todo o Valium e todo o Mogadon que mamãe escondera numa caixinha de pílulas para as crises de Mimi. Ela carregava sempre a caixa consigo. Não sabíamos como ele conseguira surrupiá-la.

Chamado por nós, Borro se aproxima da cama, constata que o garoto dorme e dá de ombros. Não pode fazer nada, a não ser informar Rabat.

"E se ele morrer?", soluça mamãe.

Outro dar de ombros foi sua única resposta.

Mas Abdellatif era um garoto forte. Acordou sem sequelas. Suas explicações nos deixaram arrasados. Desde que estava na prisão conosco, ouvia todas as conversas, sabia de nossa dor, nossas angústias, nosso medo, nossa revolta.

"Minha morte", ele tinha pensado com sua cabecinha madura demais para uma criança da sua idade, "seria um bom meio para tirar todos vocês deste fim de mundo."

Ele não queria mais nos ver sofrer.

A partir daquele dia, decidimos poupá-lo. Não falaríamos de mais nada na frente dele, calaríamos nossas penas, inventaríamos para ele uma vida sonhada e o faríamos acreditar na veracidade dela.

O primeiro círculo do Inferno pertencia ao passado. Durante esses onze anos, pouco a pouco, iríamos transpor os outros. Até então, tínhamos conseguido preservar uma vida familiar, um casulo, em que nos protegíamos mutuamente.

Em Bir-Jdid não havia mais família nem — e principalmente — intimidade. Não havia mais nada.

No início, tínhamos o direito de sair todos juntos ao pátio. A partir das oito da manhã, as portas das celas se abriam e podíamos ir às celas uns dos outros. Na maior parte do tempo, nós nos reuníamos na minha. Essa liberdade de circulação durou alguns meses, mas mamãe, Raouf e eu sabíamos que mais cedo ou mais tarde viria o isolamento, e que tínhamos de nos preparar para ele.

O momento temido chegou no início de 1978.

No dia 30 de janeiro, dia dos vinte anos de Raouf, isolaram meu irmão em sua cela. Ele não teria mais o direito de sair nem de nos ver. Alguns dias depois, chegou nossa vez, sob o pretexto de que tínhamos ousado reivindicar botijões suplementares de gás para não morrermos de frio. Halima e Achoura escaparam do encarceramento total. Elas tiveram a autorização de sair ao pátio uma vez por dia, a fim de recolher gravetos para alimentar o fogo do fogareiro.

Nos primeiros tempos de nossa separação definitiva, pudemos sair para nos arejar no pátio em horas diferentes. Mamãe saía de manhã até as dez horas, depois era nossa vez.

Eu me colocava então debaixo da janela de Raouf, que se agarrava nas barras do seu "banheiro", e conversávamos sobre tudo. Ele monopolizava a palavra, tinha enorme necessidade de se exprimir. Seu isolamento o fazia sofrer cruelmente.

Sua conversa costumava ter por tema nosso pai e seu desejo de vingá-lo. Essa ideia o perseguia. Depois essas recreações foram proibidas.

Encerrados noite e dia, separados, maltratados, agora nada mais nos prendia à nossa vida antiga. Tínhamos, definitivamente, virado simples números. Precisávamos aprender a dominar a cela, aquele espaço minúsculo que se tornaria nossa vida, nosso mundo, nosso tempo, ritmado apenas pelas estações.

Mamãe, Raouf e eu éramos os alvos principais da vontade que eles tinham de nos destruir. Mamãe, por ser a mulher do homem odiado; eu, porque conheciam minha influência sobre o resto da família; e Raouf porque, filho de seu pai, era lógico que queria se vingar. Na cabeça deles, era preciso, por todos os meios possíveis, impedi-lo de consumar a vingança. De todos nós, foi Raouf quem fisicamente mais sofreu e mais apanhou.

Os guardas, que desde então eram todos eles *muhazzins*, estavam proibidos de nos falar com humanidade, de manifestar qualquer interesse por nós. Ao contrário, deviam nos humilhar o mais possível, e nos mais ínfimos detalhes. No dia a dia, eu vivia dominada pelo medo. Medo de que me matassem, medo das pancadas, do estupro, da humilhação constante. E eu tinha vergonha de ter medo.

Não fomos propriamente espancados. Raouf era a exceção. Só uma vez levei um soco na cara, por ter ousado desafiar um oficial. Caí para trás, a cabeça contra a parede do corredor. O choque foi violento. As meninas saíram da cela, lívidas. Eu me ergui e, para tranquilizá-las, disse que havia perdido o equilíbrio. Mais tarde, confessei que tinham me batido, mas supliquei-lhes que não contassem a mamãe. Sentia-me humilhada, mas também estava zangada comigo mesma.

O homem que encarnava esse medo era, mais ainda que Borro, o coronel Benaïch, oficial do rei, que já em Tamattaght havia sido o instrumento de nossa mudança de condições. Ele se esmerava em tornar a nossa vida impossível. Ele é que dera ordem para que matassem os pombos, ele é que nos privava de alimentação. Nós o víamos raramente. Adivinhávamos que estava chegando pelo barulho de um helicóptero no céu, ou então pela atitude dos *muhazzins*, que de repente se perfilavam.

Mas, ao mesmo tempo, estabelecia-se uma relação peculiar de prisioneiros com torturadores. Éramos vítimas, mas também podíamos, no limite de nossos meios, manipular nossos carrascos. Tudo para nós era pretexto para inverter a relação de forças, sem que assim parecesse.

Com Benaïch, era impossível; com Borro, difícil. O bruto era disciplinado até o fundo da sua alma de militar. Se lhe ordenassem nos matar com arma branca, ele teria matado sem hesitar. A única coisa que sabia era obedecer a ordens. Mas os *muhazzins*, que se mostravam duros e desumanos, também eram burríssimos. Bastava um pouco de esperteza para abalá-los.

Nós resistíamos.

Tínhamos direito a um carrinho de mão de lenha por mês para cozinhar. Os *muhazzins* abriam a porta blindada e me chamavam de um tal jeito que já me sentia mortificada. Quando saía, não tinha o direito de ir além do limiar da porta. Eu ficava tonta com a luz. Eles jogavam a lenha no chão e mandavam que eu catasse.

Das primeiras vezes, traziam compridos galhos de um metro e meio mais ou menos. Eu demorava para catá-los, fazia-o negligentemente, e dava os pedaços mais compridos para as meninas. Raouf nos sugerira que os escondêssemos num buraquinho situado no alto da parede de nossa cela, prevendo uma eventual fuga. Os galhos podiam servir como vigas de sustentação de um túnel.

No terceiro mês, os guardas nos trouxeram apenas pequenas toras. Tinham percebido nossas intenções.

Nosso principal meio de resistência foi a "instalação", como dizíamos, único modo de nos comunicarmos uns com os outros e que sem dúvida nos salvou a vida.

Raouf conseguiu abrir uma lajota debaixo da sua cama, servindo-se de uma colher e de uma faca. Escondeu aí nosso precioso rádio, enrolado em uns trapos velhos para protegê-lo da umidade. De noite, tirava o rádio, ouvia, sentia-se menos sozinho. Depois teve a ideia de utilizar os cinco ou seis alto-falantes e fios elétricos que tínhamos salvo das caixas de som do aparelho, para fazer uma rede de transmissão, de cela a cela.

Como condutor, as barras metálicas dos estrados quebraram o galho. Todas as noites as meninas e eu as tirávamos de nossas camas e as prendíamos umas às outras pelas pontas. Elas tinham de chegar à cela de Raouf, passando pela de Achoura e Halima, por buracos abertos rente ao chão, nas paredes. Mas, mesmo ligadas ponta a ponta, seu comprimento não era suficiente, e o dispositivo parava no meio do caminho.

Raouf teve a ideia de acrescentar o fio elétrico das caixas de som e ligá-lo ao alto-falante que ele possuía. Fiz a mesma coisa do meu lado, usando uns arames finos tirados da grade dupla que passava acima da porta blindada de nossa cela. Nós os prendíamos nos polos positivos e negativos de nossos alto-falantes. Tínhamos de estar sempre trocando esses arames, que se quebravam, mas o som era transmitido razoavelmente bem.

Quando Raouf achava um programa interessante, ele o passava para nós ligando os alto-falantes. E eu o transmitia para mamãe e Abdellatif. Para me comunicar diretamente com eles, utilizava um pedaço de mangueira de jardim que roubara no pátio, aproveitando um momento de distração dos guardas. Fiz com ela um "telefone" que atravessava nossa parede contígua. De dia, eu o escondia na cama de Mimi. Os guardas não ousavam revistá-la por causa das suas crises de epilepsia, que aterrorizavam aquelas almas toscas. Eles achavam que ela estava possuída pelos *djinns*.

Com esses meios limitados, mas eficazes, podíamos nos comunicar a noite inteira. Era um efeito mágico quando as vozes de José Artur ou de Gonzague Saint-Bris atravessavam as paredes para nos fazer companhia, como se eles estivessem ao nosso lado. Ficávamos encantados. Mais tarde eu contaria todas as noites uma história pelo mesmo meio.

Posteriormente, aperfeiçoei o invento. Abandonei as barras do estrado, pesadas demais, difíceis de manipular, trocando-as por umas varetas metálicas tiradas de nossas malas. Mas o princípio era o mesmo.

À noite, assim que os guardas ligavam o gerador, aproveitávamos o ruído para montar nossa "instalação". Tirar as barras dos estrados, depois passá-las de cela em cela fazia um barulhão danado. Mas para nossa grande satisfação, e era a única naquele universo de pesadelo, eles nunca descobriram nosso sistema de comunicação. Nossos alto-falantes estavam sempre escondidos entre nossas coxas.

No fim das contas, só um deles, o que guardei comigo, resistiu à umidade. Este era sagrado. Era a sobrevivência de Raouf, o único meio que tínhamos de manter contato.

Descalços, em andrajos, tiritávamos de frio no inverno e sufocávamos de calor no verão. Não tínhamos mais enfermeiro nem medicamentos, e tampouco relógios, livros, papel, lápis, discos ou brinquedos para as crianças. Precisávamos suplicar, mendigar, para obter, de quando em quando, alguns favores dos carcereiros: uma caneta, que economizávamos preciosamente, pilhas para o rádio, que fazíamos durar meses e que havíamos conseguido por meio de um velhote que conhecera um dos meus tios, alcaide da sua região.

Nosso tempo era marcado pelos guardas. Eles entravam em nossas celas três vezes por dia: de manhã e de noite, para nos trazer as bandejas com a comida, e ao meio-dia, com o pão. Por volta das oito e meia, davam o café da manhã, preparado por Achoura em seu quintalzinho. Era um café misturado com purê de grão-de-bico, tão ralo que parecia água quente. Primeiro ouvíamos seus coturnos martelando no pátio, depois o odioso tilintar do molho de chaves. A chegada deles nos aterrorizava, sempre tínhamos algo que pudesse ser recriminado: o rádio, as pilhas, a instalação ou os buracos nas paredes...

Quando abriam minha porta ao mesmo tempo que a de mamãe, e como nossas celas formavam um ângulo reto, nós duas dávamos um jeito de nos colocar no mesmo eixo de modo que pudéssemos nos entrever fugidiamente. Tínhamos o tempo todo ideias como essa. Ao meio-dia, ouvíamos os apitos que anunciavam a chegada do caminhão de pão; depois, lá pelas sete e meia, eles voltavam, abriam as portas, deixavam as bandejas.

Nunca nos davam sossego, nunca podíamos esquecer que estávamos trancados naquelas celas miseráveis. Éramos vigiados hora após hora, noite e dia. Quando nos pendurávamos nas grades para enxergar um pouco o céu, só víamos seus olhares vindos dos mirantes, espiando-nos sem cessar, até mesmo através das paredes.

Nos primeiros meses, criamos um arremedo de horário de atividades. De manhã, eu jogava vôlei com minhas irmãs na "sala de esportes": tínhamos confeccionado uma bola de trapo. Dependendo do estado de espírito, seguia-se uma sessão de ginástica, com abdominais e exercícios localizados para as nádegas, depois íamos para a "ducha", esgotadas, suando em bicas. Enquanto crescia, Soukaïna tinha uma tendência a engordar. Eu racionava sua comida, obrigava-a a praticar esportes para que ela não se desleixasse.

Mais tarde, abandonamos os exercícios físicos. O corpo não respondia mais. Nós nos distanciamos de tudo.

Os dias eram intermináveis. Nosso inimigo principal era o tempo. Enxergávamos o tempo, sentíamos o tempo, ele era palpável, monstruoso, ameaçador. O mais difícil era domesticá-lo. De dia, bastava uma brisa mais suave entrar pela janela para nos lembrarmos de que ele se ria de nós e que estávamos emparedados.

Os crepúsculos do verão me traziam à memória a doçura dos dias de outrora, de um fim de tarde na praia, a hora do aperitivo, os risos dos amigos, o cheiro do mar, o gosto do sal na pele bronzeada. Eu rememorava o pouco que havia vivido.

Não fazíamos mais quase nada. Acompanhar a corrida de uma barata de um buraco na parede a outro. Cochilar. Esvaziar a cabeça. O céu mudava de cor e o dia chegava ao fim. A semana passava como um dia, os meses como semanas, os anos não significavam nada. E eu me consumia. Aprendia a morrer por dentro. Muitas vezes tive a impressão de viver num buraco negro, rodeada pela escuridão. Como se eu fosse uma bola que caísse interminavelmente num poço e que — pong, pong, pong — fosse ricocheteando nas paredes.

O silêncio nos sepultava pouco a pouco. Era perturbado somente pelos passos dos *muhazzins*, seus apitos, o tilintar de suas chaves, o canto dos passarinhos, o zurro de um burro que batizamos de Cornélio, lá pelas quatro da madrugada, ou o farfalhar das palmeiras ao vento. No resto do dia não se ouvia nada. Esquecíamos pouco a pouco o zum-zum da cidade, os murmúrios das conversas nos cafés, a campainha do telefone, as buzinas, todos esses ruídos familiares que a vida cotidiana traz consigo e que nos faziam tanta falta.

De todos nós, Mimi era quem tinha melhor controle das horas. Ela se baseava nos raios do sol que se filtravam através da nossa minúscula janela. Quando lhe perguntávamos a hora, a qualquer momento do dia, ela tirava a cabeça de sob o cobertor e dizia:

"Três e dez, quatro e quinze."

Nunca se enganava.

Recebíamos um pequeno pacote de sabão em pó por mês, com o qual tínhamos de nos lavar, lavar nossas roupas e nossa louça. Para os dentes, utilizávamos sal. Certa vez, tivemos a ideia genial de escová-los com terra, como às vezes fazíamos com os pratos. Na manhã em que Abdellatif acordou com a boca inchada e roxa, a língua cheia de pontos brancos, paramos.

Quando os guardas abriam minha cela, eu corria para a torneira que ficava em frente à porta, na parede, para lavar os cabelos com o sabão em pó. Fazia bastante espuma. Os *muhazzins* estavam convencidos de que devíamos nossos cabelos lisos a esse tratamento.

Conversavam entre si:

"Que bonito cabelo ela tem. Eu também experimentei o sabão em pó, mas não adiantou."

Usar o sabão em pó como xampu acabou nos valendo principalmente eczemas e uma calvície coletiva...

Usávamos sempre as mesmas roupas, que chamávamos de "traje de combate". Mamãe reutilizava os tecidos de nossas roupas velhas e das capas que cobriam os colchões de espuma. Confeccionava com eles calças com elástico na cintura.

Como que de propósito, nós sete menstruávamos ao mesmo tempo. Não tínhamos algodão nem absorventes; usávamos pedaços de toalha de banho, cortadas e recortadas até acabar. Tínhamos de lavar esses panos, passá-los a Halima, que os punha junto do fogo, e esperar de pernas abertas que acabassem de secar para poder utilizá-los de novo.

Essa falta de intimidade era uma tortura. Vivíamos diante do olhar dos outros: tomar banho, ir ao banheiro, gemer de febre ou de dor eram atos compartilhados. Só de noite, debaixo dos cobertores, é que podíamos chorar à vontade, sem que nos ouvissem.

Apesar de tudo, reinava entre nós um bom entendimento. Não havia brigas, salvo, às vezes, entre as meninas, mas eu ficava sempre de olho. Como mamãe não estava conosco, eu tinha me tornado mãe delas. Eu é que as educava, que lhes inculcava bons modos e respeito ao próximo.

Mesmo na prisão, mesmo em Bir-Jdid, mesmo no presídio, eu não admitia nenhum relaxamento. Tínhamos de nos comportar direito à mesa, mastigar delicadamente, dizer "obrigada", "por favor", "desculpe", lavar as mãos antes de comer. Nós nos lavávamos todos os dias meticulosamente, sobretudo nos dias de menstruação — apesar da água gelada e salobra que nos davam, inclusive em pleno inverno, cujo contato nos fazia gritar e coloria nossa carne de vermelho-vivo.

Minha educação no Palácio era parte inseparável de mim. Quando Raouf queria zombar de mim, adotava o sotaque teutônico da governanta Rieffel. Mas eu não ligava. Claro, o espírito devia prevalecer sobre o corpo, o que nos permitia suportar tudo ou quase tudo, mas eu insistia para que nós nos tratássemos sem descuido, para não perdermos nossa humanidade.

Volta e meia eu tinha um acesso de vaidade. Queria retardar o envelhecimento do meu rosto. Mamãe tinha me ensinado o segredo de beleza das mulheres berberes: elas faziam uma máscara à base de tâmaras cozidas no vapor e reduzidas a purê, que aplicavam no rosto. Recebíamos algumas tâmaras durante o período do ramadã. Eu as ralava e fazia uma pasta, que deixava a noite toda no rosto. Resultado: os camundongos se esbaldavam e minha pele não melhorava nem um pouco...

Cortávamos o cabelo com umas tesourinhas que mamãe teve o direito de conservar para cortar nossas roupas. Raouf não tinha barba, o que o preocupava muito, tanto mais que sempre zombávamos dele e de seus três pelos no queixo.

Mas, no fim, ele acabou conseguindo cultivar um cavanhaque; afirmava que o dia em que fizesse a barba assinalaria o fim da nossa prisão.

Essa predição, lançada ao acaso, revelou-se exata. Certa manhã ele pediu a nossos carcereiros que o barbeassem, jogando com a virilidade, o ponto fraco deles.

"Sou um homem, não posso ficar assim", argumentou.

Eles o levaram ao pátio e cortaram seu cavanhaque.

Um mês depois, escapávamos.

A FOME

A fome humilha, a fome avilta. A fome faz esquecer família, amigos, valores. A fome nos transforma em monstros.

Vivíamos com fome.

A cada quinze dias, os *muhazzins* levavam os mantimentos para a cela de Achoura, que cozinhava para nós todos. Ela os passava para mim por um buraco minúsculo que tínhamos cavado entre nossas celas. Tinha de se virar com o que lhe davam para alimentar nove pessoas até a provisão seguinte. E o que lhe davam era bem pouco.

Nunca havia leite, nem manteiga, nem frutas, só algumas tâmaras encarquilhadas e de vez em quando umas laranjas passadas. Legumes apodrecidos, duas xícaras de farinha, uma de grão-de-bico e uma de lentilha, doze ovos podres, um pedaço de carne estragada, alguns torrões de açúcar, um litro de azeite por mês e um pacotinho de sabão em pó: eis toda a nossa ração. Nem pensar em jogar fora o que quer que fosse. No entanto...

Nunca tinha visto legumes num estado daqueles e, principalmente, nunca pude imaginar que fosse possível comê-los. As cenouras eram verdes, com uma raiz grossa e comprida. Com as berinjelas esverdeadas e espumantes, Achoura preparava um prato que as crianças apelidaram de "*tajine* japonês". As lentilhas eram infestadas de bichos que flutuavam na água.

De tanto cozinhar e recozinhar cada alimento, conseguíamos esquecer seu gosto e seu aspecto, e atenuar sua consistência. Pior, brigávamos para ter mais. Nossos problemas digestivos não eram nada em comparação com os outros males de que sofríamos sem parar. Havíamos nos acostumado à falta de higiene. Como bebida, tínhamos água à vontade; mas ela era salobra, e por isso não matava nossa sede.

Percebi que Achoura e Halima haviam organizado um pequeno mercado negro com a comida, trocando açúcar ou pão com as outras celas. Eu contava e tornava a contar cada grão-de-bico, mas sempre faltava alguma coisa. Elas me diziam:

"Foram os ratos, foram os camundongos, apodreceu..."

Mas eu não acreditava.

Resolvi me encarregar das reservas. Assim que as provisões chegavam à cela delas, eu fazia uma lista e as confiscava. Guardava tudo o que nos davam numa pequena cela contígua à nossa, dentro de uma despensa improvisada debaixo das lajotas. O pão era escondido numa mala. Eu queria fazer o máximo possível de economia, para aguentar até o próximo fornecimento.

Precisávamos todos os dias de um torrão de açúcar para nosso café da manhã e um lanche às onze para os meninos, principalmente para Abdellatif, que, em fase de crescimento, era o mais obcecado de todos pela comida. Nós, mulheres, comíamos pouco: depois do café da manhã, esperávamos os legumes do jantar. No verão, não sofríamos muito com a fome, fazia calor demais, e afinal estávamos acostumadas àquele regime de privações. No inverno, nosso estômago protestava vigorosamente, mas fingíamos não ouvi-lo.

De noite, eu dava a Achoura ingredientes para um *tajine*, que ela cozinhava no fogareiro e depois dividia em nove. A mesma cena se repetia invariavelmente — a melhor *cordon-bleu* da casa Oufkir soluçava contra a parede:

"Mas, Kika, como você quer que eu alimente todo mundo com tão pouco?"

Suas lágrimas não me comoviam. Eu era implacável. Se quiséssemos aguentar o mês inteiro, era preciso haver uma boa administração.

Na primavera, comíamos uma erva selvagem, uma espécie de dente-de-leão que Halima ia colher no pátio e que eu cozia na água. Acrescentava alho, um pouco de azeite e recheava com isso os sanduíches.

Inventei receitas para a escassez. No inverno, torrava um copinho de farinha, outro de sêmola de trigo, outro de grão-de-bico moído, juntava tudo numa panela com um litro de água, açúcar, três colheres de azeite, e distribuía a mistura em copos. Reutilizávamos sem parar a borra do café repugnante da manhã. Um raminho de hortelã passava e tornava a passar dias inteiros nas xícaras de água quente para nos dar a ilusão de chá.

A cada dois dias, os guardas nos traziam o pão em caixas de papelão. Eu jogava imediatamente os pães no chão e Soukaïna e eu levantávamos as bordas dobradas da caixa. Tirávamos num tempo recorde a película de papel que as cobria. Ela nos servia para anotar as histórias que eu contava. Esse papel era tão precioso para nós quanto a comida.

Um dia, quando estava ocupada tirando o papel, vi as três meninas lambendo no chão as migalhas que caíam da caixa. A partir de então, instaurei uma regra. Em vez de brigar como vira-latas, elas teriam direito, cada uma num dia, à sua "vez" de comer as migalhas.

Nunca soubemos, em Bir-Jdid, o que era um ovo normal. A casca era verde e saía de dentro um líquido preto nojento, de cheiro nauseante. Eu os quebrava, punha para arejar de noite e, de manhã, batia com açúcar. Embebia pedaços de pão com esse preparado e fritava no azeite.

Assim que o cheiro começava a se difundir, gritos de alegria subiam de cela em cela. Era uma festa. Essa rabanada matava a fome, era consistente, enchia nosso estômago e não era tão ruim assim.

Tínhamos nos tornado especialistas na arte de aproveitar tudo. Comíamos até pão sujo de urina e dejetos de camundongos, que pululavam na cela. Ainda agora posso ver Mimi, sentada na cama, afastando delicadamente, com gestos de duquesa, os cocozinhos pretos salpicados no miolo antes de levar o pedaço de pão à boca. Todas as nossas reservas estavam contaminadas pelos roedores.

Para melhorar nossa ração, catávamos os figos que caíam das árvores do pátio. No primeiro ano, quando ainda podíamos sair, armazenávamos a maior quantidade possível. Achoura preparava saladas de frutas que nos saciavam. Depois que todos fomos enclausurados, Halima passou a catá-los sozinha.

Quando os guardas perceberam que aqueles figos nos faziam bem, combinaram de derrubá-los da árvore antes de entrar em nossas celas e comê-los diante de nós. Então, passamos a dispor apenas das frutas podres ou secas e, assim mesmo, ficávamos muito felizes por poder comê-las.

A fome muitas vezes nos fazia perder a compostura. Era tão violenta que chegávamos a lançar olhares esganados para quem ainda não tinha terminado sua magra porção. Somente as regras rigorosas de convívio que eu inculcara nos impediam de brigar.

Tínhamos fantasias com um pedaço de carne, salivávamos quando o vento nos trazia o cheiro do *tajine* dos guardas. Nessas ocasiões ficávamos agitados como cães famintos.

Dia e noite, sonhávamos com comida e nos sentíamos humilhados por termos caído tão baixo.

Mimi, a mais frágil dentre nós, não hesitava em roubar às escondidas algumas favas que mascava o dia inteiro, com a cabeça debaixo da coberta. Nós a apelidamos de "Mimi padeiro" porque ela adorava farinha e pão. Quando brincávamos de "você tem quarenta e oito horas de liberdade, pode fazer o que quiser", nosso jogo favorito, ela respondia invariavelmente:

"Paro na frente de uma padaria, entupo-me de pão e levo toneladas de doces."

Raouf tinha a intenção de transar com todas as mulheres que passassem. Eu queria assaltar uma livraria e comprar mais livros do que seria capaz de carregar. Acrescentava suspirando:

"Fazer amor com um homem qualquer, para saber como é."

As crianças sonhavam com brinquedos.

Em nossa família, o Natal sempre foi uma festa sagrada. Mesmo no Palácio, apesar do islã em vigor, Natal era Natal. Os racionamentos não nos impediam de festejá-lo dignamente, assim como os aniversários. Nós os preparávamos com meses de antecedência, economizando para fazer um bolo. Limitávamos as porções, dávamos sumiço nos ovos, no açúcar, nos privávamos de tudo. Mas no dia da festa tínhamos nosso bolo, que os guardas passavam sem saber de cela em cela, porque camuflávamos os pedaços sob os nossos trapos.

Alguns dias antes de 24 de dezembro, Achoura e Halima enfiavam o tubo de gás pelo buraco aberto sob nossa parede comum. Eu o ligava a meu pequeno botijão. Era assim que fazíamos dois enormes bolos de Natal, com grão-de-bico frito, farinha, ovos, óleo, café e açúcar. Éramos organizadíssimas: dividíamos o trabalho entre nós e passávamos os preparativos, bolos, creme de baunilha e chocolate de imitação, da cela de Achoura e Halima à nossa. Geladeira não nos fazia falta: o frio era tanto que eu punha os bolos de sorvete para gelar do lado fora. E nos deliciávamos a ponto de brigar pelos últimos pedaços.

O Natal não teria sido tão festivo sem brinquedos. Nós os confeccionávamos para Abdellatif com pedaços de papelão que arranjávamos sempre que podíamos. Um ano, construímos um porta-aviões com caças, tanques, caminhões Mercedes, carros Volkswagen amarelos com calotas de papel prateado. Na época eu era capaz de fazer qualquer coisa com um pedaço de papelão. Hoje, sou totalmente incapaz.

Todos os anos eu escrevia para o caçula uma carta em que

falsificava minha letra. Dizíamos que Papai Noel tinha deixado só para ele. Acreditou nisso até os catorze anos.

Halima pegava no pátio um pouco de terra com que mamãe desenhava pegadas no chão da cela.

Abdellatif era então a criança mais feliz do mundo, e isso nos reconfortava.

SHERAZADE

Na falta de livros, de cadernos, de papel, parei de dar aulas. Mas as meninas tinham curiosidade de conhecer a vida. Elas me perguntavam se eu já havia namorado, como se beijava um rapaz na boca, o que a gente sentia quando nos acariciavam os seios. Eu lhes respondia da melhor forma que podia, baseando-me em minha reduzida experiência pessoal e nas minhas leituras.

Abdellatif era ávido de aprender; mamãe tinha necessidade de falar; Raouf, o mais isolado de nós todos, aproveitava a "instalação" para se abrir; Achoura e Halima estavam deprimidas.

Eu ouvia, consolava, aconselhava, ensinava, contava. Era uma verdadeira cascata de palavras. No fim do dia, sentia-me esgotada por ter lhes dado tanto da minha energia. Mas como me furtar a isso, se eles eram a minha razão de ser?

Tive então uma ideia e tanto. Eu ia lhes contar uma História. Falaria da vida, do amor, transmitiria aos mais moços minha magra experiência; eu os faria viajar, sonhar, rir e chorar. Ensinaria história e geografia, ciências e literatura. Dividiria com eles tudo o que sabia e, quanto ao resto, bem, improvisaria...

Não era uma coisa simples. Precisava levar em conta as diferentes idades para poder interessar a todos. Aos vinte anos, Raouf tinha preocupações, fantasias bem diferentes das que tinham as três meninas ou o pequenino Abdellatif. Sem falar de mamãe, Achoura e Halima, com suas próprias preocupações. Mas a ideia agradou de tal modo a todos que a pusemos imediatamente em prática.

Assim que o gerador era ligado, passávamos a "instalação"

de cela a cela. Uma hora depois o barulho infernal parava, e, na escuridão, eu podia começar minha História.

Fiz isso noite após noite, onze anos a fio, como Sherazade.

No início, contava até as três da manhã, depois até as quatro. No fim parava por volta das oito, quando os guardas vinham nos acordar. Eu tinha reinventado a novela de rádio. Era só eu pegar meu microfone, me instalar, e pronto.

Bastava eu fazer um primeiro esboço, pronunciar seus nomes, para que os personagens tomassem forma. Houve ao todo cento e cinquenta, todos diferentes, todos apaixonantes. Primeiro descrevia a aparência física, depois o caráter, o itinerário, o destino dos personagens. Em seguida inventava um passado, uma genealogia, uma família, porque as crianças queriam saber tudo sobre eles.

A História se desenrolava na Rússia, no século XIX, sem que eu soubesse direito por quê. Não tinha visto nenhum filme nem lido nenhum livro sobre o tema, a não ser *Doutor Jivago*, cujo enredo transcorre um pouco mais tarde. Eu descrevia os palácios de São Petersburgo como se tivesse vivido neles, contava os ataques dos cossacos, os passeios de trenó pelo Volga gelado, os aristocratas e os mujiques. Eu era ao mesmo tempo romancista, roteirista, diretora e atriz. Criando todos esses personagens, levava ao extremo minhas emoções, minhas fantasias, meus desejos e meus delírios.

Dessa forma, por procuração, vivi o adultério, a homossexualidade, a traição, o grande amor. Fui perversa, tímida, generosa, cruel, fatal. Fui sucessivamente o herói, a heroína, o traidor.

Perturbava-me notar minha onipotência sobre os outros. A História era tão real para eles que eu podia manipulá-los, influenciá-los a meu bel-prazer. Quando sentia que eles estavam mal, eu punha tudo nos eixos com algumas frases. A História fazia parte de nosso cotidiano a ponto de provocar paixões, discussões. Um clã era a favor de um personagem, outro contra. Conversavam sobre eles durante o dia.

"Você acha que Natacha vai se safar dessa?", perguntava Soukaïna.

"Claro que não", respondia Raouf. "Não acho que a Rússia vá declarar guerra..."

A História se chamava *Os flocos negros*. O herói era um jovem príncipe, Andrei Ulianov, que vivia na Rússia no tempo dos czares. Bonito, moço, riquíssimo, era também perverso e diabólico e só pensava em espalhar o mal à sua volta. Tinha perdido os pais ainda criança, sua mãe morrera no parto e seu pai se matara. A única pessoa da família que lhe restava era sua avó, de quem herdara a extrema beleza.

Ulianov vivia num imenso palácio, rodeado de milhares de acres de terra. Possuía mil mujiques. Sua única paixão era cavalgar. Sua avó queria apresentá-lo à corte, mas ele se recusava energicamente. Preferia galopar em sua propriedade ao pôr do sol. Quando o viam chegar, todos se escondiam. Era tão ruim que imaginava mil brincadeiras de mau gosto pelo simples prazer de ver os outros sofrerem.

Uma noite, caiu do cavalo. Seu primeiro reflexo foi olhar em volta para ver se alguém testemunhara sua humilhação. Não era ele um dos maiores cavaleiros do reino? Ao se levantar, percebeu um objeto brilhando na poeira. Tateando, encontrou uns amuletos. Pegou-os e montou de novo.

Voltando para casa, exigiu conhecer o dono dos amuletos, sob pena de massacrar todos os seus mujiques. Seu administrador foi à casa do velho Ivan, um patriarca de comprida barba branca, para pedir que o ajudasse. O velho Ivan empalideceu. Os amuletos pertenciam à sua neta, Natacha, de catorze anos. O administrador pediu que a chamasse, mas a mocinha havia fugido.

Passeando a cavalo no dia seguinte, Andrei Ulianov foi atraído por umas risadas. Escondeu-se atrás de uma moita e avistou Natacha e seu namorado, Nikita, que tomavam banhos nus no lago. Natacha era deslumbrante, tão morena quanto Nikita era louro. Ela dançava para ele. Quando os dois o viram ficaram assustados e saíram correndo. Ulianov perseguiu-os a cavalo. Atirou em Nikita, que desapareceu no pântano. Pegou Natacha, violentou-a e levou-a à força para casa.

Dois dias depois, Nicolau Barinsky, filho do governador de Moscou, foi ter com ele. Revelou que Andrei teria de ir para o exército. Barinsky estava acompanhado de uns amigos, entre eles um tal de Brejinsky, que precisava fugir. Tinham encontrado panfletos na casa dele. Andrei aceitou ajudar Brejinsky. Emprestou-lhe um cavalo e o fez passar pelo pântano. Pela primeira vez na vida, via-se envolvido num ato de revolta contra o poder, mas ainda não avaliava todas as consequências disso.

O primeiro capítulo começava assim. Todas as noites eu acrescentava novos personagens, fazia-os cruzarem-se, refinava as descrições, preparava efeitos, alternando peripécias e reviravoltas inesperadas. Conseguia assim prender a atenção de todos.

Hoje, eu seria incapaz de contar tal história com tamanha precisão e tantos detalhes. Não sei como ela pôde sair da minha imaginação durante aqueles onze anos, sem que nunca cansasse, nem a mim, nem a meu auditório.

Muitas vezes, um fio da instalação quebrava no meio da noite. Para nos fazer saber que o som fora cortado, Raouf assobiava sem parar. Empolgada com meu relato, eu não ouvia, mas uma das meninas se encarregava de me avisar. Então cada um consertava do seu lado, e os assobios de Raouf só paravam quando ele me ouvia de novo. Esses incidentes podiam se repetir várias vezes na mesma noite, a ponto de os guardas perguntarem uma vez a Raouf por que ele assobiava tanto.

Pego de surpresa, meu irmão explicou que era o único jeito de afugentar os ratos e camundongos que infestavam a prisão. Os guardas arregalaram os olhos. Raouf fitou-os com um ar de superioridade.

"Como, vocês não sabiam? Todo mundo sabe! É o único jeito de assustá-los, garanto."

Os guardas estavam sempre se espantando com nossa esperteza e nosso conhecimento. Eles nos maltratavam, mas também nos admiravam. Eles nos respeitavam por nossa capacidade de compreender as situações e nos adaptar a elas. Acreditaram no que meu irmão dizia.

Daí em diante, sempre que Raouf assobiava, seus assobios eram repetidos em eco. Ficávamos divididas entre rir da burrice deles — coisa de que não nos privávamos — e a angústia por nos sentir tão vigiados que nenhum movimento nosso era capaz de lhes escapar.

Depois, tomando gosto pela coisa, contei outras histórias. A Rússia dos czares, mas também a Polônia, a Suécia, a Suíça, o Império Austro-Húngaro, a Alemanha, os Estados Unidos da guerra da Secessão, Luís II da Baviera ou Sissi povoavam nosso imaginário. Cheguei a escrever um romance, uma correspondência entre uma avó e sua neta, à maneira das *Ligações perigosas*. Soukaïna anotava tudo, até desenhou a capa.

Guardei um vestígio dessa História. Eu a escrevia de dia em nossas películas de papel. Infelizmente, durante nossa fuga, todos os meus cadernos foram destruídos por um amigo a quem eu os havia confiado e que ficou com medo de se comprometer.

Agora, raramente evocamos a prisão entre nós, mas a História não perdeu nada da sua magia. Quando um de nós menciona um dos seus personagens, os rostos se iluminam. É a melhor lembrança desse período pavoroso.

Creio de fato, humildemente, que essa História salvou todos nós. Ela nos permitiu ritmar o tempo. Pelo rádio, sabíamos as datas, mas não tínhamos outras referências, além do Natal e dos aniversários. Então, nossos personagens as tinham por nós: eles noivavam, se casavam, nasciam, morriam, ficavam doentes.

Comentávamos:

"Lembra? Fez um calorão no dia em que Natacha encontrou o príncipe..."

Ou então:

"Não, você está enganada, eu não estava com febre no dia em que o neto de Andrei nasceu, foi no dia em que ele virou czar..."

Graças a ela, graças a eles, não soçobramos na loucura. Quando eu descrevia em detalhe os trajes de gala, os vestidos cobertos de pérolas, as rendas, os tafetás, as joias, as carruagens, os oficiais garbosos e as belas condessas que valsavam ao som das orquestras do czar, esquecíamos as pulgas, os absorventes, o frio, a fome, a sujeira, a água salobra, o tifo e a disenteria.

AS DOENÇAS E OS FLAGELOS

Poderíamos ter morrido vinte vezes, mas sempre escapamos ilesos das numerosas doenças contraídas na prisão. Éramos protegidos por um deus misterioso que, se não nos poupava das mais terríveis provações, tinha o firme propósito de nos salvar a vida.

Certas doenças foram gravíssimas: febres tremendas, infecções, diarreias e vírus desconhecidos. Outras eram menos ferozes: anginas e bronquites, dores de cabeça ou de dente, hemorroidas, reumatismo. Mesmo assim eram dolorosas, porque não tínhamos nenhum remédio à nossa disposição. Eu tratava tudo com azeite.

Maria teve uma anorexia séria. Tinha febres e suores tão violentos que ficava o dia inteiro de cama. Eu era obrigada a lavá-la e enxugá-la quatro ou cinco vezes por dia. Depois aplicava no plexo uma latinha de leite em pó com água que Achoura esquentava. Era o remédio soberano para todas as nossas crises de angústia.

De todos nós, Mimi foi a que mais padeceu. Suas crises de epilepsia a deixavam esgotada. Teve uma depressão séria depois que foi brutalmente privada de seus calmantes. Ficou deitada na cama quase sem se levantar por oito anos. Tínhamos de obrigá-la a se lavar.

A pobre Mimi também teve hemorroidas, tantas e tão grandes que perdia diariamente litros de sangue pelas feridas. Todos os dias eu as lavava com água e sabão para evitar que supurassem demais, o que a fazia pular de dor. Impossível, nessas condições, ir ao banheiro. Aliás, ela não comia mais nada.

No fim, Mimi não tinha mais saúde alguma. Sua vida estava

por um fio. Sem comida, perdendo sangue, ela sofria de anemia. Mas permanecia estoica. Ninguém a ouvia queixar-se. Eu suplicava a Borro que chamasse um médico, mas em vão. Suas gengivas estavam brancas, sua cor terrosa, não tinha mais unhas. Estava morrendo diante de nós e não podíamos fazer nada.

Além das doenças, também precisávamos enfrentar hóspedes indesejáveis, muitas vezes portadores de infecções. Durante uma época de chuvas intermináveis, milhares de rãs apareceram. Catamos quilos delas, em baldes, e demos para Abdellatif brincar. Elas o distraíram por um bom tempo.

Depois foram as baratas. Grandes, pretas, brilhantes. De noite eu não dormia, sofria o tempo todo das articulações. Deitada no escuro, eu as sentia correr em cima de mim, suas longas antenas roçando minha pele.

Nossas celas ficavam debaixo de uma caixa-d'água; das paredes a água escorria mesmo no verão. Os mosquitos se fartavam. O teto vivia coberto deles e, de noite, mergulhavam sobre nós com um barulho de avião a jato. Organizávamos concursos: um ovo para quem matasse mais mosquitos durante a semana. Maria era campeã nesse massacre de brincadeira.

Toda primavera, as andorinhas se instalavam na mureta diante da nossa cela. No começo, ficávamos encantadas com sua presença, que nos distraía da monotonia habitual. Por duas semanas, observávamos seus hábitos. O mesmo casal voltou onze anos seguidos. Elas construíam seu ninho, copulavam, depois a fêmea punha os ovos.

Cada etapa era pontuada por nossos comentários, principalmente no momento do acasalamento. Elas não se contentavam em fazê-lo uma só vez. O dia todo ouvíamos "ti ti ti", o que significava que o macho estava em ação.

Mas as andorinhas também traziam pulgas, que nos mordiam cruelmente. Elas nos atacavam nas axilas e entre as pernas. Nós nos coçávamos até sangrar; a dor era insuportável.

Passados uns dias, nossos sexos ficavam tão inchados que

pendiam sobre as coxas. Como sempre, zombávamos de nossas desgraças. Dávamos a notícia para as celas vizinhas:

"Pronto, as quatro meninas agora têm colhões."

Os camundongos eram mais simpáticos. Pequenos, rápidos, esgueiravam-se por toda parte, saíam à noite de seus buracos, subiam em nossas camas. Nós os suportávamos melhor do que os ratos que invadiram nossas celas, apesar das armadilhas e dos venenos, na época da grande seca. Adotamos um camundongo que apelidamos de Bénévent, o título principesco de Talleyrand, porque, como ele, tinha uma perna mais curta que a outra. Bénévent morreu de tanto ser alimentado, um absurdo, já que passávamos fome.

Esses camundongos, como eu disse, atacavam nossas reservas de comida. Roíam tudo o que encontravam e, ainda por cima, faziam suas necessidades nelas. Eu tinha uma *djellaba* de lã grossa cor de ameixa, que deixava pendurada num prego atrás da porta na época da seca. No começo de um inverno, fui pegá-la, como costumava fazer. Só restava a passamanaria que enfeitava a gola, a parte da frente e as bainhas. Os camundongos haviam devorado o resto, como faziam com tudo o que lhes chegava aos dentes.

Por alguns meses, um cheiro nauseabundo emanava da cela. De nada adiantava eu me lavar, lavar minhas roupas, olhar pela cela toda: não descobria a causa. As meninas me ajudaram a revistar meu colchão. Uma camundonga e seus filhotes tinham se instalado nele para ter um pouco de calor. Deitando-me, eu os havia esmagado. Retiramos seus cadáveres ressecados. O fedor era insuportável.

Também devo mencionar os grilos, cujo canto perfurava nossos tímpanos, e que apareciam em todo lugar mal começava a fazer calor. Sem esquecer a agradável companhia dos escorpiões que corriam por toda parte.

Dos nossos hóspedes indesejáveis, os ratos eram os que nos inspiravam mais nojo e medo. De noite, eles esperavam que o gerador fosse desligado para vir nos visitar. Encolhidas em nossas camas, geladas de terror, nós os esperávamos angustiadas, o que não nos impedia de comentar às gargalhadas a chegada deles. Vinham em hordas — tum, tum, tum — e passavam por baixo da porta blindada brigando um com outro, o que os tornava ainda mais agressivos. A corrida deles rompia o silêncio. Subiam em nossas camas sem nos morder, mas corriam por nossos corpos transidos de medo.

Eles se tornaram realmente belicosos quando os guardas começaram a pôr armadilhas. A seca os havia deixado famintos. Agora entravam em nossa cela até de dia, procurando comida.

Uma das fêmeas, bem gorda, vinha sempre acompanhada de dois ratões aparentemente cobertos de pulgas transmissoras da peste. Quis verificar. Com ajuda das meninas, encurralei um dos ratões contra a parede e espetei-o com uma vareta. Milhões de pulgas vermelhas invadiram a cela. O chão ficou coalhado delas, o que me deixou completamente enojada.

Resolvi passar ao ataque. Encurralei um antes de fechar a porta para os outros e o persegui com minha vara. O medo e a raiva o fizeram triplicar de volume, ele parecia uma fera com seus pelos em pé. Encarava-me, ameaçador, pronto para pular em mim. Eu não enxergava nada além de seus dentes arreganhados.

Para me tranquilizar, dizia para mim mesma:

"É só um rato."

Quando ele pressentiu que eu ia atacá-lo para valer, subiu rapidamente no canto da parede, foi até em cima e pulou sobre a minha cabeça. Berrei com todas as minhas forças. As meninas se precipitaram para me livrar das suas garras. Ataquei-o com violência, mas sua morte me causou um grande mal-estar. Eu tive a impressão de ter matado um ser humano, tão pungentes eram seus gritos.

Os ratos espaçaram suas visitas, e voltaram ao cabo de uma semana. Tínhamos nos acostumado à presença deles. Mais tarde, ela até se tornou tema de brincadeira entre nós. Quando perguntávamos as horas a Mimi:

"Daqui a pouco é hora dos ratos", ela respondia.

O HUMOR

Em Tamattaght, um dos capitães da gendarmaria, chamado Chafiq, bateu violentamente o pé numa mesa. Acreditando exprimir sua dor num francês castiço como ele nos ouvia falar, virou-se para mamãe, roxo de dor, e disse:

"Mi trupecei..."

A expressão passou a integrar nossa língua de Castores. Era assim que nós nos apelidamos, por causa do nosso desejo de ir morar no Canadá.

Um sargento que se chamava "chefe Brahim" e que apelidávamos de Cappaccico, nome de um dos nossos cozinheiros com quem se parecia, andava todo bamboleante, mãos nos bolsos. Jogava suas partes viris de um lado para o outro da calça.

Um dia, conversando, ele nos disse apontando para o crânio com o indicador:

"Está tudo aqui, toda a eletrônica sai daqui."

Dali em diante, quando falávamos de alguém inteligente, bastava olhar um para o outro fazendo o mesmo gesto, e caíamos na gargalhada.

O humor nos permitiu sobreviver, inclusive — e principalmente — nos momentos extremos. Desde a morte do meu pai, funcionamos assim entre nós, rindo do que mais nos fazia sofrer, debochando uns dos outros, em primeiro lugar de nós mesmos. Falávamos por alusões, utilizávamos uma linguagem em código, que só nós compreendíamos.

Essa cumplicidade de cada instante nos permitia ao mesmo tempo nos isolar dos guardas e estreitar nossos vínculos. Nossas frases prediletas muitas vezes não tinham nem pé nem cabeça.

Dizer, por exemplo, "Os Castores entraram em Sydney com a zagaia" significava que tínhamos tido êxito no que queríamos empreender.

Acrescentar: "r.a.t.t.t." com os lábios queria dizer que o triunfo era completo. Quando um de nós se enrolava no que contava, dizíamos que "fez Málaga", porque a viagem de avião a Málaga é cheia de turbulências. Ainda hoje, volta e meia utilizamos esses códigos para não sermos compreendidos por estranhos.

A princesa Nehza, irmã do rei, morreu em setembro de 1977 num desastre de automóvel. A notícia, ouvida no rádio, nos entristeceu, porque todos nós gostávamos muito dela. Mas nosso espírito zombeteiro prevaleceu.

"Se pelo menos eles nos deixassem sair para o velório", comentávamos entre nós, "nós nos esconderíamos entre os *talba*..."[1]

Para esses mercenários do luto, vestidos de branco, o velório também é um pretexto para comer bem nas mansões burguesas ou principescas que os contratam para essa ocasião. Então, nos imaginávamos irreconhecíveis em nossos disfarces de *talba*, escondendo em nossas *djellabas* todo o alimento que pudéssemos, para levar para a prisão.

Cada um de nós tinha um ou vários apelidos, conforme as circunstâncias. Maria era "Hailé Selassié", ou "Negus", por causa da sua extrema magreza. Raouf era "Bobino, o rei da batata frita", ou "Munch", ou ainda "Jiji Machakil", "Jiji", por causa de uma cadelinha de meu pai que ficava o tempo todo de lá para cá, como Raouf, e "Machakil", que significa, em árabe, "problemático". Nós o chamávamos assim porque estava sempre querendo calcular a quadratura do círculo...

Mimi era "Pooh", o ursinho de Walt Disney, porque estava sempre com frio, ou ainda "Mimi Padeiro", porque adorava pão. Entre nós, também a apelidávamos de "Bebeto Átomo". Esse apelido surgiu um dia em que mamãe se irritou pela centésima vez por ser tão atabalhoada.

"Que desastrada, não sabe fazer nada", disse, possessa, quando Mimi derramou mais uma vez uma tigela de comida ou o precioso prato de brasas que servia para aquecer nossas mãos.

"Mamãe, você está muito enganada", eu dizia, "ela vai ser

[1] Homens pagos pela família do defunto para velar o corpo lendo versículos do Corão.

um gênio. Quando Albert Einstein começou a fazer suas pesquisas sobre o átomo, ele também era desastrado e se queimava o tempo todo."

Mimi virou Bebeto Átomo. Bastava ela fazer algum gesto desajeitado que a gente a chamava assim, rindo.

Soukaïna não era muito receptiva ao humor. Oficialmente, nós a apelidávamos de "Charlie", e às escondidas "Bob is too fat to run fast", lembrança das aulas de inglês que eu lhe dava em Tamattaght e alusão a suas gordurinhas. Eu era "Hitler", "Mazarin", "Stalin", "Mussolini", por causa da minha autoridade e da minha mania de dirigir tudo.

Mamãe e Abdellatif eram apelidados "Wassila" e "Bourguiba",[2] fina alusão ao inseparável casal que formavam. Mamãe também era "Sigmund", pronunciado à alemã, quando queríamos brincar com suas maneira de psicologizar tudo, ou também "Tio Patinhas", para repreendê-la por sua prodigalidade insensata, quando estava privada de tudo. Achoura era "Barnabé" ou "Baby".

Obcecada por seus cabelos crespos, Halima tentava tratá-los com plantas que colhia no pátio. Para escondê-los, amarrava um lencinho na cabeça, mas não tinha jeito: duas mechas duras saíam dele, parecendo as orelhas do "Pateta". Esse apelido lhe caía bem. Enfim, entre nós, apelidávamos meu pai de "Lobo Mau" ou "Moby Dick, rei do mar", uma alusão à temporada na praia, logo antes do golpe, quando ele enfiou umas boias enormes para praticar esqui aquático. Nas únicas vezes em que nos queixamos da ação que era a causa de agora estarmos presos, sempre o fizemos de modo zombeteiro.

"Moby Dick devia ter se afogado naquele dia. Não estaríamos aqui... E ele teria recebido grandiosas honras fúnebres."

[2] Wassila Ben Ammar era a segunda esposa do presidente da Tunísia, Habib Bourguiba.

Graças a nosso pequeno rádio de pilha, sabíamos o que acontecia lá fora. Raouf, que escutava rádio o dia inteiro, nos dava as notícias sobre o mundo. Ele passava horas nos contando tudo. Com a "instalação", captávamos todos os programas interessantes, as informações políticas marroquinas e francesas. Ouvíamos RFI, France Inter, Europe 1.

Eu não perdia por nada do mundo a *Radioscopie* de Jacques Chancel nem o *Pop Club* de José Artur. Ouvia as histórias que Jean-Pierre Chabrol contava com sua voz grossa e áspera, os programas de história de Alain Decaux. O programa preferido de mamãe era *L'Oreille en Coin*. Também gostávamos de Macha Béranger, Jean-Pierre Elkabbach, Jacques Pradel, Clémentine Célarié, Alain de Chalvron... Como nunca os tínhamos visto em fotografia, inventávamos rostos que aplicávamos às vozes. Eram nossos amigos, nossos únicos companheiros. Devemos muito a eles.

Eles nos ajudaram a sobreviver. Graças a eles, preservamos um vínculo com a vida, como náufragos numa ilha. À meia-noite, ouvíamos Gonzague Saint-Bris e sua *Ligne Ouverte*.[3] Quando as primeiras notas da vinheta musical de Eric Satie ecoavam na penumbra, fazia-se silêncio em nossas celas. Parecia-nos que ele só se dirigia a nós. A voz do jornalista tinha se tornado tão familiar que eu estava convencida de que ele acabaria falando de nós, como se fôssemos seus amigos.

Convidado de um programa, Michel Jobert falou do Marrocos, e Gonzague Saint-Bris lhe fez perguntas sobre os berberes. Coração batendo, boca seca, eu escutava contendo a respiração. Sabia que nossos nomes iam ser pronunciados.

"Michel Jobert, o símbolo desse altivo povo do deserto não é o general Oufkir?", perguntou então Gonzague Saint-Bris.

[3] *La Ligne Ouverte* [*A linha aberta*], programa interativo criado em 1975, na rádio francesa Europe 1 por Gonzague Saint-Bris. Ia ao ar à meia-noite. Pela primeira vez os ouvintes tinham a palavra e podiam exprimir-se sobre todos os temas, durante uma hora. O programa durou cinco anos, até o início dos anos 1980.

O ministro respondeu que sim e passou rapidamente a outro tema. Mas na escuridão que nos envolvia fui invadida por uma sensação de alegria indescritível. Eu ouvira meu nome. Eu existia. Nós todos existíamos. Podíamos renascer um dia.

A muralha entre o mundo exterior e nós era tão espessa que, quando chegava a comida, os guardas se apressavam a rasgar os jornais em que a carne ou os legumes vinham enrolados, para que não pudéssemos saber nem as datas nem os acontecimentos.

Apesar de todas as precauções, Achoura e Halima conseguiam de vez em quando surrupiar um pedacinho de papel impresso. Raouf herdou, assim, uma página rasgada pela metade, em que uma divina *pinup* loura aparecia seminua. Esse pedaço de papel, que ele escondia tão preciosamente quanto o rádio e os alto-falantes, tinha se tornado sua bíblia, o suporte de todas as suas fantasias.

Zombávamos dele, pedíamos notícias da sua noivinha querida... Até o dia em que um segundo pedaço de jornal chegou, sempre pelo mesmo canal. Dessa vez, a foto representava um sindicalista bigodudo e balofo. Para se vingar, Raouf resolveu que era nosso namorado — de mamãe e meu — e foi sua vez de debochar.

Numa outra ocasião, ganhei uma pequena foto de um jogador de futebol do time de Lens, um atleta magnífico que eu não cansava de admirar.

Éramos apaixonados por futebol, eu mais que todos. Durante as Copas do Mundo, muitas vezes éramos obrigados a morder um pano para não berrar, principalmente quando a França jogava.

Ainda me lembro da célebre partida entre França e Alemanha em 1982, de nosso entusiasmo e de nossa decepção quando a França perdeu nos pênaltis. Mamãe tinha confeccionado uma bola de futebol com pedaços de pano para que Abdellatif pudesse treinar em sua cela, chutando contra as paredes. Nós lhe explicamos as regras e ele se tornou um torcedor fanático.

Graças ao rádio, vivi o feminismo, a libertação sexual. Estivesse eu livre, teria seguido aquelas mulheres, teria sem dúvida militado com elas. Era fascinada por Benoîte e Flora Groult, por Muriel Cerf, pelo sucesso de Régine Desforges com *A bicicleta azul*. Eu a invejava um pouco por ter conseguido realizar com esse romance o que eu me esforçava para fazer com minhas histórias: contar a meu modo obras da literatura universal.

Com o passar dos anos, o rádio também se tornou uma fonte de sofrimento. Quando saía um filme, eu me dizia que poderia ter tido um papel nele. Quando Robert Hossein montou sua companhia de teatro, sonhei noites inteiras fazer parte dela.

Quando ouvia os jornalistas falarem dos progressos técnicos, de novas invenções, de televisão em cores, de videocassete, de computador, de avião Concorde ou do TGV, rejeitava a informação porque ela me fazia sentir na carne minha defasagem em relação ao mundo, o que me era insuportável. Sentia-me então verdadeiramente fora do tempo, apartada de tudo.

Nós nos animávamos imaginando que, quando saíssemos dali, o planeta seria o melhor dos mundos. Um universo criado para nós, que passávamos a vida sentados ou deitados. Comandaríamos por controle remoto o café da manhã, o jantar e todos os mais simples atos cotidianos. Esses momentos de delírio nos divertiam muito.

Mas quando o programa terminava, quando o sonho acabava, nos víamos novamente entre quatro paredes escuras. Nada havia mudado.

A NOITE

Era só o que tínhamos a fazer: pensar, meditar, cogitar, refletir, questionar. O dia todo nosso cérebro funcionava. De noite, era pior ainda; minha vida passada voltava por lufadas, meu presente era nada e meu futuro não existia.

Quando minhas irmãs finalmente adormeciam, muitas vezes eu me levantava e ficava diante da abertura no teto para avistar um pedacinho de céu. Afrontava Deus. Perguntava o tempo todo a mamãe como ela ainda podia acreditar Nele, quando todos aqueles horrores inomináveis eram perpetrados no mundo. Eu não pensava apenas em nós. Sentia-me terrivelmente marcada pelo Holocausto judeu.

"Se Deus existisse, você acha que ele toleraria esses massacres?", eu lhe perguntava.

Só me dirigia a Deus para recriminá-lo e para lhe confessar que contestava sua existência. No entanto, às vezes eu fraquejava. Tinha tamanho medo de ser castigada com uma maldição por meu perjúrio que eu lhe dizia:

"Retiro tudo o que disse e voltamos à estaca zero. Mas vou avisando: espero um sinal seu."

Eu escrutava o céu. Mas não vinha sinal nenhum. A noite era negra. Como nossa vida. Como nossos pensamentos.

Esperava a noite com impaciência, pela paz que ela trazia. De dia, usava uma máscara, era Malika, a forte, a autoritária, a que insuflava vida aos outros. Mal vinha o crepúsculo, eu me livrava da minha armadura. Sentia-me, enfim, próxima dos outros humanos: no sono, vivíamos todos a mesma coisa.

Mas também estava entregue aos meus demônios, aos meus fantasmas.

Pensava muito em meu pai. Nos primeiros anos, sentia-me culpada por não ter podido impedir sua morte. Eu não havia estado à altura, não havia sabido dizer as palavras necessárias. Todas as vezes que o revia, imaginava o momento da sua execução. Aquele minuto terrível em que ele havia compreendido que iam abatê-lo como um cão. Eu oscilava entre a humilhação, a dor e a raiva.

Dediquei a ele minha resistência ao rei. Nosso nome, que o rei queria exterminar, devia permanecer como exemplo de coragem. Nossa conduta digna era relatada ao Palácio. Nossa atitude altiva significava que enfrentávamos o monarca e nos recusávamos a compreender a punição que ele queria nos infligir.

Era uma opção deliberada. Não havia nela nada de submissão. Eu me esforçava para aceitar meu destino, que não dependia nem do rei nem de ninguém: era meu destino, e eu não poderia ter outro.

Perguntei-me muitas vezes por que Hassan II nos infligia aquela morte lenta, em vez de nos matar logo. Nosso desaparecimento teria simplificado tudo. Depois de ter analisado o problema sob todos os aspectos e conversado várias vezes sobre isso com mamãe e Raouf, cheguei à conclusão, totalmente intuitiva, de que, no início de nossa prisão, ele não tinha meios de nos destruir por completo. Os dois golpes de Estado sucessivos o haviam desestabilizado. Ele era contestado — logo ele, o emir dos crentes, o representante de Deus na Terra. Politicamente, estava só. Não tinha ao seu lado o homem forte que era meu pai para retomar o poder e restabelecer a ordem. Havia sido traído, enfrentava um vazio.

A Marcha Verde[4] permitira-lhe impor-se no país e dar ao Marrocos um papel internacional. Havia feito uma bela jogada: a cobertura da mídia fora enorme, e seus resultados, excelentes. Depois dessa Marcha, nossa situação mudou. Fomos esquecidos. Que interesse teria ele de nos matar então? Ele nos infligira a pior das sentenças.

Também acho — mas isso, sem dúvida, é ter uma visão demasiado sentimental do rei — que ele estava dividido entre o ódio que passara a nutrir por nós e o afeto que nos unira. Quanto mais ele sofria, mais tinha de nos massacrar. Nós, os filhos, a descendência, e também aquela mulher, minha mãe, a única que resistira e o enfrentara.

Era preciso reduzi-la ao silêncio.

Enfim, nossa prisão se encaixava perfeitamente na tradição ancestral das punições infligidas pelo Palácio. Para quebrar um oponente, faziam-no sumir e seu nome era banido; pronunciá-lo

[4] Ver pp. 133-4.

acarretava os maiores problemas para quem houvesse ousado violar a lei tácita. Mas não o matavam. Esperavam sua morte.

Sobrevivemos, mas se pode dizer que passamos para o lado de lá. Trocamos pouco a pouco o mundo dos vivos pelo reino das sombras. Nós nos despojamos de tudo o que constituía nossa vida de antes para a cada dia nos aproximar mais do túmulo. Esse distanciamento foi difícil. Nossa juventude vibrava de paixões, de pulsões, de revoltas. Mas tínhamos de domá-las, de aprender a viver sem elas, de não sofrer mais. Essa dor era paradoxalmente inebriante. A noite me permitia dialogar com a morte, aproximar-me dela perigosamente até dissolver-me nela. Era uma sensação extrema, nunca mais experimentei nada igual.

A noite era propícia aos sonhos que nos ajudavam a escapar, a ler nosso futuro. Sonhei uma vez que o rei estava em Ifrane e que fora decretado um movimento de união nacional: isso aconteceu algum tempo depois, em 1983, como o rádio nos fez saber.

Também sonhei com uma grande festa dada no Palácio para o casamento do príncipe Moulay Abdallah. Ele morreu semanas depois, em 1984. Também vi o rei no Saara Ocidental, no meio de uma multidão de homens negros vestidos de branco. Uma nuvem de pombas o escoltava. Espreitávamos essa viagem, que esperávamos nos seria benéfica. Ela se deu algum tempo depois do meu sonho, mas, embora tenha sido um sucesso político para o rei, não valeu nada para nós.

Pouco antes de decidirmos abrir o túnel, Halima sonhou com meu pai. Estávamos todos num quarto de terra batida, a céu aberto, e ela era a única que podia se comunicar com ele. Ele lhe entregou uma corda e lhe disse para dá-la a nós: ela serviria para nossa fuga.

Nada disso nos surpreendia. Estávamos à espreita de símbolos, de predições, o que os sonhos forneciam. Eu mesma, desde os cinco anos, tinha um pesadelo recorrente. Todas as noites eu me encontrava em andrajos no jardim da Vila Yasmina. Corria pelas escadas e, quando abria a porta, ficava no escuro. De nada adiantava eu acionar os interruptores, tudo permanecia às escuras. A casa estava em ruínas.

Com o tempo, essa paz noturna transformou-se em pesadelo. O prazer da solidão desapareceu. Agora eu tinha medo. Estava esgotada pela História, que contava quatro ou cinco horas seguidas. Tinha reumatismo. Meus músculos haviam se atrofiado por causa da nossa imobilidade excessiva. Frequentemente ficava acordada no escuro, imóvel, pois o menor movimento me causava dor. Procurava, em vão, um pouco de trégua.

O AMOR E O SEXO

Cada um dos meus aniversários era como um punhal cravado no coração. Aos trinta e três anos, eu estava resignada. Não viveria nunca um grande amor, nunca constituiria família, nunca um homem me tomaria em seus braços e sussurraria para mim palavras ternas ou ardentes, eu não saberia nunca o que faz tremer o coração e o corpo de uma mulher.

Estava condenada a ficar seca como uma fruta murcha. À noite, sonhava que fazia amor. Acordava com um agudo sentimento de frustração.

Aprendi rapidamente a me controlar, forçava-me a não pensar nisso. Não podia me preocupar com esses pequenos sofrimentos, quando já tinha tantos outros. Tentava vencer meu corpo, eliminar tudo o que se referia ao apetite humano — o desejo, a fome, o frio, a sede. Suprimir minhas pulsões, minhas vontades.

Anestesiar-me.

Quando eu contava a História, insistia no grande amor, mais do que no prazer carnal, para não frustrar meus ouvintes.

Raouf sofreu muito mais do que nós essa abstinência forçada. Ao contrário das suas irmãs, ele tivera, antes da prisão, pequenas experiências sexuais. Para se desafogar, contava-nos suas visitas às prostitutas, como todo filho da burguesia faz para se iniciar. Seus relatos, narrados em tom cômico, faziam a gente se contorcer de rir.

Os *muhazzins* nunca abusaram da nossa situação vulnerável. Um deles entretanto tentou me violentar. Nosso rádio fora confiscado e eu queria de todo modo conseguir outro. Tinha ficado difícil subornar os guardas para que nos trouxessem as miudezas necessárias a nossa sobrevivência mental, como pilhas ou canetas.

Escolhi como alvo o homem que tinha as chaves da nossa cela, o sargento-chefe Cappaccico. Semana após semana, tentei dobrá-lo, prometendo-lhe dinheiro por intermédio do meu avô, se conseguíssemos entrar em contato com ele. O sargento não dizia que não. Para nós, isso queria dizer "sim", e esperávamos o rádio com impaciência.

Mas Cappaccico demorava, desconversava.

Certa tarde, a porta se abriu numa hora não habitual, e Cappaccico entrou. Vinha acompanhado de outro soldado, a quem pediu que ficasse atrás da porta. Mandei as meninas saírem da cama; queria negociar sozinha com ele. Ele me espremeu contra a parede. Sentia-o excitado.

Grudou em mim, começou a mexer em meus seios, a morder minha boca. Levantou minha camisola. Eu o ouvia resfolegar como um animal no cio; ele fedia, seu hálito me incomodava, seu corpo me oprimia, mas eu era incapaz de reagir.

Estava perdida: não era capaz de gritar nem de me defender de nenhuma maneira, temia que os outros perdessem a cabeça. Raouf com certeza teria tentado matá-lo e não teria conseguido.

Passados alguns minutos em que sofri sua investida sem que ele chegasse aonde queria, acabei repelindo-o o mais calmamente que pude. Eu tremia, meu coração batia rápido, mas eu me esforçava para não demonstrar nada.

"Você me pediu um rádio, não foi?", ele me perguntou.

"Foi."

"Então, por que resistir? Você logo vai morrer, seu corpo não serve para mais nada. Mesmo se você tivesse um noivo, ele não está mais aqui. Todo mundo abandonou vocês."

Recebi suas palavras como um soco no estômago, mas não acusei o golpe.

"Está bem", falei por fim. "Você vai ter o que deseja. Mas não agora. Eu quero provas. Traga o rádio e terá o resto."

Eu estava disposta a tudo para ter aquele rádio. A meus olhos, essa resignação era pior que um estupro. O caso foi enterrado rapidamente. Cappaccico se acovardou.

Entre nós, falávamos muito de sexo, precisávamos nos abrir. Com o tempo, as barreiras do pudor natural entre pais e filhos ruíram. Contávamos o que nos passava pela cabeça, sem tabus. Depois de dez anos de prisão, tínhamos nos tornado uns monstros, dispostos a tudo. Não havia mais nem mãe, nem filhos, nem irmãos, nem irmãs. Só nossos valores morais nos impediam de passar à ação. Nossas fantasias não eram apenas sexuais. Tínhamos chegado a pensar em nos matar.

"Para comer", dizíamos, "seríamos capazes de estripar e massacrar com selvageria."

Éramos como drogados que foram além de seus limites e ficamos marcados por isso o resto da vida.

Nos últimos tempos, tínhamos nos tornado feras enjauladas. Já não éramos nem capazes de sentimentos. Estávamos cansados e enraivecidos, agressivos e cruéis. Nenhum de nós queria mais usar máscara. Não acreditávamos em mais nada.

MINHA FAMÍLIA

Minha mãe foi um exemplo. Nosso exemplo. Durante vinte anos, ela sempre se manteve ereta, sem exprimir a menor queixa. No entanto, sofria ainda mais que nós, se é que isso era possível. Ela não suportava estar separada dos filhos, chorava em segredo porque tínhamos fome, porque nos faltava tudo, porque essa prisão roubava nossa juventude.

Com a dignidade, ela nos insuflou a coragem. A camicase era ela, a fuga era sua ideia. Conhecia os riscos, sabia que podia nos perder nessa aventura, mas sua convicção permanecia inabalável.

Durante aqueles anos terríveis em que nos comunicamos sem nos ver, compreendi a importância da voz. Atrás da parede, eu percebia suas ínfimas mudanças de entonação, que me diziam mais que um longo discurso sobre seu estado momentâneo. Ela também notava minhas alterações. Era espectadora da minha vida, impotente para modificá-la.

Nossa relação sempre foi muito forte: éramos cúmplices inclusive na dor. Desde meu nascimento, sempre tive com ela relações passionais. Ela sofria com a ideia de eu não poder ter filhos. Isso fazia parte da maldição que, segundo ela, me acompanhava desde sempre.

Espreitávamos nossos menores ruídos, procurávamos as menores ocasiões de nos avistar, quer na água da valeta, quer no eixo das portas abertas ao mesmo tempo, o que era raro. De manhã, pelos movimentos provenientes da cela de mamãe, eu sabia que ela estava acordada. Ela arrumava a cela, cuidava de Abdellatif, tomavam o café da manhã. Depois andavam, quando não chovia, das nove da manhã às sete da noite, ela dentro da cela, ele no "átrio".

Devemos muito a Abdellatif. A única coisa na vida que ele conhecia era a prisão e, de todos nós, era o mais adaptado a ela. O que nos parecia anormal era seu cotidiano desde a mais tenra infância. Por causa disso, tinha uma maneira de refletir que muitas vezes era mais aguda que a nossa. Enquanto andava, ele se servia do que conhecia para inventar o que nos faltava. Nós o chamávamos de "Geo Acha-Tudo".

Ele descobriu, por exemplo, que podíamos recuperar as pilhas que estavam se esgotando aquecendo-as ao sol ou mergulhando-as na água fervendo. Isso foi preciosíssimo para nós, ainda que sua duração fosse limitada.

Desde que havíamos chegado a Bir-Jdid, Abdellatif só pensava em fugir. Ele raspava as paredes para arrancar a camada de cal e analisá-la. Após algumas experiências, foi capaz de recriar gesso com sabão em pó e farinha, e inventou um cimento composto de cinza, ebonite e terra. O que foi útil, mais tarde, em nossa fuga.

Havia se estabelecido, entretanto, uma certa ambiguidade

entre mim e mamãe. Eu usurpara seu papel, sem querer. Tinha me tornado mãe de Raouf e das meninas.

Ainda vejo Maria e Soukaïna aninhadas em mim, na minha cama, perguntando-me sobre o sentido da vida ou sobre detalhes fúteis. Elas me contavam tudo o que não teriam dito a mamãe, primeiro porque, naquela idade, a gente não se abre para a mãe, depois porque uma parede muito concreta as separava dela.

Cuidava delas, educava-as, procurava animá-las, era sua irmã mais velha, mãe, pai, confidente, guia e protetora. Para mim, era natural. Eu tinha desenvolvido por todos eles um sentimento profundo que ia além da simples fraternidade. Eu os amava mais que tudo e, como mamãe, sofria mais por eles do que por mim mesma.

Lembro-me do curso de dança que havia fundado na cela — uma vez que Maria chorava por seu sonho frustrado de ser dançarina da Ópera —, dos regimes que inventava para Soukaïna, dos cuidados dispensados a Mimi, dos brinquedos e desenhos para Abdellatif. Ainda ouço minhas longas conversas com Raouf, graças à nossa "instalação".

Eu tinha o dever de não apenas amá-los, mas também protegê-los ao máximo, para que sobrevivessem sem maiores danos, se um dia saíssemos dali.

Porque só pensávamos em nossa saída. Conversávamos infinitamente sobre o que faríamos depois. Mimi desejava se casar e ter um filho. Soukaïna, Maria e eu queríamos viver as três juntas num castelo nas cercanias de Paris. Maria aprendia a datilografar para ser minha secretária, Soukaïna cozinhava para os convidados. Eu virava uma grande diretora de cinema. Elas ficavam à minha sombra.

Outras vezes, comprávamos uma fazenda no Canadá e nela morávamos todos juntos, com nossos cônjuges. Raouf e eu queríamos estudar medicina em Montreal. Vivíamos num quarto, na Universidade. Com o diploma no bolso, íamos trabalhar em Camarões. Assim fomos passando por todas as profissões do mundo. Se aguentamos tanto tempo em condições tão dramáticas, foi porque estávamos juntos e nos amávamos. Mesmo separados, formávamos um bloco; nos amparávamos, nos encorajávamos.

Éramos uma força, e isso nada e ninguém podia nos tirar. Quando um de nós fraquejava, sempre havia alguém para fazê-lo rir ou lembrar as palavras do vidente cego de Assa:

"*Zuain zuain bezef*, será milagroso, muito milagroso."

A NOITE DOS LONGOS PUNHAIS

Apesar de corajosa e digna, de estar acostumada com as intrigas do Palácio, mamãe era uma grande ingênua. Acreditava firmemente que seríamos perdoados no dia 3 de março de 1986, no vigésimo quinto aniversário da coroação do rei.

Eu era cética, e os acontecimentos me deram razão.

Naquela manhã, por volta das dez, os guardas entraram em nossas celas. Não pronunciaram nem uma palavra. Falavam-se simplesmente com o olhar, com os olhos cravados nas grades acima da porta blindada e nas de nosso pátio. Quando saíram, sempre sem falar nada, cada um de nós expôs suas suposições quanto à conduta estranha deles.

Na manhã seguinte, às oito e meia, abriram todas as portas e nos empurraram para fora. Cambaleávamos, não sabíamos mais andar, a luz feria nossos olhos.

Estávamos loucos de felicidade por nos encontrar juntos pela primeira vez depois de tantos anos. Tínhamos mudado muito — crescido ou envelhecido, conforme o caso. Mamãe não reconhecia mais suas filhinhas. Ela se separara de Soukaïna e Maria quando tinham catorze e quinze anos, e elas eram então mulheres de vinte e dois e vinte e três anos. Raouf era um homem-feito, parecia meu pai pela estatura. Abdellatif era agora um rapaz de dezesseis anos.

Mamãe continuava tão bonita como antes, mas terrivelmente maltratada pelas privações e pela dor. Achoura e Halima tinham o rosto e os cabelos grisalhos, da cor das cinzas que invadiam sua cozinha.

Devíamos com certeza parecer uns cadáveres ambulantes, magros, pálidos, fracos, com olheiras, lábios exangues, olhar vago, cabelo ralo, mal nos sustentando sobre as pernas... Halima, que possuía um pedaço de espelho, chorara certo dia ao olhar-se nele. Não queria acreditar que aquele fantasma que via era mesmo ela.

Assim, entregues à alegria de nos ver, não queríamos demonstrar que percebíamos algo que pudesse comprometer nossa felicidade imediata. No entanto, estávamos divididos entre a vontade, mais que legítima, de nos tocar, de nos beijar, e a recusa de mostrar a nossos torturadores quanto isso nos faltara. Permanecíamos reservados. Surpreso com essa atitude, Borro encorajou-nos a nos aproximar, depois acrescentou que, por ocasião da Festa do Trono, havíamos sido autorizados a nos encontrar entre oito e meia da manhã e oito da noite. Outorgavam-nos esse favor ao fim de quinze anos de prisão.

Passamos a nos reunir de manhã na minha cela. Eles tinham reforçado as barras do recinto a céu aberto. As portas ficavam abertas, podíamos sair ao pátio. Depois do café da manhã, trancavam-nos juntos até a noite, quando éramos novamente separados.

No início, a euforia do reencontro prevaleceu sobre o desespero da nossa vida. Mamãe nos contemplava demoradamente. Ela não se cansava de olhar para nós, mas chorava em segredo por nos ver tão descarnados, tão famintos. Apesar de tudo, tínhamos decidido aproveitar cada instante da alegria de estar juntos.

Esse período feliz durou de março a novembro. Para nos ocupar, inventávamos espetáculos. Depois do almoço, montávamos um arremedo de cenário com as cobertas militares. Mamãe imitava Poulidor em sua bicicleta, eu era o locutor de rádio. Abdellatif e Maria se fantasiavam de *muhazzins* e imitavam o jeito deles de falar.

Organizávamos sessões de circo. Anunciávamos a abertura com rufos de tambor e música, depois Raouf estalava um chicote feito com pedaços de trapo, e os elefantes entravam em cena.

Os elefantes eram ... Mimi de quatro, magra de dar medo, num *collant* preto e vermelho. Raouf estalava seu chicote no chão, e Mimi tinha de erguer as duas pernas. Morríamos de rir. Nunca nos cansávamos de achar graça, de nos tocar, de nos beijar.

Por volta das duas da tarde, Raouf se afastava para a sesta. Por ter vivido isolado tanto tempo, ele necessitava, muito mais que nós, de momentos de solidão. Para ficar sossegado, ele tapava os ouvidos com tampões de miolo de pão, que moldava durante horas. De vez em quando ouvíamos seus rugidos de cólera contra os camundongos que procuravam roubar esses tampões. De noite, eu recomeçava a História, então com mais ânimo.

Abdellatif grudava o olho num buraquinho aberto no banheiro da nossa cela. Ele havia visto um caminhão militar e não se cansava de admirá-lo. Tentou raspar um pouco mais para enxergá-lo melhor. Mas o orifício continuava minúsculo, mal chegando ao tamanho de uma moeda de um franco.

Certa manhã em que ele estava em seu posto de observação, os guardas entraram na cela sem avisar. Ele nem teve tempo de se mexer. O alerta foi dado. Borro veio examinar o orifício.

"Eu sabia que vocês estavam tentando fugir...", falou.

Era sexta-feira. De acordo com seus sábios cálculos, o buraco estaria concluído domingo.

No momento, a burrice dele me tranquilizou. O orifício era minúsculo e ficava no alto, o que, como todos sabem, é o lugar ideal para cavar um túnel. Eu nem imaginava que ele pudesse acreditar um só segundo no que dizia...

Naquela mesma noite, eles nos separaram sem explicações. Na manhã seguinte, dignaram-se a dizer a mamãe que seríamos trancafiados como antes. Mamãe resolveu iniciar na mesma hora uma greve de fome até que autorizassem a nos reunir de novo. Tínhamos ouvido a conversa através da parede.

Transmiti a novidade a Achoura, que a passou a Raouf. Naquele dia, eles começaram a construir uma segunda muralha, para reforçar a primeira. As obras duraram oito dias, durante os quais não soubemos nada do que tramavam. O barulho das obras nos enlouquecia. Estávamos acostumados demais ao silêncio.

* * *

Mamãe firmou-se em sua decisão de não mais se alimentar. Mas não queria que seguíssemos seu exemplo. Estava decidida a morrer sozinha. Seu sacrifício talvez nos trouxesse a liberdade.

Tentei convencê-la a não agir assim, mas ela não quis saber. Durante um conselho de família precipitado, todos os filhos optaram por fazer como ela, menos eu. Era preciso alguém para dialogar com Borro. Aceitei esse papel, ainda mais porque meu corpo não suportava o jejum. Os outros se deitaram, economizaram suas palavras e recusaram qualquer alimento, menos água.

Durante um dia inteiro, Soukaïna recusou-se até a beber, e por pouco não perdeu a razão. O instinto de sobrevivência entretanto falou mais forte e eu a obriguei a tomar um pouco de líquido.

Durante essa greve de fome, trouxeram-nos provisões em grande quantidade. Os legumes eram frescos, a carne não estava estragada, as frutas não estavam passadas. Era um verdadeiro suplício, mas eu não tocava naquilo. Como os outros, eu também não comia. De noite, tomava um bom copo de água quente em que imergia uma folha de menta, para não ficar doente demais.

Borro veio me ver depois de vinte dias, e desatou num longo discurso hipócrita, querendo que eu persuadisse os outros a parar com aquilo. Afirmou que enterrariam o primeiro que morresse. Ninguém mexeria um dedo para nos salvar a vida. Eu não o ouvi.

Quando os guardas se deram conta de que a comida começava a se acumular, entraram à força. Estávamos em nosso quadragésimo quinto dia de greve, éramos só pele e osso.

E nada acontecera. Ninguém queria nos ouvir.

Diante da inutilidade de nosso combate, o desespero nos dominou. O fracasso nos deixou abatidos, tremendamente deprimidos. Não éramos nem sequer prisioneiros, já que nossas reivindicações não valiam nada. Nossa greve não tinha a menor legitimidade. Ela não levaria a lugar nenhum.

Estávamos terrivelmente debilitados. Não podíamos voltar a nos alimentar. Nosso corpo não suportava mais o menor alimento. Tínhamos a sensação de estar nos envenenando tão logo engolíamos o menor bocado.

Estávamos no limite extremo de nossas forças, no limite do desespero, no limite da vida. A morte era nosso único refúgio. Pela primeira vez em quinze anos, ansiávamos por ela.

Tínhamos de levar aquilo até o fim.

Eu me lembro daquela noite de 26 de novembro de 1986. Magnífica, estrelada, calma. A lua cheia brilhava num céu límpido, sem nuvens. Durante a noite, mamãe cortou as veias com sua tesourinha.

Pouco antes de consumar esse gesto de desespero, ela me repetiu que me amava, e me confiou meus irmãos e minhas irmãs. A princípio, não reagi. Se ela quisesse morrer, era seu direito mais absoluto. Mas a angústia foi pouco a pouco tomando conta de mim.

Por volta das quatro da manhã, chamei Abdellatif e pedi que verificasse se mamãe estava morta ou viva.

"O coração bate fraquinho", respondeu-me através da parede.

Pulei na maçaneta da porta blindada e pendurei-me nas grades berrando:

"Socorro, minha mãe está morrendo! Nós todos vamos morrer!"

De nada adiantou eu gritar, eles não responderam. Eu ouvia o som da minha voz como um eco no escuro, e sentia-me humilhada por ter de lhes suplicar para salvar minha mãe. Na falta de outros argumentos, ameacei explodir tudo com o botijão de gás, se eles não tomassem nenhuma providência.

Em pânico, eles entraram na cela de mamãe. Ouvi Borro gritar. Depois saíram sem ter cuidado dela.

Expliquei então a Abdellatif como fazer um torniquete com pedaços de pano. Mamãe respirava, mas perdera muito sangue.

Seria salva, mas nós íamos morrer. Estávamos todos alucinados. O desespero acumulado naqueles catorze anos terríveis, nossa ruína física e mental traduziam-se por uma histeria coletiva impossível de dominar. Até então, havíamos sempre evitado a revolta. Naquela noite, subitamente enlouquecemos.

Em todas as celas, o desespero era palpável. Abdellatif vigiava o estado de mamãe, Achoura e Halima berravam arrancando os cabelos, e nós vivíamos um psicodrama, sem ter mais nenhuma referência ou noção de realidade.

Essa "noite dos longos punhais", como a chamamos, foi a mais atroz de toda a nossa vida.

Era o apocalipse.

Tudo tinha se tornado possível: assassinar o irmão ou a irmã, matar-se, explodir a prisão com nossos botijões.

Cada uma de nós queria ser o primeiro a dar o passo. Tiramos a sorte entre nós e Soukaïna ganhou.

Ela se deitou na cama e se acomodou da forma mais confortável possível. Sentada diante dela, passei a cortar-lhe os pulsos com um pedaço de lata de sardinhas e uma agulha de tricô.

Enfiei a ponta o mais forte que pude. Flagelei sua carne, soluçando. Parecia que era a mim mesma que eu feria. Ela fazia caretas e ao mesmo tempo sorria para mim.

Finalmente consegui perfurar-lhe uma veia. O sangue jorrou. Soukaïna suportava a dor com uma expressão de êxtase. Eu sofria tanto quanto minha irmã. Ela perdeu a consciência.

Maria, Mimi e eu nos fitávamos pensando que ela tinha morrido.

De vez em quando nossos olhos se cruzavam, cheios de lágrimas que não corriam. Estávamos desesperadas, mas aliviadas de pensar que ela não sofreria mais.

Soukaïna voltou a si depois de uns quinze minutos. Ela tremia da cabeça aos pés; quando entendeu que ainda estava viva, ficou furiosa comigo.

"Você não quer me matar, você não quer me ver morrer..."

"Quero, quero que você morra, sim, Soukaïna, tentei tudo, não dá certo... Olhe todo o sangue que você perdeu."

Tivemos uma curta discussão entre nós. Devíamos ou não

fazer um torniquete? Depois o sono nos venceu. Caímos meio adormecidas, meio desmaiadas em nossas camas.

Estávamos esgotadas.

Essas tentativas fracassadas marcaram a nós todos no fundo de nossa alma. Chegar tão perto assim da morte não era diferente de morrer.

Naquela noite, estivemos todos com um pé no lado de lá. Não sei que força, que instinto, que energia nos impeliu a sobreviver.

O pesadelo continuou. Na manhã seguinte, ouvi os passos dos guardas dirigirem-se para a cela de Raouf. Vozes roucas gritaram. Por baixo da porta blindada, vi os coturnos correndo no sentido inverso. Naquela noite, Raouf também decidira pôr fim àquilo tudo cortando as veias. Quase conseguiu: até o deram por morto. Passei a notícia a mamãe, ela também em péssimo estado depois de sua tentativa fracassada de suicídio.

Esperamos o dia todo sem que ninguém se dignasse de nos informar. De noite, depositaram seu corpo no pátio, onde reinava um frio glacial. Seria deixado assim, sem cuidados, quatro dias seguidos.

Raouf estava em coma. Não ia viver muito, pensavam.

Mas não contavam com sua inacreditável capacidade de recuperação; meu irmão acordou pouco a pouco. Na quarta noite, continuava jazendo no átrio, mas se seu corpo ainda estava extremamente fraco, seu espírito estava quase intacto.

Ele ouviu o capitão Chafiq falar a seus soldados e continuou simulando o desfalecimento.

Depois Chafiq virou-se para Borro.

"Essa situação acabou com a minha vida", disse. "Tenho vergonha, hoje em dia, de olhar minha família nos olhos. Fico atormentado com o que estamos fazendo. Massacrar crianças está acima das minhas forças. Não posso continuar com isso. O que será que eles querem?"

"Você não entende?", replicou Borro. "Pois está claro. Eles

vão morrer. Todos. Serão enterrados aqui. Vamos esperar quanto for preciso. São essas as ordens."

As palavras de nosso carrasco tiveram o efeito de um choque elétrico em meu irmão. Movido por um esforço sobre-humano, voltou para a sua cela e fechou a porta.

A noite toda ele soltou as lajotas e ampliou o buraco que separava a parede do corredor da sua. Achoura e Halima fizeram a mesma coisa de seu lado. Assim, eu pude entrar em contato com ele: uma simples parede nos separava.

Ele se deitou do seu lado da parede, e eu do meu. Não dava para nos vermos, apenas para nos tocarmos por uma abertura minúscula pela qual tínhamos passado nossos dedos. Ele mais torcia os meus do que apertava.

De olhos fechados, eu ouvia a voz dele, tentando imaginá-lo. Tinha o mesmo timbre de meu pai.

Seu desespero era insustentável. Revistando sua cela, os guardas haviam encontrado seu precioso radinho e o confiscaram. Não nos restava mais nenhum vínculo com o mundo. Raouf se culpava por isso.

"Kika", falou entre soluços, "vamos morrer aqui, é o que eles querem. Eu ouvi. Disseram que iam nos matar. O primeiro que morrer será enterrado no pátio."

Horas a fio tentei acalmá-lo, consolá-lo, convencê-lo, procurando encontrar as palavras certas, quando eu mesma estava extremamente desamparada. Eu o exortei a não fraquejar.

"Que nada, Raouf, você vai ver, vamos sair desta. Eles não vão conseguir nos matar. Vamos resistir."

Ficamos assim de mãos dadas até de manhã. Meus olhos estavam secos. O que não amenizava nem a dor, nem o sofrimento.

Mas aquela noite dos longos punhais e, mais ainda, as palavras de Borro tinham mudado nosso estado de espírito. Não os deixaríamos mais brincar com nossa vida. Não ficaríamos mais passivos.

O projeto de fuga germinara em nós. Só faltava concretizá-lo.

Borro recebera ordens para reforçar nossa vigilância. Todos os objetos cortantes foram suprimidos, substituíram por papelão o que ainda tínhamos de vidro, tiraram a esquadria da nossa abertura no teto, confiscaram nossas facas, nossos garfos. Até as canecas passaram a ser de plástico — frascos de azeite cortados pela metade —, e morríamos de rir ao vê-las se encolher sob o efeito da água fervendo.

A partir de então, nas segundas, quartas e sextas, às oito da manhã, os guardas vasculhavam nossas celas em busca do menor vestígio de túnel ou buraco. Essa última grande ideia vinha do coronel Benaïch, que sempre sabia como estragar um pouco mais a nossa vida.

Essas revistas não eram descabidas. Nossa decisão tinha se fortalecido, concordávamos todos em fugir. Desde a noite dos longos punhais, tínhamos chegado ao extremo.

De tanto ouvir os passos dos soldados na hora da troca de guarda, Raouf conhecia milimetricamente a qualidade do solo, sua ressonância, sua secura. Pedimos que Achoura e Halima cavassem em suas celas e nos mandassem um pouco de terra para estudá-la. Cada um de nós fez o mesmo na sua.

Após muitas discussões e até algumas experiências na cela de Achoura e Halima, resolvemos escavar o chão da cela cega contígua à nossa, onde depositávamos as malas e as reservas. As lajotas estavam em bom estado, seria mais fácil maquiá-las para dissimular nosso projeto.

Outro argumento depunha em favor daquele lugar: por ter levantado minha venda ao chegar a Bir-Jdid, eu sabia que aquela cela dava para um campo que — tudo nos levava a crer — não era cultivado. Nenhum barulho, nenhuma vida, nem mesmo o zurrar de um burro jamais chegava de lá aos nossos ouvidos. Nossos carcereiros devem ter exigido do camponês que deixasse aquele terreno inculto.

Mamãe e Raouf, os dois engenheiros do grupo, haviam ratificado nossa escolha. Era ali mesmo, naquela cela cega, que deveríamos abrir as lajotas. Raouf analisava a cor da terra que eu lhe enviava e me explicava como reconhecer os níveis atingidos no solo. A terra argilosa significava que eu estava chegando às fundações. Teria então de cavar na horizontal.

Eu ouvia seus conselhos atentamente; ele estava furioso por não participar da ação. Andava na sua cela de lá para cá como um leão na jaula.

No dia 27 de janeiro de 1987, na primeira tarde após nossa decisão definitiva, quebramos o cimento e levantamos as lajotas com uma colher, um cabo de faca, uma tampa de lata de sardinhas e uma barra de ferro da nossa cama.

Nós, quer dizer, Maria, Soukaïna e eu — Mimi estava mal demais para nos ajudar, mas nos incentivava e foi muito eficiente na hora de nos desfazermos da terra.

Em apenas duas horas, apesar de nosso medo de sermos descobertas, já tínhamos avançado bastante. Soltamos oito lajotas. Durante duas semanas, treinamos como tirá-las e colocá-las de novo no lugar com o preparado de cimento inventado por Abdellatif, uma mistura de terra, cinzas e ebonite.

Como isso não bastasse, inventamos um estratagema para arranjar cimento de verdade. Com a grossa barra de ferro que sempre escondíamos em nossas camas, alargávamos os buracos feitos nas paredes pelos ratos e os camundongos. Os guardas os tapavam com cimento, que recuperávamos. Para impedir que endurecesse, nós o mergulhávamos num balde d'água.

Pôr as lajotas de volta no lugar não era nada fácil. Tínhamos de tomar cuidado para não danificá-las muito ao erguê-las, depois limar o cimento que aderia em torno delas com um velho ralador de legumes. Para não alertar nossos carcereiros, esperávamos os gritos das andorinhas: aquele barulho infernal que tanto detestávamos estava enfim sendo útil.

No dia em que por fim conseguimos recolocar as lajotas na ordem certa, passamos a cavar um buraco até as fundações da casa.

Após a camada de cimento, que quebramos com as barras de ferro, demos com umas pedras pequenas, depois com pedras mais volumosas. No primeiro dia, topei com uma tão grande quanto um menir. Impossível continuar cavando.

Transmiti a má notícia a Raouf.

"Trate de tirá-la", ordenou.

"E vamos botar onde?"

"Vire-se. Quer fugir ou não?"

Na cela de mamãe e de Abdellatif, havia um compartimento no alto, onde guardávamos nossas coisas. Chegava-se a ele com uma escadinha de madeira. Depois da noite dos longos punhais, os guardas haviam tirado a escada e murado a abertura.

Assim que eles saíram da cela, mamãe teve a presença de espírito de pôr Abdellatif nos ombros para que ele tirasse um dos tijolos, prevendo o dia em que necessitaríamos daquele compartimento. O cimento ainda estava úmido. Eles deram um jeito para que não secasse nunca, para retirar aquele tijolo e outros mais, se necessário.

Havíamos cavado um buraco enorme debaixo da minha cama, entre a cela de mamãe e a nossa. Acabamos conseguindo tirar o "menir", e mamãe e Abdellatif o esconderam no compartimento, soltando outros tijolos. Passar cada "menir" que encontramos pelo mesmo caminho não foi nada fácil. Tivemos de aumentar o buraco.

Abdellatif subia ao pequeno compartimento e mamãe lhe passava as pedras. Empurrando, ofegantes, eles conseguiam depositá-las sobre espessas camadas de roupas, para abafar o barulho dos choques.

Fazíamos a passagem dos "menires" coincidir com o acionamento do gerador, para não chamar a atenção.

Depois, passamos a eles o excesso de pedras que tirávamos do túnel. Quando mamãe as recebia aos montes em sua cela, ela as colocava num lençol, que fechava como uma trouxa, depois punha Abdellatif nos ombros para que ele pudesse jogar tudo pela abertura do compartimento.

Os guardas verificavam as marcas de umidade nas paredes, mas não descobriram o engenhoso sistema que Abdellatif, o Geo Acha-Tudo, havia inventado e que consistia em vedar os interstícios entre os tijolos com uma mistura de sabão em pó e farinha, que imitava gesso.

Para que secasse mais depressa, ele utilizava brasas fumegantes preparadas por Halima e Achoura. E, sempre empoleirado nos ombros de mamãe, passava um prato na parede, até não haver mais vestígios de umidade.

Algum tempo depois, tínhamos progredido tanto que não podíamos mais nos desfazer da terra, como havíamos feito com as pedras, jogando-a no compartimento da cela vizinha. As lajotas não podiam soar como ocas, se passasse pela cabeça dos guardas a boa ideia de sondá-las.

Com umas calças velhas, mamãe confeccionou umas almofadas retangulares, de formas variadas, que chamávamos de lampiões ou elefantes. Nós as enchíamos com o excesso de terra, que moldávamos em bolinhas.

Trabalhávamos como numa linha de montagem, como se fôssemos robôs. Metida no buraco, eu enchia de terra um recipiente de óleo vazio, com cinco litros de capacidade. Depois dava um puxão na corda com a qual as meninas o seguravam, para que subissem a carga. Elas amontoavam a terra no centro da nossa cela.

Myriam enchia os baldes d'água e a derramava na terra, que amassava formando uma pasta. Era ajudada por Achoura e Halima, as especialistas do pão, que também entravam em nossa cela pelo buraco alargado de nossa parede contígua. Abdellatif passava pelo buraco estreito que tínhamos aberto entre sua cela e a nossa, para participar também.

As três mulheres faziam bolas da grossura de um punho, que passávamos uma a uma para a cela de mamãe. Esta enchia as almofadas com elas. Fechava-as costurando, Abdellatif passava-as de volta pela abertura, e nós as colocávamos em nosso subterrâneo. Os elefantes substituíam os "menires" grandes, e os lampiões, os menores.

Quando chegamos às fundações e a terra argilosa tomou a vez da terra vermelha, passamos a cavar na horizontal, sempre seguindo os conselhos de Raouf, que havia calculado que o túnel devia medir cerca de cinco metros para desembocar do lado de fora das duas muralhas.

Éramos movidos por uma força sobrenatural, não sentindo cansaço, peso ou o esforço. Tínhamos nos tornado bichos silenciosos, atentos à nossa tarefa, sem mais nada de humano. Não havia necessidade de falar: nós nos compreendíamos com um gesto, um olhar.

Eu não tinha mais unhas; minha pele estava coberta de eczemas, meus dedos eram uma chaga só. Mas nem prestava atenção nisso.

A iluminação era feita com candeias improvisadas. Mamãe tecia pequenas mechas como aprendera na sua infância, no campo. Mergulhávamos as mechas no óleo de cozinha e as acendíamos de noite.

Quando eu saía do meu buraco, às vezes me perguntava se não estava sonhando. Aquelas caras cinzentas emolduradas por cabelos poeirentos, aqueles corpos macilentos, apenas iluminados pelos arremedos de velas que lançavam uma luz mortiça sobre as paredes, com buracos de lado a lado, e sobre o chão coalhado de pedras e de terra. Espectros... Mortos-vivos...

Destruir, cavar, era coisa fácil para nós, os Castores. O mais delicado era reconstruir. Às quatro da manhã, quando ouvíamos o burro Cornélio zurrar, sabíamos que precisávamos parar para arrumar tudo, fechar cuidadosamente o túnel subterrâneo e tapar os buracos entre nossas celas.

Na primeira vez em que abrimos o túnel, não sabíamos como fechá-lo. Mas não demoramos a aprender. Primeiro colocávamos de volta os elefantes e os lampiões, que calçávamos com umas pedrinhas e algumas pedras maiores, as quais havíamos numerado para nos facilitar no momento de recolocá-las. Essa tarefa era necessária para que as lajotas não soassem ocas quando postas de volta em seu lugar.

Depois púnhamos por cima uma camada de terra vermelha, molhada e alisada com a palma da mão, e acrescentávamos uma camada de cimento, sobre a qual assentávamos as lajotas. Para terminar, rejuntávamos com gesso. Essa tarefa incumbia a Soukaïna, a artista, que depois as maquiava com terra, para apagar qualquer vestígio de nosso trabalho.

Ao raiar do dia, ninguém poderia imaginar que estava sendo cavado um túnel subterrâneo naquele pequeno recinto. Sobravam-me duas horas antes da chegada dos guardas para lavar a cela e dar sumiço na terra e na poeira. Às vezes, mal eu vestia minhas roupas e eles abriam a porta de mamãe. Ela os retardava o mais que podia, fazia-lhes perguntas descabidas, pedia câmaras de ar para fazer solas, ou qualquer outra coisa.

Às vezes, passávamos por apertos terríveis. Uma vez, quando secamos a última camada de gesso, percebemos, de manhã, que a terra embaixo tinha ficado molhada, formando uma auréola amarelada sob as lajotas. Reparamos depressa o estrago e passamos a mensagem a mamãe, para que ela retivesse os guardas. Eles não notaram nada.

Outra vez, quando eu cavava devagarzinho, ouvi um guarda espirrar tão perto de mim que pude perceber sua respiração. Fiquei gelada e subi de volta às pressas. Quando saí, vi os rostos ansiosos das minhas irmãs inclinados para mim. Um silêncio pesado tomou conta da cela. Esperávamos que os guardas aparecessem, mas a porta não se abriu.

E eu voltei para o buraco.

Durante as revistas, ficávamos na cama sem nos mexer, fingindo estar doentes. Os guardas revistavam minuciosamente, até mesmo no recinto onde cavávamos o túnel. Apontando os feixes das suas lanternas para os cantos, eles espiavam em toda parte, debaixo das camas, no teto, nos vãos. Pisavam no chão com seus coturnos para ouvir a diferença de som, à busca da menor ressonância.

Mamãe e Raouf ficavam sobre brasas, ouvindo os passos pesados e as batidas nas paredes. Mas ao pânico somava-se a embriaguez. Jogávamos nossa vida num "tudo ou nada", e essa sensação era inebriante. Saíamos enfim da nossa letargia. Eu esquecia meus sofrimentos, minha fome, minhas mãos maltratadas, em petição de miséria. Não sentia mais meu esterno estropiado, que me causava as mais vivas dores mal eu respirava ou me abaixava.

Nunca um guarda pôs o pé em nossas lajotas. Eles as contornavam, paravam bem em frente, e só. Estávamos persuadidos de que nos encontrávamos sob a proteção da Virgem: na primeira vez em que abrimos um buraco, a irregularidade do chão até formava uma cruz, do comprimento das lajotas. Com papelão, fizemos outra que colocávamos sobre a última camada de pedra antes de fechar o buraco. Chamamos o subterrâneo de "túnel de Maria".

Acreditávamos tanto nisso que orávamos de joelhos ao abri-lo e fechá-lo todas as noites. Rejeitando o islã, que não nos trouxera nada de bom, optamos pelo catolicismo. Mamãe, que passara a infância entre freiras, conhecia todas as preces de cor e as ensinara a nós, mas com muita reticência. Tinha permanecido uma boa muçulmana.

Maria, cujo nome verdadeiro era Mouna-Inan, se rebatizou em homenagem à Virgem. Abdellatif e Soukaïna seguiram seu exemplo. Todos os três haviam recebido seus nomes do rei Hassan II. Não queriam lhe dever nada. Soukaïna decidiu chamar-se Yasmina; e Abdellatif, Abdallah. Dos três, Maria foi a única que manteve sua decisão. Ela não responde a nenhum outro nome. Os outros dois logo voltaram atrás: era complicado demais para eles ter dupla identidade.

Durante o dia, eu continuava a contar a História. Estávamos como que drogados. Quase não comíamos, mal dormíamos, éramos uma pilha de nervos. Nós nos comunicávamos com Raouf graças à "instalação", mantendo-o a par de nossos progressos, etapa por etapa. Mas ele estava tão zangado por não poder juntar-se a nós que também cavava de seu lado.

Uma noite, para nossa grande alegria, fez-nos a surpresa de aparecer em nossa cela. Mas não repetiu o feito. Era arriscado demais e, como eu, ele sofria de edema por carência alimentar, por causa das privações por que passávamos. Nós dois estávamos inchados, enormes. Ele tinha uma imensa dificuldade de movimentar seu metro e oitenta para passar pelo buraco.

Mas, de longe, fazia as vezes de engenheiro. Exigia terminantemente que escorássemos o túnel, para termos maior segurança. Quando acabamos de cavar, ele me pediu para pegar minha reserva de lenha, os compridos pedaços de pau que juntamos assim que chegamos. Eu os guardara num pequeno depósito situado em cima de nosso banheiro, muito antes de eles o condenarem.

Esse compartimento ficava a uns três metros do chão. Para alcançá-lo, era necessário fazer uma senhora acrobacia, subir umas nas outras, o que fizemos, certa noite, rindo às gargalhadas. Bem que precisávamos disso.

Com seus trinta quilos, Maria se pendurava como uma macaca. Depois de mil trambolhões, conseguiu alcançar o compartimento e pegar os pedaços de pau. O mais difícil foi fechar de novo a parede. Naquele altura, era quase irrealizável. Ainda assim, fechamos. Tapamos o buraco com o preparado de Abdellatif, que não secou, apesar de todos os nossos esforços.

Na manhã seguinte, antecipei-me às perguntas dos guardas. Anunciei que havia um vazamento na parede e que eles tinham de consertar. Eu podia ficar sossegada: bastava a gente lhes pedir uma coisa para que eles não fizessem.

No dia 18 de abril, atingi os cinco metros previstos e parei de escavar. Havia cavado sem parar e sem me queixar, apesar da minha claustrofobia natural. Encarnara uma barata ou um réptil. Um sem-número de vezes eu havia chegado à beira da demência.

Às vezes parava subitamente a limpeza. Batia na cabeça e tapava os ouvidos, porque parecia escutar barulho de chaves ou os passos dos guardas. Largava tudo o que tinha na mão e jogava-me no chão para espiar o que estava acontecendo, com o coração palpitando de medo, mas ninguém entrava.

Esses barulhos não me deixavam. Eu perguntava sem parar às meninas se tudo estava em ordem. Vivia temendo naufragar, de repente, num acesso de loucura.

Tínhamos combinado fugir em dezembro. Queríamos sair numa noite de inverno, sem lua, uma noite em que os guardas, friorentos como todos os marroquinos, estariam metidos no fundo das suas guaritas, com os capuzes das suas *djellabas* puxados sobre seus rostos. Uma noite em que passaríamos despercebidos. Fechamos então o túnel e maquiamos as lajotas. Quinze dias antes da fuga, começaríamos a cavar a subida. Antes disso, era arriscado demais.

Realizamos vários conselhos de família para decidir quem ia partir e o que fazer quando se chegasse lá fora. Não tínhamos dinheiro, mas restava-nos a pulseira de ouro maciço do meu pai, que mamãe conseguira esconder das revistas durante aqueles anos todos. Tínhamos apagado seu nome limando-o com cuidado.

Com papelão, ebonite e farinha como cola, Abdellatif confeccionara um revólver mais verdadeiro que um de verdade, seguindo os sábios conselhos de Raouf, que, em sua juventude, fora apaixonado por armas. Até tomara lições de tiro. Aquele brinquedo era destinado a nos salvar de situações delicadas.

O primeiro objetivo era saber precisamente onde estávamos. Ouvindo com atenção o voo dos aviões que passavam acima de nós, mamãe deduziu que nos encontrávamos entre Casablanca e Marrakech, mais perto da primeira que da segunda.

O segundo objetivo era pensar no jeito de nos pôr fora do alcance dos guardas o mais depressa possível. Imaginamos vários cenários, alguns sensatos, outros delirantes.

Uma vez que chegássemos à estrada, esperaríamos a passagem de um táxi. Para chamar a atenção do motorista e driblar sua desconfiança, eu estava resolvida até mesmo a passar por uma puta, apesar dos protestos de mamãe e de Raouf. Depois que atraísse o motorista, eu sacaria o revólver, chamaria os outros e entraríamos todos no carro.

"E se ele não estiver sozinho?", objetou alguém.

Nada mais fácil... Poríamos seu companheiro fora de combate com uma barra da janela, que Abdellatif tinha conseguido soltar.

Tínhamos um roteiro alternativo, menos violento que esse, caso o motorista se mostrasse conciliador. Éramos imigrantes, morávamos na Bélgica. Voltáramos ao Marrocos para visitar nossa família. Nosso carro, um Volvo, havia enguiçado. Queríamos que nos levasse até um mecânico.

Nosso objetivo era chegar à embaixada da França e pedir asilo político. Para levar tudo isso a cabo, precisávamos de um pouco de tempo. Na manhã da nossa fuga, mamãe deveria reter os guardas o maior tempo possível para impedi-los de dar logo o alarme.

Pensamos em tudo, estudamos minuciosamente os mais ínfimos detalhes. Fizemos uma reserva de pimenta-do-reino para neutralizar os cachorros vadios. Mamãe cortara e costurara nossos trajes de fuga: macacões pretos, máscaras com uma abertura para os olhos, a boca e o nariz. Com o couro das nossas malas Vuitton, fez-nos uns calçados. Com a sola feita de câmara de ar, tinham um aspecto estranhíssimo e mais pareciam um coturno do que um sapato da moda.

Pensamos no pior. Se fôssemos capturados, nós nos mataríamos. Não queríamos sobreviver a uma nova detenção. Mamãe pensou em provocar uma explosão com o botijão pequeno. Perfeccionista, Raouf aprimorava os mínimos detalhes, tentando considerar os menores imprevistos.

Eu não era assim. Morria de vontade de me lançar na aventura. Improvisaríamos conforme o necessário.

Em minúsculos papéis que serviam para embrulhar açafrão e que tínhamos pacientemente recuperado, Raouf redigiu uma dezena de panfletos que queríamos deixar na embaixada da França. Eram destinados a diversas personalidades políticas e artísticas. Cada um de nós acrescentou algumas linhas pungentes.

A questão mais espinhosa ficava em suspenso. Quem ia fugir? Raouf queria fugir sozinho, tanto temia por nós todos. Mas era evidente que eu o acompanharia. Maria declarou pura e simplesmente que, se não a levássemos, ela se mataria. Eu conhecia minha irmã: era perfeitamente capaz de cumprir sua ameaça.

Abdellatif também viria conosco. Ele, que de todos nós nunca conhecera a vida, que não tinha nem passado nem referências, tinha de participar daquela aventura. Mamãe, que queria fugir conosco, estava impossibilitada de fazê-lo. Com o corpo inchado como o de todos nós, ela não conseguia nem sequer passar pelo buraco entre sua cela e a nossa, pela qual somente Abdellatif podia se esgueirar como uma enguia. Não podíamos aumentar a passagem, sob o risco de quebrar as lajotas de ardósia que escoravam a parede.

Soukaïna aceitou ficar, mostrando assim sua grandeza de alma e sua coragem. Também precisávamos dela para fechar o túnel, o que nos faria ganhar um tempo precioso.

Mimi estava debilitada demais para nos acompanhar.

A FUGA

No domingo de 19 de abril de 1987, dia seguinte àquele em que fechamos o túnel, eu estava sentada no chão, na cela, oferecendo o rosto ao sol primaveril. Podiam-se ouvir os passarinhos chilreando. A natureza, como nós, despertava de um longo sono. Nós nos sentíamos estranhamente bem, apesar da perspectiva daqueles poucos meses de espera. Tínhamos saído do túmulo. Tínhamos enfim um motivo de esperança.

Mimi estava deitada na cama, as duas meninas estavam agarradas a mim. Conversávamos despreocupadas.

Ouvi nosso código de alarme vindo da cela de mamãe.

"Kika", ouvi-a sussurrar, "eu os escutei. Eles receberam ordem de construir uma guarita e um mirante no teto da cela do túnel. A guarita vai ficar exatamente no eixo da saída. Vão instalar projetores."

"O que vamos fazer?"

"Não há escolha", ela decidiu. "Em quarenta e oito horas

terão terminado tudo. E aí, adeus fuga. Vocês têm de cavar o túnel e escapar esta noite."

Eu tinha mil objeções a lhe fazer. Cavar três metros em algumas horas? Impossível. Havíamos previsto uma semana de trabalho.

Mas ela não me escutava.

"É isso ou nada", repetia. "Se vocês não fugirem esta noite, não vão fugir nunca. Mande o alerta a Raouf."

Raouf estava de acordo com mamãe — não tínhamos opção.

Comecei a cavar por volta do meio-dia. Às seis da tarde, havia terminado a subida. Só faltava remover a terra. Eu enchia o recipiente de óleo, puxava a corda, as meninas o içavam até elas, derramavam a terra no chão e mandavam o recipiente de volta.

Eu estava enlouquecida. A colher não me bastava mais. Se tivesse podido arrancar a terra com os dentes, teria arrancado. Cavava, removia, não pensava mais, não existia mais, tinha me tornado uma máquina. Cavar, remover a terra, cavar, remover a terra...

A certa altura, dei com uma hera profundamente arraigada. Puxei com todas as minhas forças. Horas a fio batalhei com aquelas raízes, sofrendo para extraí-las. Essa tarefa parecia impossível, mas pus nela todas as minhas energias e um pouco mais.

Tinha de conseguir.

E, de repente, o azul invadiu meu campo de visão. Era um céu de fim de tarde de primavera, varrido por uma brisa morna que acariciava meu rosto suavemente.

Fiquei um bom momento imóvel, agarrada à hera, olhando para fora com um olho só. Que felicidade!

"Meu Deus, que maravilha, a vida está ali, bem pertinho."

Continuei a arrancar tudo como pude. Depois pus a cabeça para dentro, chorando. Era bonito demais. Tinha medo do que via; aquela liberdade iminente me assustava.

Voltei à cela anunciando triunfalmente que tinha conseguido.

"Os Castores entraram em Sydney com a zagaia."

A subida tinha terminado. Soukaïna e Maria também tentaram passar, com sucesso. Mandamos Abdellatif como batedor descobrir aonde íamos parar. Queríamos saber se à direita do muro também havia guardas.

Ele voltou com o coração disparado. Ao pôr a cabeça de fora, dois olhos o haviam fixado. Ele fechou as pálpebras. Estava tudo perdido. Fracassar tão perto do fim era de chorar...

Quando por fim ousou abrir de novo os olhos, depois de minutos infindáveis, quase deu uma gargalhada. Era apenas um gato que olhava para ele e que, certamente cansado daquele espetáculo sem graça, tinha lhe dado as costas, deixando-o ali. Abdellatif estava orgulhosíssimo da sua façanha.

Mamãe nos passou os macacões, as máscaras, as provisões, os sanduíches, a pimenta-do-reino, a barra de ferro. Insisti em levar os cadernos com a História na minha trouxa. Mamãe era contra a ideia. Ela tinha medo de que fossem destruídos. Sua intuição era correta.

Raouf apareceu pouco depois em nossa cela.

Ao cair da noite, chegou o momento das despedidas. Deitei-me de barriga para baixo e mamãe fez a mesma coisa do seu lado.

Ela estava angustiada, se perguntava se devia nos deixar ir. Foi o único momento em que a vi vacilar.

Dissemos uma à outra todo o nosso amor por meio das nossas mãos apertadas. Sua voz tremia um pouco.

"Eu confio a você minha carne", disse-me, "sei que também é mãe deles. Prometa-me que vai trazê-los de volta para mim vivos."

Soukaïna tinha calafrios, seus dentes batiam, seus olhos brilhavam, mas ela não derramou uma lágrima. Sua responsabilidade era enorme. Tinha de camuflar tudo depois de nossa saída, para que eles compreendessem o mais tarde possível que tínhamos escapado.

Mimi me apertou contra ela com ternura e cochichou no meu ouvido:

"Tenho certeza de que vão conseguir."

Halima e Achoura manifestavam mais histeria em sua angústia. Elas exprimiam barulhentamente seus temores e sua tristeza em separar-se de nós. Estávamos num estado de exaltação imensa que nunca poderei esquecer. Não sei se podemos chamar aquilo de coragem. Era, antes, uma vontade de sobreviver que multiplicava nossas forças.

Vestimo-nos em silêncio, pegamos nossas trouxas e entramos no túnel, cada um por sua vez. Abdellatif e Maria saíram sem dificuldade. Eram tão magros, tão leves... Raouf fez a terra tremer. Contivemos a respiração, mas ele conseguiu se soltar sem danos.

Quando chegou minha vez, pude subir até a cintura. Mas não consegui ir mais adiante. Estava entalada. Meu corpo, inchado pelo edema, estava gordo demais para a passagem estreita.

Raouf me incentivava cochichando amavelmente para me acalmar, mas eu não conseguia. Penava, chorava, estava banhada em suor.

Senti então Soukaïna atrás de mim.

"Kika, volte", disse ela. "Infelizmente, talvez seja melhor você não ir. Você está fazendo barulho demais, eles vão acabar ouvindo."

Insistindo, eu podia prejudicar todo o mundo. Mas ficar estava fora de cogitação. Mais uma vez, pus toda as minhas energias no esforço. Foi como que um parto, um segundo nascimento. Malika voltava ao mundo.

Fui enfim expelida do túnel. Fazendo todo aquele esforço, arranquei a pele das coxas. Mas na hora nem percebi.

Tínhamos saído do outro lado do segundo muro. Os cálculos de Raouf estavam certos...

Seguimos ao longo da muralha. Diante de nós havia uma cerca de grade com uns quatro metros de altura, coberta de hera. Maria apoiou-se em Raouf e subiu. Ele a apoiou, depois a empurrou. Ela caiu na terra do campo.

Esperamos um pouco; depois, como nada se mexia do lado dos guardas, pulei por minha vez. Abdellatif, depois Raouf, me seguiram. Nós quatro estávamos ali, grudados uns nos outros, segurando-nos pelas mãos que tremiam.

Não queríamos mais nos separar. Respirávamos sem nos mexer. Esses minutos nos pareceram intermináveis.

Mas eram indispensáveis para nos assegurar de que tudo corria bem.

E para tomar fôlego antes da grande aventura.

OS FUGITIVOS
(19 DE ABRIL — 24 DE ABRIL DE 1987)

VAGANDO

Depois de tanto tempo vivendo na sombra, nossos olhos tinham se acostumado com a escuridão. Imóveis, agarrados uns aos outros, escrutamos a noite sem nenhum medo. Ao contrário, estávamos exaltados, inebriados, persuadidos de que a proteção divina que nos acompanhara até então ainda estenderia seu manto protetor sobre nós.

Do lado dos guardas, tudo estava silencioso. Começamos a rastejar pelo campo úmido.

Ouvimos os latidos dos cachorros vadios. Vinham correndo, diretamente para nós, agressivos, famintos, mais ferozes que pastores alemães. Devia haver uma dezena deles a correr na noite, atrás do líder da matilha. Aproximavam-se cada vez mais. Podíamos sentir o bafo ofegante. Encolhemo-nos de novo uns contra os outros.

O líder avançou com todos os dentes à mostra, rosnou e pôs-se em posição de ataque. Paralisados como estátuas, contínhamos a respiração, esperando um improvável milagre que acabou acontecendo. O cachorro soltou um ganido incompreensível e deu meia-volta, seguido pelos outros.

Mas a trégua durou pouco. Alertados pela matilha, os guardas apontaram suas lanternas e projetores para o terreno. Ficamos ainda mais petrificados, rogando para passarmos despercebidos na escuridão. Certos, agora, de que seríamos descobertos, esperamos tremendo o disparar de seus fuzis. Os guardas trocaram algumas palavras, de guarita em guarita. Enfim, as lanternas se apagaram.

Permanecemos imóveis dois ou três minutos, que pareceram horas; depois recomeçamos a avançar, virando para a direita, em vez de rastejar para a frente. Procurávamos sair dos limites do presídio.

Vimo-nos numa plantação de favas, que nos aproximava do quartel. Necessitávamos de um breve descanso; viramos de costas e avistamos pela primeira vez a penitenciária, a nossa frente. A lua cheia iluminava distintamente o alto das grades, as guaritas e as muralhas. A névoa envolvia o resto num halo esbranquiçado. Um espetáculo terrível.

Foi, então, ali, que passamos onze anos de nossa vida, que deixamos nossos melhores anos, esperanças, ilusões, saúde, nossa juventude. Nesse campo da morte — não havia outro nome para descrever aquela prisão —, havíamos sido uns párias abandonados pelo mundo, esperando o fim que demorava a chegar. Encerrados lá dentro, tínhamos nos esforçado para esquecer quem éramos, mas ali, naquela plantação, diante do lugar do nosso calvário, a realidade de repente se apossava de nós. E ela nos perturbava.

Não pude evitar os soluços lembrando esse passado horrível, e minhas lágrimas aumentavam ao pensar nas pessoas queridas que ali havíamos deixado. Temia muito por elas. Meu coração se apertava, eu me arrepiava. Ouvia os outros chorarem baixinho; todos sentiam a mesma angústia.

Ficamos um momento assim, depois nos controlamos. Comemos favas, plantadas naquele terreno, cruas mesmo. Frescas, açucaradas, deliciosas, tinham o gosto da liberdade. Voltamos a rastejar e, em seguida, julgando que tínhamos nos afastado suficientemente do quartel, levantamos e caminhamos em silêncio. Os campos estavam tão úmidos que ficamos ensopados da cabeça aos pés.

Naquela escuridão profunda, sem pontos de referência, sem balizas, logo percebemos que andávamos em círculos. Era uma impressão tão angustiante como se estivéssemos perdidos no mar ou no deserto.

Não havia nada que pudesse nos indicar a estrada, e nenhum de nós tinha senso de orientação. Mamãe me ensinara a ler as estrelas, mas eu devia ser uma péssima aluna, porque não conseguia identificar nem a Ursa Maior, nem Cassiopeia, nem a Estrela do Pastor.

Continuamos a vagar.

Uma tosse nos congelou o sangue. Vinha de um ponto elevado. Erguendo a cabeça, percebemos uma guarita: tínhamos voltado à penitenciária.

Não pensamos duas vezes: saímos correndo. O desespero então tomou conta de nós. Cansados, apavorados, paramos e acendemos um cigarro que tínhamos guardado preciosamente para essa ocasião. Fumamos sem dizer palavra, o coração na mão, sempre pensando em mamãe e nos outros.

Não havíamos escapado. Não sabíamos para onde ir.

Pedi então a Abdellatif que nos guiasse.

"Somos adultos", disse-lhe. "Talvez tenhamos cometido pecados, mas você, que é tão inocente... Se Deus existir, ele terá piedade de você. Você vai nos conduzir à liberdade."

Seguimos nosso irmão sem abrir a boca. Estávamos com o corpo dolorido, as roupas ensopadas, mas tínhamos de ir em frente.

"Venha ver, Kika, é duro. Não sei o que é."

Abdellatif nunca tinha pisado no asfalto. Rolamos na pavimentação da estrada, beijando o chão. Nós nos sentíamos como uns cosmonautas que acabavam de dar seus primeiros passos na Lua.

Voltamos até um campo para vestir trajes "civis". Pus um vestido longo que mamãe usava nos anos 1970, um estampado em cashmere em tons outonais. Os outros enfiaram calças e suéteres, simples e fora de moda, que deviam dar uma aparência "normal". Calçamos os coturnos Vuitton e jogamos nossas roupas de combate no campo.

Reiniciamos nossa marcha. Líder do grupo, eu acelerava o passo exortando os outros a me seguir. Atrás de mim, arrastavam os pés, de tão cansados. Raouf zombava do meu ar enérgico. Imitava um sotaque alemão e me incentivava com um "vamos, Jeanne, vamos", uma fina alusão à minha governanta alsaciana.

Chegamos enfim diante de uma grande construção, uma cooperativa leiteira. Resolvemos pôr em prática o primeiro plano. Maria e Abdellatif se esconderam. Ajudada por Raouf, gritei à marroquina, clamando por Alá e pelos profetas.

Um guarda armado de cassetete apareceu. Trajava uma *djellaba* com um capuz. Desabei em seus braços. Ele foi obrigado a me amparar.

Olhou para Raouf desconfiado e perguntou o que estava acontecendo.

"Minha mulher teve um aborto espontâneo na semana passada. Não conseguiu se recuperar."

A desconfiança do homem aumentava.

"Eu não ouvi barulho algum. Eu me pergunto de onde vocês apareceram, hoje à noite."

Sem lhe dar tempo de fazer outras perguntas, caí novamente no chão fingindo dor. Com incontáveis fórmulas de cortesia, Raouf pediu um copo d'água, explicando que estávamos vindo da Bélgica e fazia quinze anos que não visitávamos o Marrocos.

"O carro enguiçou", acrescentou.

O guarda era desconfiado como todos os marroquinos, que aprenderam a sobreviver num regime de terror. Não acreditava em Raouf e o interrogava tentando fazê-lo cair em contradição. Mas acabou consentindo em trazer um copo d'água para mim.

Na conversa, consegui dizer que éramos da família do ministro do Interior, Driss Basri,[1] o que teve o efeito intimidador esperado: o sujeito se acalmou um pouco. Tentamos, por nossa vez, fazê-lo falar, pois queríamos saber onde estávamos. Ele nos sugeriu esperar o caminhão da leiteria que ia para Bir-Jdid, a cidade mais próxima. Enfim, tínhamos a informação tão cobiçada.

Esperamos o caminhão três quartos de hora, aflitos com a ideia de que o homem pudesse dar o alarme, mas não havia te-

[1] Driss Basri: ministro do Interior do Marrocos desde 1975 e segundo personagem do Estado.

lefone em sua guarita. As portas da leiteria se abriram, o caminhão saiu... E passou reto, sem parar para nos deixar subir.

Entramos em pânico. Já eram quatro da manhã, vagávamos desde as onze da noite e acabávamos de perder quarenta e cinco minutos à espera daquele caminhão.

O único ponto positivo é que finalmente sabíamos aonde ir.

Meio deprimidos, voltamos à estrada. Devíamos formar um estranho séquito na noite que empalidecia — dois rapazes e duas moças andando como se fossem autômatos; o olhar fixo, o passo cadenciado. Mas não tínhamos tempo para pensar em nosso aspecto, tínhamos de ir em frente.

Passados alguns quilômetros, vimos se aproximar um ônibus que parava em todos os vilarejos. Os camponeses que se aglomeravam no ponto estavam carregados de sacolas, galinhas ou carneiros que se agitavam sem parar.

Juntamo-nos a eles, incomodados, convencidos de que estávamos chamando a atenção. Até então o escuro nos havia protegido, mas o dia raiava, e a luz da alvorada nos punha a descoberto.

Raouf ofereceu ao motorista pagar com a placa da pulseira de papai. Os outros passageiros pagavam com ovos ou galinhas, barganhando tanto quanto podiam. Desconfiado, o motorista não aceitou. Ele queria dirhams, e nada mais. Desistimos do ônibus e pusemo-nos novamente a caminhar.

Passou um caminhão. Ergui o polegar. O motorista, um camarada simpático, pegou-nos, sem fazer perguntas. Simplesmente nos avisou que, na entrada de Bir-Jdid, corríamos o risco de encontrar uma barreira da polícia. Podíamos evitá-la seguindo uma pequena estrada, onde nos deixou.

Por sorte ele estava enganado, e chegamos a Bir-Jdid sem ver nenhuma barreira.

O povoado era minúsculo e de uma extrema pobreza. Dos dois lados da estrada, algumas casas deterioradas, botequins, açougues, só. Eram seis e meia. Nos bares que abriam as portas, os rádios tocavam uma música ensurdecedora. Os empregados atendiam os fregueses que pediam um café com leite, um chá de hortelã. A vida ali estava, imutável; recomeçava como todas as manhãs que havíamos perdido.

O espetáculo da rua de repente me pareceu estranho. Levei alguns minutos para entender por quê. Eu estava desacostumada ao barulho. Os gritos, as vozes, as buzinas, as canções orientais, os pneus rangendo no calçamento... Todos aqueles sons agrediam meus ouvidos. Raouf e os outros viam-se no mesmo estado que eu. A luz feria nossos olhos, sentíamos dor de cabeça.

Perturbados com tamanha agitação, olhávamos com avidez à nossa volta e todos também reparavam em nós. Mas os pobres coitados que éramos não destoavam naquele cenário. Principalmente Raouf, cuja boca, por causa dos abscessos e das pancadas, era tão desdentada quanto a dos camponeses.

No fim da aldeia, havia um ponto de lotação onde uma multidão se comprimia. Raouf foi até lá averiguar e voltou anunciando que as lotações iam para Casablanca. Foi de novo até o ponto para conversar com um motorista. Sua discussão durou bem uns vinte minutos. Eu não estava muito confiante, tinha certeza de que seu plano não daria certo; por isso, quando o vi gesticular, não entendi logo que era para ir até lá. Outro milagre tinha acontecido: o motorista aceitava nos levar em troca da pulseira.

Dois homens estavam sentados na frente, ao lado do motorista. Nós quatro entramos atrás, e o carro partiu a toda. Ficamos em silêncio, perdidos em nossas reflexões. Eu pensava com tristeza em mamãe e em minhas irmãs.

Meu olhar voltou-se para Abdellatif. Pela primeira vez em muito tempo, tomei consciência do seu estado desastroso. Estava preso desde os dois anos e meio. Saía pela primeira vez daquela vida com mais de dezoito anos. Meu irmãozinho via a estrada passar, boquiaberto, com os olhos alucinados, como um zumbi ao sair de um túmulo.

Estava atordoado com tantas descobertas. Só entrara num automóvel duas ou três vezes na vida, e apenas para ser levado de uma prisão para outra.

Minha irmã Maria pesava apenas trinta quilos. Seus grandes olhos escuros pareciam absorver seu rostinho descarnado. Raouf estava tão magro quanto ela, mas inchado pelo edema. E pálido, febril, desdentado.

Quinze anos haviam passado, quinze anos de tortura que tinham deixado marcas terríveis. Mas examinando atentamente os três, numa expressão, num sorriso, numa mímica, eu revia as crianças que haviam sido.

Sentia-me responsável pelo estado em que se encontravam. Amaldiçoava o que a prisão fizera deles, o que fizera de cada um de nós.

CASABLANCA

Nunca vou me esquecer do choque que causou em mim nossa chegada a Casablanca pelos bairros populares. Não reconhecia mais a cidade; havia esquecido tudo. A multidão caminhava num passo apressado, se comprimia, invadia as calçadas, atravessava sem prestar atenção. Tudo me atordoava, os carros que freavam, os gritos dos camelôs, uma charrete puxada por um cavalo, duas mulheres discutindo, um guarda assobiando por causa de um carro em excesso de velocidade. Eu respirava o cheiro de gasolina, os eflúvios de comida que saíam dos restaurantes e das lojas.

Era a primeira vez em quinze anos que via tanta gente de uma vez, que meus ouvidos captavam tantos sons, que meus sentidos eram solicitados daquela maneira. Parecia que a população do Marrocos havia triplicado. Tudo era maior, mais novo, mais moderno. As mulheres eram mais numerosas, vestidas como europeias, maquiadas, bem cuidadas.

Aquela fila ininterrupta de pessoas andando de cabeça baixa, sem saber aonde iam, lembrava o filme de Chaplin, *Tempos modernos*. Despertavam em mim um estranho sentimento de piedade. Afinal de contas, eram mais dignos de pena que eu.

Eu me perguntava, perplexa:

"Quer dizer que a vida é isso, que a liberdade é isso? Essa gente é tão prisioneira quanto eu era..."

Milhares de detalhes que nunca notara em minha vida de antes saltavam-me aos olhos: os edifícios que pareciam gaiolas de coelho, os olhares vazios, a pobreza, o cansaço, a agitação inútil.

Meus irmãos sem dúvida não ruminavam os mesmos pensamentos que eu, pelo menos não da mesma forma. Abdellatif tinha a boca aberta de pasmo; Raouf e Maria permaneciam calados. O carro andava depressa demais. Cada freada me matava de medo. Depois de tudo por que passamos, não era hora de morrer num desastre.

O motorista começou a reclamar. Ele desconfiava de nós e queria avisar a polícia.

"Não tenho o direito de levar vocês ao centro..."

Raouf soube convencê-lo empregando mil fórmulas de diplomacia. Afinal de contas, nós tínhamos dado a ele um bom tanto de ouro maciço, equivalente a dois mil e quinhentos dirhams, para uma corrida que não valia mais de cinquenta.

Raouf indicou-lhe o endereço de Jamila, sua namorada na adolescência, que morava no bairro residencial de Anfa. Enquanto o motorista procurava a rua, eu olhava à minha volta sem reconhecer nada. Tinha a sensação de que desembarcara em outro planeta. Éramos, como no romance de Swift, uns liliputianos chegando ao país dos gigantes.

Anfa sempre pareceu uma Beverly Hills em miniatura. Mansões imensas se sucedem de maneira ordenada. Algumas parecem palácios. Todas têm piscina, quadra de tênis, golfe, gramados cuidadosamente aparados, canteiros cheios de flores coloridas. Nas garagens, dezenas de carros rutilantes. Legiões de motoristas, jardineiros, mordomos, empregadas zelam pelo conforto de seus patrões.

Mas, passados quinze anos, as casas me parecem ainda mais luxuosas; seus jardins, ainda mais imponentes; a riqueza ostentada, ainda mais indecente. Era, sem dúvida, verdade. Verdade, também, que não havia comparação possível entre toda aquela beleza e a sórdida prisão de que havíamos escapado.

O motorista nos deixou e se afastou sem esperar. Jamila tinha se mudado. Sentimo-nos abandonados, mas não quis alimentar esse sentimento doloroso. Disse aos outros três que ficassem longe e me aproximei de uma mansão. Um jardineiro de avental branco regava a grama.

Cumprimentei-o com um ar altivo e pedi que chamasse a dona da casa, pretextando que tinha um encontro com ela. Ele me mediu da cabeça aos pés, depois brandiu sua mangueira e me ameaçou, mandando-me embora.

"Caia fora, ou chamo a polícia. Gente como você não anda por aqui."

Não retruquei e corri para junto dos meus. Estava mortificada, humilhada. Na época da antiga Malika, aquele homem nem teria ousado falar comigo. E era a mim que ele escorraçava, como uma miserável...

Continuamos nossa caminhada sem saber direito o que fazer. Escolhi, ao acaso, um casarão que tinha um portão de ferro forjado lindamente trabalhado e toquei o interfone. Uma voz feminina respondeu. Pedi-lhe água. O costume marroquino prescreve que nunca se recuse esse pedido a um mendigo.

Uma linda empregadinha de avental cor-de-rosa, com uma touca provocantemente posta nos cabelos bem penteados, saiu da casa. Examinei-a, com inveja da sua aparência, antes de começar a falar. Meu olhar transtornado deve tê-la assustado, pois fez menção de recuar.

Contei-lhe então minha história — a Bélgica, os quinze anos de ausência, o aborto espontâneo — e perguntei-lhe se podia telefonar. Começava a surgir uma certa empatia entre nós, mas ela me respondeu que primeiro tinha de falar com seu patrão.

Fechou novamente a porta. Fiz sinal aos outros para que permanecessem escondidos atrás da sebe de buganvílias.

Minutos depois, a porta tornou a se abrir, aparecendo um belo senhor de uns cinquenta anos, cabelos grisalhos, vestindo um roupão de toalha. Eu sem dúvida interrompia sua toalete, pois ele trazia um barbeador elétrico na mão. Era perfumado, bem cuidado, estava a anos-luz da pobreza que eu representava, cujo aspecto físico lhe desagradava.

Minha maneira de me exprimir salvou porém a situação. Dirigi-me a ele de saída em meu melhor francês, escolhendo cuidadosamente as palavras. Meu linguajar sem dúvida o tranquilizou e ele começou a me chamar de "cara senhora".

"Minha empregada me contou que a senhora teve um aborto, espero que não tenha hemorragia. Sou médico, posso levá-la ao hospital."

Murmurei vagas explicações, recomecei minha história sobre a Bélgica, depois, sem lhe dar tempo de pensar, perguntei se podia telefonar. Ele concordou e convidou-me a entrar.

Sua casa parecia um palácio, embora nada tivesse de luxuoso. Mas aparentava ordem, limpeza, conforto burguês, com paredes brancas, piso de cerâmica elegante, plantas que cresciam nas janelas. O telefone estava posto numa bonita mesinha, ao lado dos catálogos.

Não havia esquecido como se usava o telefone, mas meu coração pôs-se a bater mais forte ao tirar o fone do gancho. Sentia-me como em *Hibernatus*, aquele filme com Louis de Funès em que o protagonista volta à vida após longos anos de sono e não pode se trair. Eu era esse Hibernatus e cometia, sem querer, uma gafe depois da outra.

O número do meu avô dava sempre ocupado. O dr. Arfi — foi assim que ele se apresentou — disse que eram necessários seis dígitos, embora eu insistisse em usar apenas cinco, como no meu tempo.

"Eu sei", repliquei num tom desenvolto, o coração disparado por quase ter me traído, "eu sei. Mas é sempre assim, mesmo quando ligamos de Bruxelas. São tão tagarelas..."

Ele me ofereceu um café. Foi então que lhe confessei que estava acompanhada de meu marido, minha irmã e meu cunhado. Aquilo não lhe parecia um problema, de modo que fui chamar os outros enquanto ele ia se vestir.

A empregada chegou, trazendo uma bandeja cheia de coisas

gostosas: um café com um aroma delicioso, biscoitos, pão, doces. Entreolhamo-nos em silêncio. Tínhamos tanta fome que era impossível tocar no que quer que fosse, senão em alguns minutos teríamos devorado tudo, a comida, o carpete, os móveis, até o cachorro — completa novidade para Abdellatif, que nunca havia visto um. Era um cocker spaniel pequeno, brincalhão, que o lambia e se levantava nas patas traseiras para manifestar sua alegria. Meu irmão estava dividido entre o êxtase e o medo.

Nós nos instalamos no living, rígidos como estacas, preocupados em não sujar o carpete branco com nossos calçados lamentáveis, cobertos de lama e molhados pelo orvalho. O doutor juntou-se a nós ao cabo de um intervalo de tempo interminável. Trajava um terno, uma camisa limpa, gravata, o máximo da elegância para nós.

Pôs-se a conversar de maneira quase mundana, enquanto nos servia o café. Revelei-lhe que tínhamos amigos em Casablanca, citei os B... J... e os B..., duas famílias da alta burguesia. Seu rosto se iluminou. Pisava terreno conhecido.

"Incrível", disse ele, "também são meus amigos."

Sentindo-se mais seguro com aquelas relações comuns, propôs nos levar até a casa dos B... J...

Estes últimos pertenciam a uma família de banqueiros da cidade. Um dos filhos, Kamil, pouco mais velho que eu, era considerado o homem mais bonito da sua geração. Seu irmão mais moço, Laarbi, fazia parte dos meus íntimos. Durante minhas últimas férias em Kabila, pouco antes do golpe, eu tinha organizado seu aniversário em casa. Eu os via todos os dias e gostava muito deles.

Quando o médico nos deixou no portão da casa, eu disse para as crianças se esconderem de novo e entrei sem tocar a campainha, empurrando a porta. De repente, era como se aqueles quinze anos não tivessem passado. Reconhecia tudo, os móveis, os quadros, os cheiros familiares. Minha cabeça girava.

A casa parecia vazia. Afaguei o cachorro, que me recebia festivo, e passei pela cozinha. Avistei um telefone. Sem pensar, tentei um número, o de meu avô. Todas as vezes, alguém atendia com um "alô" desagradável. Mesmo aterrorizada, teimei em recomeçar.

Acabei entendendo que era uma linha interna, depois reconheci a voz. Era a de Laarbi. Pedi-lhe para descer, sem declinar minha identidade. Ele concordou, resmungando.

Quando entrou na sala, sua aparência me deixou estupefata, e levei alguns instantes até reconhecê-lo. O Laarbi que eu conhecera era um rapaz magricela, de vinte e cinco anos, e eu agora tinha na minha frente um quadragenário grisalho e gorducho.

Nós nos cumprimentamos. Ele não parecia saber quem eu era.

"Sou Malika", falei.

"Que Malika?"

"A filha de Haja."[2]

Eu não podia pronunciar meu sobrenome. Tinha medo de declinar minha identidade, e esse medo me perseguiu por muitos anos ainda.

"Não entendo."

Consegui articular, não sem dificuldade:

"Oufkir, Malika Oufkir."

Ele ficou petrificado.

"O que você quer?", perguntou com uma voz ao mesmo tempo ríspida e cheia de arrogância.

Contei que tínhamos sido libertados, que estava com Raouf, Maria e Abdellatif. Eu tremia de medo, mas, principalmente, não sabia mais que imagem tinham de nós. Durante todos aqueles anos de prisão, tínhamos nos comportado como inocentes, certos de nossa razão. Éramos vítimas, e não culpados, como a recepção de Laarbi tentava me fazer acreditar. Eu nunca teria podido imaginar que até nossos próprios amigos pudessem dar prova de uma amnésia tão absoluta.

[2] El Haj, para um homem, ou Haja, para uma mulher: assim são chamados, por deferência, os crentes que fazem a peregrinação a Meca.

Laarbi acabava de me dar a primeira bofetada.

Engoli meu orgulho, esforçando-me em pensar nos outros que me esperavam e em tudo o que devíamos fazer.

"Preciso de dinheiro", disse-lhe secamente. "E gostaria que você nos levasse à estação."

Eu ficara sabendo da existência daquela linha de trem interrogando o taxista. Na minha época, ainda não havia trem entre Casablanca e Rabat.

Sem uma palavra, ele saiu da cozinha e voltou alguns segundos depois com trezentos dirhams, ou seja, uns cento e oitenta francos. A quantia me pareceu suficiente, quase régia. Eu ignorava que os dirhams de 1987 não tinham mais o mesmo poder de compra da minha época.

Laarbi fez um pequeno discurso moralizador, proibindo-me de me aproximar de seu irmão mais velho, que estava deprimido desde a morte do tio deles. Kamil, eu tinha certeza, nunca teria nos tratado como Laarbi o fizera. Ele sempre fora bom, humano, sensível. E fiel. Mas eu não tinha tempo de verificar.

Laarbi tirou o carro da garagem. Olhou para os meninos com tanto desprezo quanto medo, sem nenhuma pena de seu estado lamentável; depois fez sinal para que entrássemos no carro e nos largou na frente da estação como se fôssemos umas trouxas de roupa suja.

Aquele encontro me abalou, mas eu não queria ficar remoendo uma impressão negativa. Sentia-me rica com aqueles dirhams no bolso, e meu primeiro gasto foi para Abdellatif. Comprei-lhe *L'Équipe*.* Ele havia descoberto o futebol graças ao rádio e conhecia de cor a escalação dos times franceses e marroquinos, assim como o desenrolar dos campeonatos.

Compramos cigarros pensando em Soukaïna. Ela gostava tanto de fumar que, em Bir-Jdid, secava capim e folhas colhidas

* Jornal esportivo francês. (N. T.)

por Halima no átrio e enrolava tudo em papel "de papelão" ou "de açafrão".

A compra das passagens nos exigiu mais energia. Tínhamos medo da multidão e, principalmente, dos fiscais com seus uniformes. O retrato gigante do rei, pendurado numa das paredes, nos causou um acesso de pânico que nos fez sair dali correndo, ofegantes, trêmulos, como se o Grande Irmão em pessoa estivesse nos perseguindo.

Era idiota, claro, mas foi incontrolável.

Pegamos afinal o trem, conscientes de nossa aparência insólita e dos olhares fixos em nós. Instalamo-nos no compartimento, pedimos café e acendemos nossos cigarros com uma sensação de liberdade pela primeira vez, em muitas horas. Porém, quando o fiscal entrou para verificar as passagens, recomeçamos a tremer da cabeça aos pés.

Do nosso lado, um casal de franceses comentava a corrupção do regime, o luxo da Festa do Trono, as despesas feitas, os turistas despejados do La Mamounia,[3] apesar de estarem com quartos reservados, porque o governo os requisitara para a festa. A conversa deles nos fortalecia na ideia de que não éramos os únicos a contestar o poder.

De vez em quando, os franceses nos lançavam olhares intrigados. Tínhamos uma vontade louca de falar com eles, de informá-los sobre nossa sorte. Eles pareciam simpáticos, abertos, mas como saber se não nos denunciariam, apesar de suas belas palavras?

Tínhamos nos tornado muito desconfiados.

Engolimos nossos pedidos de socorro.

O deslumbramento de Abdellatif aumentava à medida das suas descobertas. Ele nunca havia visto um jornal na vida. Contemplava, boquiaberto, as fotos dos jogadores com sua bola. A única bola que ele conhecia era a que fizemos para ele na prisão.

Seu estupor aumentou quando o trem partiu e pôs-se a an-

[3] Hotel de luxo de Marrakech.

dar cada vez mais rápido. Seu lábio caiu; seus olhos esgazeados fitavam a paisagem. Raouf tentava distraí-lo, mas não adiantava. Para nossa grande tristeza, Abdellatif era uma criança selvagem, atordoada diante da avalanche de novos conhecimentos e sensações.

Durante nossos cinco dias de fuga, ele teve o tempo todo a impressão de se achar num trem em marcha. Em Tânger, no bar do hotel Ahlan, onde estabelecemos nosso quartel-general, ele me perguntou se o trem ia acabar parando.

RABAT

Morrendo de medo, avançávamos pela estação central de Rabat. Teria sido dado o alarme? Será que iriam nos pegar na plataforma? Ou lá fora? Mas não, nada parecia anormal, nenhum policial à vista. Dirigimo-nos hesitantes para o ponto de táxi. Aquela estação era grande demais, nova demais, muito utilizada. A multidão nos atropelava, as pessoas pareciam apressadas, sabiam aonde ir. Ninguém estava esperando por nós.

Raouf e Maria entraram no primeiro táxi e eu peguei outro com meu irmão menor. Eram nove da manhã. Devíamos nos encontrar na embaixada da França.

Um policial marroquino guardava a porta. Tive um momento de hesitação, depois fui em sua direção.

"Gostaria de entrar", falei.

"A embaixada está fechada", ele respondeu, como se fosse óbvio.

Levei alguns minutos para entender. Era segunda-feira, 20 de abril, ou seja, segunda de Páscoa. Apesar da minúcia de nossos planos, não havíamos pensado nesse detalhe importante. O que será que teria acontecido se tivéssemos fugido um dia depois?

Raouf se aproximou e tentou puxar conversa, mas o policial olhava para nós desconfiado. Percebeu logo que nossa aparência era estranha. Bombardeou-nos de perguntas, chegou até a nos indagar se éramos perseguidos. Seu olhar nos varreu com desprezo, do alto de nossas cabeças calvas até nossos sapatos imundos.

Sem lhe dar tempo de nos interrogar mais, voltamos para os táxis. O motorista também olhou para mim com uma cara desconfiada quando pedi para nos deixar diante da embaixada dos Estados Unidos.

Era nosso único plano alternativo, caso o pedido de asilo político na embaixada da França não desse certo.

"Por que você tem essa cara de perseguida?", perguntou. "De onde vem? Tem alguma coisa estranha com você. Parece europeia, mas... É, você é mesmo meio esquisita..."

Não respondemos nada. Entre perguntas dele e silêncios nossos, chegamos à embaixada americana. Resolvi tentar minha sorte sozinha. Um policial marroquino deteve-me à porta e me obrigou a deixar ali minha trouxa. Eu tinha guardado nela o revólver que Abdellatif fizera e que parecia de verdade. Temia ser tomada por uma terrorista.

Disse-lhe balbuciando que dentro do saco havia apenas os brinquedos do meu irmão. Mas o homem tirou-me o saco das mãos, jogou-o num canto da guarita e me disse que o pegasse ao sair.

Estávamos em apuros. Estávamos tão certos de nosso sucesso na embaixada da França que não havíamos previsto a eventualidade de precisar improvisar em caso de fracasso. Não tínhamos mais força moral para tanto. Cumprir um plano preparado semanas a fio depois de tê-lo aprendido de cor, não obstante o estado de esgotamento e pânico em que nos encontrávamos, ainda era viável. Mas enfrentar um imprevisto requeria de nós um esforço dificilmente realizável.

Eu estava desorientada.

Trêmula, segui uma ladeira que levava aos escritórios da embaixada. À direita, uma guarita envidraçada abrigava dois GIs fardados, que vigiavam a movimentação em monitores. Diante deles, à esquerda, um marroquino de terno e gravata estava postado em frente de uma corrente que protegia a entrada dos escritórios.

Pedi ao marroquino formulários para imigração, interroguei-o sobre o modo de preencher. Enquanto ele me explicava, eu pensava rápido. Bastava arrancar a corrente à minha frente para me encontrar em território americano. Do outro lado, os funcionários trabalhavam. Tentei atrair o olhar deles, meus olhos fizeram-se suplicantes. Em vão.

Um homem se aproximou do plantonista marroquino. Mostrou-lhe seu crachá e o outro ergueu a corrente. Hesitei mais uma vez quanto à conduta a seguir. Será que eu devia me precipitar atrás dele, pular por cima daquela corrente e pedir aos berros asilo político? Mas, se me aceitassem, que seria dos outros três? Seriam repelidos? Denunciados? Detidos?

Se o marroquino fosse um americano, eu teria passado por cima da corrente sem hesitar. Ele representaria para mim a libertação, a América, os direitos humanos. Mas podia eu ter confiança num compatriota? E se ele me barrasse a passagem?

Quando resolvi por fim passar à ação, era tarde demais. Em sua guarita envidraçada, os GIs tinham ficado desconfiados. Falaram entre si em inglês apontando para mim, depois latiram em seu alto-falante, dirigindo-se ao marroquino, dizendo que eu tinha um aspecto esquisito. Um dos dois saiu da guarita e veio em minha direção.

Eu estava em pânico. Peguei os formulários, recuperei minha trouxa e saí apressada, com o coração disparado. Encontrei meu pequeno grupo nos táxis. Era a derrota. Só nos restavam as embaixadas da Grã-Bretanha e da Espanha. Mas também estavam fechadas.

Não sabíamos mais o que fazer.

Outra pessoa podia nos ajudar, um amigo de vovô, berbere como ele. Uma das suas filhas fora minha colega na escola do Palácio. Pedimos aos táxis que nos levassem a Agdal, bairro em que ele morava com a família, sua mulher Lalla Mina, as filhas, Latifa e Malika. Na minha época, Agdal era um bairro só de casinhas encantadoras. Mas todas tinham sido demolidas e substituídas por edifícios.

Não reconhecíamos mais nada. Os táxis rodavam sem destino e nós estávamos cada vez mais perdidos. Lembrei-me então de que a casa deles ficava ao lado do Correio. Por sorte, era a única que não havia sido demolida.

O porteiro me perguntou a quem ele devia anunciar. Eu lhe disse que queria falar com Lalla Mina, da parte de Malika, filha de Haja Fatéma.

Ele voltou e me declarou com um ar desconfiado:

"Ela não conhece ninguém com esse nome. Se você não cair fora já, eu chamo a polícia."

Obstinei-me.

"Diga-lhe que sou Malika, a filha de Oufkir."

Ele retesou-se, surpreso, quase assustado.

"Não insista", falou por fim. "Não adianta. Ela não quer saber."

Mas fechou devagarzinho a porta de comunicação entre o living e a entrada, e me interrogou com o olhar. Perguntei-lhe onde morava Latifa.

"Ela mora em Agadir."

Malika, sua irmã, morava do outro lado da rua. Eu a conhecera bem, ela havia sido professora primária na juventude. Na época em que meu pai ainda era diretor da Agência Nacional de Segurança, ela vinha a minha casa dar aulas particulares às crianças. Estava casada com um empresário, era agora uma mãe de família.

Sem muita esperança, resolvi tentar a sorte. Postamo-nos diante do prédio e ficamos aguardando que ela voltasse. Por volta de meio-dia e meia, vimos um carro estacionar. Uma matrona desceu, seguida de seus quatro filhos em fila indiana, como uma galinha com seus pintinhos. Malika parecia ter engordado dez quilos em cada gravidez.

Fui em sua direção. Ela me olhou fixamente e seu rosto se crispou. Quanto mais eu me aproximava, mais ela se descompunha.

Por fim, fez uma careta, recuou, pôs-se a chorar.

"Por que eu?", berrou. "Por que fazer isso comigo? Você

não tem o direito... Crianças, entrem depressa", ordenou, à beira da histeria.

Ela continuou a recuar, enxotando-me com os braços como se eu fosse leprosa.

Voltamos ao centro para postar nossas cartas no Correio central. Havíamos mandado umas vinte a políticos e artistas, entre os quais Alain Delon, Simone Signoret, Simone Veil, Robert Badinter, José Artur... Também queríamos telefonar. Trancamo-nos numa cabine, mas não soubemos usar o aparelho.

Cada vez que alguém se aproximava, saíamos da cabine correndo, como se fossem nos expulsar. Apesar do nosso medo, rimos bastante, o que nos permitiu esquecer por alguns minutos que éramos fugitivos. Mas não conseguimos discar um só número.

As horas passavam. Precisávamos nos refugiar em algum lugar. Só os amigos da infância poderiam nos ajudar, entre eles Reda, amigo íntimo de Raouf. Antigamente, ele morava ao nosso lado, na Alameda das Princesas. Para chegar à casa dele, tínhamos de passar em frente da nossa. Eu sempre prometera mostrá-la a Abdellatif um dia. Meu irmãozinho não se lembrava mais da promessa, mas gostava de nos ouvir falar da casa, cheios de saudade.

Era agora ou nunca.

Marquei encontro com os outros dois diante da casa de Reda e me demorei com Abdellatif para tomar o caminho da nossa.

Eu tinha medo do que ia encontrar, das transformações que teriam sido efetuadas pelos novos moradores. Teriam respeitado o lugar? Meu quarto estaria ainda entre a piscina e a sauna? E o jardim? Será que ainda teria as flores de que eu tanto gostava?

Ao chegar diante do portão, achei que havia me enganado de endereço. No lugar da majestosa casa ocre-avermelhada, rodeada por um gramado sempre verdejante, só havia um terreno baldio. Depois da nossa saída, a casa havia sido saqueada. Nossos ex-cortesãos tinham "se servido": uns levaram os móveis, outros os quadros, os tapetes, as joias de mamãe, os álbuns de fotografias, os bibelôs, as roupas, as lembranças...

Depois Hassan II mandou demoli-la. A casa não existia mais, como nós também não existíamos. Com esse ato brutal, ele nos lançava ao vazio.

Recebi esse golpe com violência. Aquela casa tivera para mim uma importância considerável. No Palácio, ela tinha sido o centro das minhas preocupações, o símbolo de um lar normal e feliz, o porto seguro pelo qual eu ansiava.

Durante todos aqueles anos de prisão, eu tinha me agarrado a ela, revia-a com nitidez. De noite, antes de dormir, passeava em todos os cômodos, examinava-a em todos os seus detalhes. Ela era meu cordão umbilical, a última coisa que me prendia a meu pai e aos dias felizes passados.

Com seu desaparecimento, minhas referências de repente vinham abaixo. Eu me sentia desprezada, violentada, machucada. Sozinha no mundo, mais uma vez. Nada mais tinha sentido. Para não inquietar Abdellatif, inventei que tinha me perdido, que não sabia mais onde ela ficava. Ele aceitou a mentira sem protestar.

O táxi rumou para a casa de Reda. Um jardineiro se encontrava à porta.

"Reda?", respondeu-me, como se falasse com uma debiloide. "Reda se casou. Não mora mais aqui... Os pais dele? Ora, os pais dele estão na França..."

Tanto insisti que ele acabou deixando escapar que Reda morava agora no condomínio Zawha. Entramos de novo nos táxis, mais abatidos que nunca. Na entrada do condomínio, o porteiro nos deteve, desconfiado, inquisitivo — era sem dúvida nenhuma um informante da polícia, como a maioria dos porteiros do Marrocos.

Assumi um ar desenvolto para lhe perguntar qual era o bloco de Reda. Dirigi-me até lá com precaução, como se estivesse em guerra. Tinha a sensação de atravessar uma fronteira perigosa, em que a cada instante uma bala podia interromper meu percurso.

Toquei a campainha. Uma empregada veio atender. Reda tinha acabado de sair, ela não quis me dizer aonde ele fora almoçar. Pedi-lhe um copo d'água e supliquei-lhe que me deixasse telefonar.

Eu queria ligar para José Artur, na rádio France Inter. Seu programa nos fizera tantas vezes companhia durante nosso cativeiro que com certeza ele poderia nos ajudar... Mas ela me pediu para ir embora, sem atender o meu pedido.

Eu tentava parlamentar, quando ouvi no céu o ruído característico de um helicóptero. Peguei meu irmãozinho pela mão e desci as escadas voando. Maria e Raouf, que me esperavam na entrada do condomínio, também saíram correndo.

O aparelho voava tão baixo que dava para ver distintamente os soldados sentados lá dentro, a metralhadora sobre os joelhos. Voltamos a correr e nos escondemos atrás dos ciprestes, apertados uns contra os outros, trêmulos. Ignorávamos que nosso avô também morava naquele condomínio e que os policiais tinham começado suas buscas por lá.

Raouf teve então uma nova ideia, mais uma, mas na situação em que estávamos não íamos nos fazer de difíceis. Ao lado do condomínio Zawha, estava situada a casa de outros amigos de infância, Patrick e Philippe Barère, franceses do Marrocos. Sempre mantivemos boas relações com eles e gostávamos muito de seus pais, principalmente da mãe, uma verdadeira mãe coruja, constantemente preocupada com seus filhos.

Após alguns minutos de caminhada, encontramos a casa, pequena e encantadora, cercada de árvores e de gramado.

Uma empregada abriu.

"Gostaríamos de falar com a sra. Barère. Da parte de Malika e Raouf Oufkir."

Ela bateu a porta. Esperávamos qualquer coisa: ser escorraçados como ladrões, insultados, desprezados, denunciados. Estávamos esgotados, famintos, sem ação, desesperados. Incapazes de dar mais um só passo.

Depois ouvimos alguém correr e a porta voltou a se abrir bruscamente. Michèle Barère estava diante de nós, em prantos.

Não conseguia pronunciar uma só palavra, de tanto que chorava.

Abriu os braços e nos apertou fortemente contra si, murmurando:

"Meus filhos, meus filhos queridos, que bom!"

Mandou-nos entrar. Pela primeira vez desde a fuga, nos sentimos seguros.

Ela tomava café com o marido e convidou nós quatro a acompanhá-los. Luc Barère era dono de uma madeireira. Na época em que o conhecemos, era muito bem-visto no Palácio. Levantou-se e beijou-nos. Parecia surpreso em ver-nos. Disse-lhe que havíamos sido soltos.

"Mas como? Ninguém disse nada no rádio nem na televisão..."

"É assim. Quando desaparecemos, ninguém deu explicações também..."

Minha resposta era plausível. Quantos desaparecidos um belo dia não "reapareceram", sem ninguém saber por que nem como? Continuei minha história. Mamãe e os outros sairiam logo, haveria um segundo grupo. Tinham nos dado um pouco de dinheiro para a viagem.

Eu não me sentia muito à vontade dizendo aquelas mentiras. Percebia que ele estava um tanto cético.

Quanto a mim, representar a farsa da libertação, fingir que tudo estava normal, não poder exprimir tudo o que fervilhava na minha cabeça custava-me terrivelmente. Gostaria de ter podido gritar — ali, naquela sala de estar tão bem decorada, no meio de seus lindos bibelôs arrumados com amor em cada móvel bem lustrado — que éramos procurados, perseguidos por todas as polícias marroquinas; que tínhamos pago durante quinze anos por um crime que não havíamos cometido; que mamãe, Soukaïna e Myriam ainda estavam presas, talvez sendo torturadas, naquele mesmo instante, para confessar onde estávamos...

Eu ardia de medo, angústia, revolta, culpa, cólera. Sem nós, a vida continuara... Nosso reaparecimento perturbava a boa marcha do mundo e metia medo mesmo naqueles que nos haviam amado. Durante quinze anos, havíamos sido uns fantasmas cujo nome todos evitavam pronunciar, ou o faziam em voz baixa, temendo represálias.

Mas eu também não podia dizer nada, devia me contentar com sorrir, simular, pronunciar palavras convencionais, cuja banalidade escondia o drama que estávamos vivendo.

Luc Barère anunciou que ia sair para trabalhar, o que nos aliviou. Precisaríamos fingir menos. Sua mulher acreditava em nós e se movimentava na cozinha, arranjando comida, bebida enquanto repetia:

"Coitadinhos, que bom..."

Passamos algumas horas assim, comendo e bebendo, mas continuávamos alertas. Aquele desafogo era, entretanto, muito bem-vindo. Michèle Barère deu-nos notícias de nossos amigos de antigamente. Contou-nos como nossa casa havia sido demolida e quem, dentre os cortesãos, tinha se precipitado a saqueá-la. Tive de conter o pranto.

Ela também me falou da morte, uns dez anos antes, de minha corajosa avó Mamma Khadija, que servira de intermediária, com sua mobilete, para entregar cartas e embrulhos aos policiais de Tamattaght. Meu avô tinha se casado novamente, pouco depois, com uma mulher bem mais moça.

Ela nos contou também que um dos seus filhos, Philippe, que vivia agora na França, estava de passagem no Marrocos com a mulher, Janine, uma ex-colega de colégio. Ele ficaria muito contente de nos rever.

Eu, que temia tanto que um de nós se traísse, fiquei petrificada quando ela ligou a televisão. Nunca tínhamos visto imagens em cores, a não ser no cinema. Na tela gigante, apareceram uns desenhos animados, e Abdellatif ficou estarrecido. Não ouvia mais, não nos olhava mais, fascinado com o espetáculo. Voltara a ser uma criança de três anos, rindo com as menores bobagens. Eu estava inquieta. Ele engolia um número demasiado grande de novidades, e depressa demais. Temia que Michèle Barère suspeitasse das condições de nossa detenção. Eu queria fornecer o mínimo possível de detalhes.

Quanto mais as horas passavam, enquanto falávamos disto e daquilo, mais eu me convencia de nosso fracasso. Imaginava a morte, já que nossa resolução de pôr fim à nossa vida se fôssemos capturados era irrevogável. Mas, se essa decisão tinha sido fácil de ser tomada no isolamento da prisão, com a volta à vida tornava-se muito mais difícil.

Luc Barère retornou no fim da tarde. Não parecia disposto a deixar as coisas naquele pé. Não acreditava numa só palavra de nossa história, fazia cem vezes as mesmas perguntas sem se satisfazer com as respostas. Sua mulher tentava demovê-lo, pedia-lhe repetidamente que nos deixasse em paz.

"Você está vendo que eles viveram um pesadelo, Luc... Quando penso em toda essa gente que foi tão indiferente à sorte deles..."

Tentávamos desviar a conversa, perguntar por uns e outros, mas ele voltava ao assunto. Acabou declarando que devíamos festejar nossa liberdade. Propunha-se telefonar a nosso avô, que merecia essa alegria. Como dissuadi-lo de fazer aquilo sem insistir muito, de modo a não aumentar suas suspeitas?

"Ele está velho, vai ficar chocado se nos vir neste estado. Preferimos nos recuperar um pouco antes de ligar para ele. É a única pessoa da família que nos resta. Não queremos que morra de emoção!"

A verdade, claro, era outra. A polícia sem dúvida estava vigiando a casa e o telefone dele. Seríamos presos logo.

Michèle Barère nos acudiu.

"Deixe-os descansar um pouco", disse ao marido, "amanhã irão visitá-lo. Antes nós o prepararemos", acrescentou para nos tranquilizar. "Eu mesma telefonarei para ele."

Íamos passar à mesa, quando a porta da entrada se abriu. Ouvimos um homem soluçar no corredor. Philippe Barère ficara sabendo da nossa volta e vinha nos visitar com a mulher e o filho. Abraçou-nos chorando.

Repetia as mesmas frases.

"Que coisa, que pesadelo, por que fizeram isso com vocês?"

Depois se acalmou, olhou para nós, dizendo que voltar a nos ver era a melhor coisa que poderia ter acontecido em sua vida.

O jantar foi um dos mais estranhos e também mais penosos de toda a minha vida. Philippe às vezes ria ou olhava para nós com um sorriso feliz. Outras vezes, soluçava. Nós nos esforçávamos para exibir uma aparência de normalidade, mas estávamos terrivelmente abalados e esgotados com tudo aquilo.

Depois do jantar, Michèle Barère mostrou-nos nossos quartos no andar de cima. Recusei educadamente o que ela me oferecia, alegando que queria dormir sozinha. Ela aceitou sem contrariedade que eu me instalasse onde quisesse, isto é, numa saleta onde havia um telefone. Luc Barère subiu e me ofereceu soníferos, para que passássemos uma boa noite. Peguei os comprimidos agradecendo-lhe e, assim que ele deu as costas, apressei-me a jogá-los no vaso.

Minha paranoia aumentava a cada instante.

Tomamos banho um de cada vez. Abdellatif via pela primeira vez uma banheira. Fui a última a me lavar. Ao tirar o vestido, percebi que ele não saía. Fui obrigada a puxá-lo com brutalidade, arrancando a pele das pernas, que o sangue colara ao tecido.

Eu nem percebera que, ao sair do túnel, me machucara seriamente. A dor já era terrível, mas o pior estava por vir. Os sapatos estavam grudados a meus pés. Era impossível tirá-los.

Fechei os olhos, contei até três e puxei com força. Tive de morder os lábios para não berrar. Tinha arrancado todas as unhas dos pés, provocando uma hemorragia. O sangue esparramou-se no carpete.

Aflita, procurei por ali alguma coisa para limpá-lo. A porta se abriu naquele momento, e eu entrei na banheira. Michèle Barère viu o sangue no chão.

"O que aconteceu?"

"Nada, só prendi a unha na porta."

Ela começou a entrar em pânico. A situação estava ficando incontrolável. Ela saiu do banheiro, eu me lavei e sequei como pude, depois limpei os estragos. Ela tinha me emprestado uma *gandura** para dormir, mas meus pés sangravam tanto que fiquei sentada a noite toda para não sujar a *gandura* e os lençóis.

Passei a noite escrevendo. Uma carta a Jean Daniel, poemas, SOS. Por volta das quatro da manhã, tirei o fone do gancho sem fazer barulho.

Na extensão, Luc me perguntou se precisava de alguma coisa.

"Não, é que ouvi tocar..."

"Você devia estar sonhando."

Por volta das seis e meia da manhã daquela terça-feira, eu me levantei, me vesti e fui ao quarto dos outros. Já estavam acordados. Pedi que se vestissem depressa, depois desci até a cozinha.

Michèle Barère cantarolava preparando o café da manhã. A mesa estava posta, havia um cheiro gostoso de torradas e café. Tudo parecia tão normal. Mas estávamos tão longe dessa normalidade!

Beijei-a. Ela me perguntou ternamente se tinha dormido bem. Contive minhas lágrimas, desarmada por sua gentileza serena. Então espantei-me com a ausência de Luc.

"Não houve jeito de contê-lo... Sabe como ele é... Pegou o carro e foi avisar seu avô."

Subi para prevenir Raouf da catástrofe. Depois Philippe chegou para tomar o café conosco. Raouf chamou-o à parte e perguntou se podia nos levar a um lugar de carro.

"Claro. Aonde vocês querem ir?"

"A gente diz quando chegar lá."

* Túnica marroquina, sem mangas. (N. T.)

Disse a Michèle Barère que Raouf e eu íamos dar uma volta com Philippe.

Tínhamos visto a velha embaixada da Suécia, que não ficava longe da casa dos pais dele. Era nossa última oportunidade de pedir asilo político, mas não acreditávamos muito que ia dar certo. Indicamos o caminho a Philippe, depois lhe pedimos para parar.

Ele nos fitou demoradamente, sem dizer nada. Nossos rostos, bem como nosso silêncio, eram eloquentes. Nós lhe explicamos a situação. Ele bateu a cabeça no volante, dando gritos de dor.

"Por que, por que esse pesadelo não acaba nunca?"

Era impossível acalmá-lo. Mas continuávamos falando com ele da forma mais calma do mundo, como se fosse uma criança que quiséssemos consolar.

"Ouça", disse-lhe Raouf, "vamos entrar na embaixada e pedir asilo político. Se daqui a quinze minutos ainda estivermos lá, é que nosso plano deu certo. Se sairmos, só lhe pedimos uma coisa: nos levar para a estação."

Ele aceitou, sempre chorando. Teria aceitado qualquer coisa.

Era preciso fazer fila para entrar na embaixada, e nossa vez não chegava. Passados dez minutos, Raouf se impacientou. Pegou uma folha de papel e escreveu em letras garrafais:

"Os filhos do general Oufkir pedem asilo político ao Estado da Suécia."

Passamos a folha por baixo da porta de vidro atrás da qual estava sentada uma loura enorme. Ela pegou o papel, leu e levantou-se. De pé, parecia gigantesca. Fuzilou-nos com o olhar e declarou destacando as palavras:

"GO OUT."

Aterrorizados, fugimos correndo. Suécia, país dos direitos humanos...

Philippe nos aguardava no carro. Tínhamos de passar na casa dos seus pais para pegar Abdellatif e Maria. A mãe dele nos abriu a porta. Ela não compreendia por que ele soluçava daquela forma. Sem dúvida, se recusava a compreender.

Depois Luc Barère entrou, acompanhado do meu jovem tio Wahid, que estava com o rosto intumescido e os olhos cheios d'água. Barère tinha ido à casa do meu avô, encontrado Wahid e contado que havíamos sido libertados. Meu tio caiu em seus braços.

"Eles fugiram."

Ele ficara sabendo da nova pela DST, a polícia secreta. Os agentes tinham vindo buscá-lo na véspera e o espancaram a noite toda, golpeando-lhe a sola dos pés, para que confessasse onde estávamos.

Largaram-no em casa meia hora antes de Barère chegar. Wahid não nos via desde nossa ida para Assa. Não tivera mais notícias nossas desde Tamattaght, salvo, de vez em quando, o anúncio da morte de um de nós.

Assim, tinham-no feito acreditar, primeiro, que Myriam havia morrido; depois que Raouf havia morrido e, finalmente, que eu também. Ele me fez jurar que mamãe e as outras ainda estavam vivas. Ele berrava, chorava, gesticulava, nos beijava um a um.

Eu estava emocionada em vê-lo, amava-o como se fosse um irmão, mas me esforcei para ficar impassível. Não era o momento de fraquejar. Eu não estava em condições de testemunhar seu transtorno. Queria fortalecê-lo, encorajá-lo, fazê-lo entender que nossa vida estava em jogo. E — o que era mais importante — eu morria de medo de que ele houvesse sido seguido.

"Hoje, você chora, mas durante quinze anos todos vocês nos abandonaram", eu lhe disse com frieza. "Se quer se redimir, há apenas uma coisa a fazer: conte toda a nossa história para a imprensa internacional, porque eles não vão nos pegar vivos. E, agora, mexa-se. Há ainda outra coisa: estamos precisando de dinheiro."

Luc Barère pôs-se a berrar.

"Por que fizeram isso comigo? Eu confiei em vocês. Abri minha casa para vocês! Não vou mais poder trabalhar neste país! Vão me expulsar..."

"Eu não tinha a intenção de mentir nem de manipular você", repliquei. "Estamos sozinhos no mundo, não sabíamos aonde ir, e, se não revelamos nada, foi para preservar vocês. Diga às autoridades que você não sabia de nada e que nós tapeamos vocês todos."

Sua mulher tentava acalmá-lo. Philippe, por sua vez, se enraivecia, criticando o pai por não ter feito nada por nós.

"Somos todos culpados, todos cúmplices dessa infâmia", repetia.

Wahid não tinha dinheiro consigo. Pedi emprestado a Barère, que nos passou três mil dirhams. Dei meu manuscrito da História a Philippe, fazendo-o jurar que o enterraria em algum lugar e um dia me devolveria. Ele prometeu. Mas ficou com tanto medo que se apressou a destruir tudo assim que saímos de perto.

Michèle Barère dera-nos roupas limpas. Eu fiquei com uma espécie de *gandura* azul-lavanda e sandálias de salto alto com a parte de cima trançada, o que me dava uma aparência no mínimo curiosa. Os menores e Raouf estavam vestidos corretamente.

Pegamos um táxi e pedimos que nos levasse para a estação de Agdal. Partir pela estação central de Rabat era arriscado demais. Queríamos ir para Tânger.

TÂNGER

Por que Tânger? Primeiro porque não sabíamos mais aonde ir e a cidade parecia indicar o fim da nossa aventura. Precisávamos dormir, estávamos cansados, desesperados com os choques e decepções que tinham nos atingido nos últimos dois dias. A outra razão, um pouquinho mais concreta, era que os Barère tinham me contado que um dos meus ex-namorados, Salah Balafrèj, era dono de um hotel em Tânger. Quem sabe ele não nos ajudava?

De qualquer modo, Casablanca e Rabat tinham se tornado perigosas demais para nós, e precisávamos de um objetivo. Então, por que não Tânger?

Enquanto esperávamos o trem, nós nos refugiamos num estacionamento e, para não sermos notados, nos escondemos debaixo de uns carros. Tínhamos de esperar duas horas e meia. Raouf foi comprar as passagens e voltou para se esconder conosco. Começamos a delirar, imaginando várias hipóteses de fuga, cada uma mais disparatada que a outra.

O riso voltara a imperar — era o único, o melhor remédio para o desespero que nos invadia; preferíamos dissimulá-lo com as piadas mais infantis.

Imaginamos partir do Marrocos a nado pelo estreito de Gibraltar. Mas Maria tinha medo dos tubarões.

"Olhe, Negus, nenhum tubarão ia se interessar pelos seus ossos", Raouf rebatia, morrendo de rir, aludindo à extrema magreza de nossa irmã.

Abdellatif, que levava tudo ao pé da letra, ficou em pânico porque não sabia nadar. Raouf decidiu que compraríamos em Tânger roupas insubmergíveis, dignas do comandante Cousteau. Untaríamos a pele com gordura de foca para suportar o frio. Também compraríamos pastilhas antitubarões para tranquilizar Maria e balizas de sinalização para indicar nossa posição aos navios.

Essas besteiras nos ajudavam a manter o moral. A travessia de Gibraltar a nado não passava, é claro, de um projeto idiota, mas, em comparação com aquele túnel que tínhamos cavado com nossas mãos e com aquela fuga rocambolesca, até nos parecia realizável.

No embalo, inventamos um de nossos inúmeros roteiros malucos, metade Castor e metade Os Invencíveis... Em Tânger, precisávamos de um lugar para dormir, ao chegarmos, antes de contatar Balafrèj. Ir para um hotel era arriscado demais, pediriam nossos documentos e, além do mais, não queríamos gastar dinheiro. Bater à porta de alguém? Não conhecíamos muita gente lá e, depois da acolhida que nos deram em Rabat, temíamos receber novas desfeitas.

Ainda por cima, a polícia nos procurava fazia dois dias e sem dúvida já estava em Tânger. Informações sobre nós já deviam ter sido transmitidas, e nossos amigos deviam estar sendo vigiados. Devíamos ser prudentes.

Precisávamos travar novos conhecimentos no trem. Raouf e eu tentaríamos enganar alguém. Traçamos o perfil das vítimas: um homem e uma mulher do povo, ingênuos o bastante para engolir nossas mentiras. Teríamos assim onde dormir...

Ao inspecionar os compartimentos, encontramos nossas aves raras. A mulher estava instalada à esquerda da janela, e o homem, do outro lado. Ele era insignificante nos seus trinta anos, ar amável, aspecto modesto, mas não me detive a examiná-lo.

Seduzi-lo não deveria ser um prazer, mas um meio de assegurar nossa sobrevivência. Sentei-me diante dele, enquanto Raouf tomava lugar em frente da mulher, uma marroquina de uns cinquenta anos, gorducha, vestida dos pés à cabeça com um *dégradé* de rosa, e empastada de maquiagem.

Olhei para Raouf e cochichei-lhe no ouvido morrendo de rir:

"Viu só o que espera você?"

Eu estava com frio, com sono, tremia na minha *gandura* leve. O homem me ofereceu seu suéter. Agradeci em um francês com sotaque italiano. Não vínhamos mais da Bélgica, desta vez, mas da Itália, e até escolhemos um codinome: Albertini. Ainda bem, porque o sujeito vinha da Bélgica. Era cozinheiro e ia visitar a família em Tânger.

A matrona entrou na conversa. Eles nos perguntaram de onde vínhamos e recorri ao meu esquete italiano. Do Sul, expliquei, quando ele observou que eu tinha a pele morena como as marroquinas.

Mudei de lugar para me sentar ao lado do cozinheiro. Passado um momento, simulei cansaço e deixei minha cabeça cair em seu ombro. Evitei o olhar de Raouf. Eu adivinhava que meu irmão estava furioso por me ver provocar um homem para conseguir um teto. Também não me sentia muito à vontade. Mas por acaso tínhamos opção?

A ferrovia passava ao longo das praias de areia branca. Abdellatif espiava a costa desfilar, retomando seu ar de criança selvagem. Ele nunca havia visto o mar ou, pelo menos, não se lembrava disso. A matrona lhe perguntou, meio surpresa, se era a primeira vez que ele o via.

Mudamos de conversa, não queríamos dar muitos detalhes sobre nossa suposta vida na Itália. A mulher era desconfiada demais. Quanto ao cozinheiro, ele estava nas nuvens. Estava certo de que não ia demorar muito para passar às vias de fato comigo, e essa simples ideia já o fazia salivar.

As quatro horas do trajeto foram um verdadeiro suplício. O medo nos dava um frio na barriga. Mas nos fazer passar pela família Albertini nos relaxou e nos fez esquecer um pouco o resto.

O trem finalmente chegou a Tânger. Nós nos entreolhamos antes de passar à ação. Entendíamo-nos sem precisar de palavras. Abracei o cozinheiro; Raouf grudou-se à matrona. Maria e Abdellatif ficaram juntos. Na plataforma os policiais vigiavam a descida dos passageiros, porém sem prestar muita atenção. O país se encontrava em estado de alerta, éramos procurados nos lugares públicos, mas o governo estava embaraçado. Era necessário evitar que a opinião pública, revoltada com a sorte que tivéramos nos últimos quinze anos, se voltasse contra os dirigentes. Mas só soubemos disso mais tarde.

As pessoas desceram do trem acotovelando-se, e logo formaram uma massa compacta à qual nos misturamos. Mais uma vez, saímos da estação sem problemas. O motivo era simples. Os policiais procuravam quatro fujões que se esgueiravam rente aos muros, e não uma moça apaixonada abraçando ternamente o namorado, nem um rapaz alto e magro, ao lado de uma amiga gorducha. Nem um casalzinho andando de braços dados.

E, principalmente, eles não nos conheciam, não tinham nenhuma foto recente nossa, conforme soubemos mais tarde do diretor da DST. Desde 1972, havíamos tido tempo de sobra para crescer e mudar...

O cozinheiro não entendia por que eu ficara subitamente pálida e nervosa. Ele atribuía aquilo aos policiais.

"É assim, sinto muito", dizia ele. "No meu país, tem polícia por toda parte."

A gorda nos deixou. Ao se despedir, deu-me seu endereço; era secretária em Rabat. Eu segurava o cozinheiro pelo braço. Meio irritado, ele me perguntou por que eu não me livrava dos outros.

"Não posso largar minha família. Eles não entenderiam..."

Procurei saber onde ele morava, mas não me respondeu.

Essa caminhada em Tânger, que se iluminava ao cair da noite, tinha algo de irreal. A brisa marinha que acariciava nosso rosto, o cheiro de iodo que enchia nossas narinas, as sirenes dos navios nos davam uma impressão de grandes espaços, de fronteiras abertas. A liberdade estava ali, a nosso alcance, faltava muito pouco para que pudéssemos desfrutá-la de novo. O ritmo da vida noturna da cidade, copiado da Espanha vizinha, nos inebriava.

Mas a festeira Tânger tinha outra face. Foco do integrismo, centro do tráfico de drogas e do contrabando, a cidade era vigiada pelas forças auxiliares que estavam sempre pedindo os documentos dos passantes. Ainda não sabíamos disso.

Cruzamos com dois soldados de fuzil ao ombro, que avançaram em nossa direção e pediram nossos documentos. Pega desprevenida, gaguejei. Nossa salvação veio do cozinheiro, que protestou em árabe.

"Como assim?! Vocês pretendem atrair turistas ao Marrocos e fazem tudo para que eles detestem nosso país! Eles acabaram de chegar de Rabat; moram em Roma. Por que lhes pedir os documentos?"

Os dois homens não tiravam os olhos de nós, mas a cólera do cozinheiro os impressionou. Deixaram-nos passar, aparentemente a contragosto, me pareceu. Mais um milagre.

Fingimos não ter entendido o incidente.

"O Marrocos não é a Europa", explicou o cozinheiro. "Este país está se tornando um Estado policial..."

Respondemos com uma exclamação polida. Na Itália, a política era bem diferente... O cozinheiro me pegou pela mão e comecei a ficar com medo. Enquanto se tratou de um argumento dramático, eu não vi muitos problemas. Mas a realidade era muito menos divertida.

Para ganhar tempo, paramos numa mercearia a fim de comprar alguma coisa para comer. Tínhamos esquecido que estávamos com fome. Abdellatif olhava para as gôndolas aparvalhado, não conhecia quase nenhuma das frutas expostas. Sacudi-o, perguntei o que ele queria. Escolheu umas laranjas porque já comera na prisão. O resto o assustava. Ao sair, esqueceu lá as laranjas.

O cozinheiro perdia a paciência. Chamou-me de lado, disse-me que ia encontrar uns colegas para acertar a questão do quarto. Assim, eu poderia acomodar minha família.

Queria que eu fosse com ele. Recusei e pedi-lhe para me dar o endereço de um lugar onde poderia encontrá-lo. Ele me indicou um café e nos despedimos. Senti-me aliviada com o adiamento do desenlace.

Nos anos 1970, mamãe comprara uma participação num hotel de Tânger, o Solazur, em sociedade com Mamma Guessous, a amiga que esteve envolvida no caso da farda do meu pai.[4]

Liguei para a casa dela de uma mercearia.

"Mamma, é Malika. Estou em Tânger. Preciso de dinheiro e de um lugar seguro para me esconder... Será que...?"

"Ah, sim, sei... Não, não, meu marido ainda não chegou. Impossível, tenho de voltar para Casablanca amanhã..."

Na hora, não entendi por que ela me respondia de forma evasiva, naquele tom contido, reticente. Acreditei se tratar de mais uma traição de nossos amigos. Decepcionada mais uma vez, desisti.

Ela estava rodeada de policiais. Mais tarde, quando nos revimos, ela me confessou que um deles esteve a ponto de pegar o fone quando desliguei. Eles tinham certeza de que era eu que ligava.

Ainda assim, passamos pelo Solazur, que ficava pertinho dali. Precisávamos do endereço do hotel Ahlan, que pertencia ao meu amigo Salah Balafrèj. Antes de ir para Tânger, eu pedira a Wahid que o avisasse da nossa chegada.

[4] Ver p. 112.

* * *

Não sabíamos mais aonde ir. Sentíamo-nos obrigados a encontrar o cozinheiro no lugar que nos indicara e que ficava num dos cantos mais sórdidos de Tânger. Descemos as escadas que nos levaram à parte subterrânea da cidade.

O café ficava num porão de teto tão baixo que Raouf tinha de dobrar seu metro e oitenta e cinco para andar. Eu nunca tinha visto uma reunião de gente tão sinistra. Marinheiros cheios de cicatrizes, drogados com olhares vítreos, traficantes, toda a ralé do submundo estava sentada em torno de mesas de fórmica. Não havia nenhuma mulher entre eles, como tampouco estava lá o cozinheiro. Esperamos uns dez minutos, depois caímos na real. Mesmo em nosso estado, não era um lugar para nós. Subimos as escadas correndo e respiramos fundo o ar fresco.

Só nos restava a solução Balafrèj. Estávamos cansados demais para continuar a pé. Pegamos um táxi cujo motorista era um velhote integrista, bastante rabugento. Raouf sentou-se na frente e nós três no banco de trás.

O hotel Ahlan ficava a uns trinta quilômetros da cidade. O táxi passou o subúrbio e seguiu por uma estrada sossegada. Depois de rodar um bom momento, ficou preso num engarrafamento. Era meio esquisito parar daquele jeito no meio do campo. Não era um bom presságio. Aproximando-nos um pouco, percebemos uma barreira policial gigantesca. Era uma operação e tanto: o exército, a polícia, as forças auxiliares, a DST, toda aquela gente nos procurava.

O motorista pôs-se a reclamar porque o trânsito não andava. Raouf não ousava se virar para trás, mas nem precisávamos falar para exprimir o terror que tomava conta de nós. Maria, Abdellatif e eu apertávamos tanto as mãos que nossas unhas penetravam em nossa carne. O silêncio ficou pesado.

Quando chegou nossa vez, o carro avançou devagarzinho até parar na altura da barreira. Um policial adiantou-se, lanterna na mão. Dirigiu-a para nós. Esbocei um sorriso que mais parecia uma contração. Ele apagou a lanterna e se afastou para conversar com um colega. Voltaram juntos e de novo apontaram as lanternas para nós.

Estávamos petrificados. Parecia-me ouvir o coração dos três bater tão forte quanto o meu, e eu me perguntava como os policiais não ouviam aquele barulho ensurdecedor.

"Se ficarem mais um minuto", pensei à beira do desmaio, "vou morrer de ataque cardíaco."

Eles procuravam quatro jovens fugitivos. Nem os relacionaram conosco...

É que não pensávamos com a mesma lógica. Na cabeça deles, não tínhamos o que fazer a trinta quilômetros da cidade. Se estivéssemos em Tânger, iríamos certamente para o porto, para as praias, vias de saída do país. Os policiais apagaram as lanternas e fizeram-nos sinal para passar.

Foi somente alguns quilômetros depois que pudemos voltar a respirar aliviados.

O HOTEL AHLAN

No hotel Ahlan — palavra que significa "boas-vindas" em árabe — fui até a recepção e pedi num tom seguro para falar com o sr. Balafrèj.

"Da parte da sra. Albertini", precisei.

O recepcionista pareceu impressionado com uma mulher de ar tão esquisito pedindo para falar com o diretor. Mas ele tinha ido para Rabat. Franzi o cenho, elevei a voz.

"Como? Que escândalo! Onde está minha suíte? Ela foi reservada em nome de Albertini."

Queria ganhar tempo. Evitar que pedissem nossos passaportes. Exigi que telefonassem a Balafrèj para lhe dizer que a sra. Albertini o esperava. O recepcionista voltou minutos depois.

"O sr. Balafrèj mandou arranjar um quarto para a senhora."

Mas o resto eu já sabia. O homem pediu nossos passaportes e fingi me zangar.

"Eu, uma amiga do proprietário, sofrendo uma afronta destas..."

Dei meia-volta ruidosamente, seguida dos outros. Um barzinho próximo da recepção nos recebeu, e alguns cafés nos levantaram o moral. O recepcionista passava e tornava a passar cheio de sorrisos. Ele acabou se aproximando de nós e perguntou-me se eu queria jantar.

"Não se incomode conosco. Vamos deixar o hotel."

Os empregados olhavam com curiosidade, intrigados com nossa aparência, que contrastava com nossos ares superiores. Alguns rodavam em torno do bar.

Eram cerca de onze da noite. Resolvemos nos esconder perto da piscina e passar a noite na boate do hotel. No gramado, havia algumas espreguiçadeiras dispostas em círculo. Deixei-me cair numa delas. A lona estava ensopada e molhou minha *gandura*, que já não era nada grossa. Escondidos debaixo das árvores, apertados uns contra os outros tiritando de frio, esperamos a meia-noite, quando a boate abria.

Durante quinze anos, idealizamos nossa volta à vida. Eu que, quando adolescente, só vivia para dançar, mal podia esperar o momento para me entregar de novo à minha paixão noturna. Mas ou tudo havia mudado à nossa volta ou não éramos mais exatamente como os outros. Na boate, a música estava alta demais, a luz psicodélica parecia furar nosso cérebro. Para nós, pobres cabeças doloridas, aquela agressão sonora era pior que a mais insuportável das torturas. Fugimos correndo.

Esse incidente acentuou nossa sensação de sermos "fugitivos" e nada mais. Mais uma vez, estávamos fora da vida, e isso nos abalou. Mas o humor de Raouf salvou mais uma vez a situação. Ele conseguiu nos fazer rir com seus comentários sarcásticos sobre os frequentadores da boate.

Voltamos então ao bar e ficamos lá até que fechasse, às quatro da manhã. Eu notara, no hotel, onde ficava o banheiro. Passamos lá o resto da noite, Raouf e Abdellatif no masculino, Maria no das mulheres. Escondida atrás de um móvel num corredor, velei pelo sono deles enquanto esperava o dia nascer.

De manhã, nos lavamos; depois entramos no saguão, como se tivéssemos dormido em outro lugar. Caminhávamos com dificuldade, o barulho nos ensurdecia, a luz feria nossos olhos, sofríamos mil males diversos...

Entretanto, era imperioso que estivéssemos à altura da nossa fuga por mais inseguros que fôssemos do seu desenlace; que representássemos um papel diante dos outros, quando mais estávamos necessitados de bons tratos, de ser ouvidos, consolados, lastimados, amados. Era terrivelmente difícil, terrivelmente injusto também, mas não havia opção.

Os turistas iam e vinham, desciam dos ônibus que paravam diante do hotel, falavam em todas as línguas. Estavam bronzeados, alegres, sorridentes, às vezes reclamavam; seus problemas eram almoços mal digeridos e excursões não incluídas no preço. A vida estava ali, diante de nós, movimentada, alegre, tão simples nos detalhes, mas estávamos excluídos dela. Éramos o tempo todo repelidos para junto dos mortos, quando desejávamos fazer parte dos vivos.

Deixamos o saguão do hotel e voltamos para o jardim cercado de árvores magníficas. Sentamo-nos nos degraus pequenos e conversamos um bom tempo ali. Era quarta-feira, 22 de abril; fazia quase três dias que tínhamos fugido e ainda não nos haviam capturado. Éramos perseguidos, estávamos em pânico, balançávamos ao sabor dos acontecimentos. Mas livres. Tínhamos passado a perna neles. Desse ponto de vista, nossa fuga era um sucesso.

Mas sentíamos falta de mamãe e das outras. Falávamos delas rindo e chorando. Quando será que descobriram nossa fuga? Como as estariam tratando? Quando íamos vê-las de novo? Deixávamos certas perguntas no ar, e respostas também, tão grande era nossa angústia.

Nem por isso nossos problemas estavam resolvidos. Aonde ir? Quem procurar? Tínhamos resolvido ligar para a Radio France Internacional. Infelizmente, não sabíamos o número e, para telefonar, era preciso passar por uma telefonista do hotel. Na recepção, começavam a desconfiar de nós.

Nossa única solução era conquistar aliados. Já de manhã, descobrimos uma adorável senhora francesa, muito fina e que parecia uma boa pessoa. Estava acompanhada do filho, um boboca de uns cinquenta anos, professor de matemática, que ela levava pelo nariz. Resolvemos ganhar sua confiança para que ela pedisse à telefonista o número da RFI para nós. Para tanto inventamos mais uma grande mentira, que seria usada quando a oportunidade se apresentasse.

Mas a velha senhora não nos bastava. Precisávamos de outros amigos, que pudessem eventualmente nos convidar para jantar ou nos hospedar em seus quartos. Apostamos nossas fichas, portanto, no professor de equitação do hotel, a quem Maria não deixava indiferente, num recepcionista que me lançava olhares lânguidos, e num jovem casal espanhol de bermudas, sorridentes, simpáticos, bem "alternativos".

Maria foi flertar com o professor de equitação, o que era uma façanha para ela. Ele a beijou de leve na boca, e ela ficou maravilhada. Apesar de estar com vinte e cinco anos segundo o registro civil, na realidade tinha apenas dez...

Quanto a mim, simpatizei com o recepcionista, que marcou encontro comigo em seu quarto, às três da tarde. Aceitei, dizendo para mim mesma que na hora eu improvisaria.

Enquanto aguardava o encontro, fui procurar a velha senhora, para descobrir em que parte do hotel era seu quarto. Depois de achá-la, segui-a, tratando de ser o mais discreta possível. Diante do elevador, ela começou a praguejar contra os espanhóis e seus horários tardios, e aquiesci sorrindo a tudo o que ela dizia.

Era uma boa pessoa, feliz por encontrar alguém capaz de entendê-la. Trocamos alguns comentários banais e depois nos separamos com um alegre "até já".

De volta ao saguão, deparei com meu recepcionista. Ele parecia tão cansado quanto irritado.

"Esqueça o encontro, não tenho tempo", disse. "Os hóspedes estão em pânico. Querem voltar para casa. A polícia está em polvorosa."

"Por quê?"

"Estão procurando quatro criminosos, quatro fugitivos perigosos."

Deixou-me ali e voltou a seus turistas.

Pus as crianças a par da novidade, e ficaram tão aflitas quanto eu. Criminosos, nós? Perigosos, nós? Quer dizer que corríamos o risco de ser mortos sumariamente? De jeito nenhum, não lhes daríamos esse prazer, preferíamos nos suicidar antes. Abdellatif começou a procurar febrilmente as tomadas para que pudéssemos nos eletrocutar, se preciso. O delírio e o desespero tomavam conta de nós. Maria e eu soluçávamos.

Tínhamos nos instalado no bar. A velha senhora francesa entrou com o filho. Cumprimentou-nos e depois, vendo nosso estado lastimável, se aproximou e perguntou por que chorávamos. Aproveitamos a deixa e contamos a mentira que tínhamos preparado para ela.

Nossa irmã, jornalista da rádio France Inter, ia ser hospitalizada em Villejuif, com câncer de mama. Nossos pais não estavam a par disso, e não sabíamos como entrar em contato com ela, na emissora.

"Ora, meninas, por que vocês não ligam para a rádio Medi 1?[5] Eles vão lhes passar o número da RFI em Paris, e vocês poderão falar com ela..."

Não podíamos dizer que as telefonistas desconfiavam de nós. Continuamos a chorar, sem tirar os olhos dela.

"Não estamos em condições", fingi, soluçando. "Não conseguimos abrir a boca sem chorar!"

Devíamos estar sendo convincentes. Comovida, ela se ofereceu para obter o número para nós.

[5] Estação de rádio marroquina que irradia em torno do Mediterrâneo.

Saiu e logo depois voltou com um pedaço de papel, que nos passou sorridente. Tinha ligado para a rádio Medi 1, em que lhe forneceram o número da RFI. Agradecemos, depois nos despedimos, marcando encontro com os meninos para um pouco mais tarde.

Deixei Maria se entender com a telefonista, explicando-lhe que pedisse para falar com Alain de Chalvron. Era uma das vozes da RFI que melhor conhecíamos.

Esperei minha irmã no saguão. Ela voltou em seguida, com um ar triunfal. Graças a muita diplomacia, tivera êxito com a telefonista. Esperamos até que nos passassem um interlocutor.

Por sorte, Alain de Chalvron estava lá.

"Somos os filhos do general Oufkir", disse Maria. "Fugimos depois de quinze anos de detenção. Cavamos um túnel em nossa prisão e agora estamos em Tânger. Queremos ajuda. Gostaríamos de falar com Robert Badinter, pedir-lhe para ser nosso advogado."

No início o jornalista não acreditou. Repetia sem cessar:

"Não é possível, que monstruosidade..."

Depois, pediu uma prova. Rogou-nos que não entrássemos em pânico e perguntou-nos onde poderia entrar em contato conosco. Demos o telefone do hotel e nosso sobrenome falso, Albertini.

Desligamos e esperamos trêmulos. Dez minutos depois, ele ligava de volta.

"É um furo incrível! Vocês sabem que François Mitterrand vai aterrissar daqui a algumas horas no Marrocos, em visita oficial?"

Alain de Chalvron ligara para o Quai d'Orsay,* que transmitira a notícia ao presidente, em seu Concorde. Badinter não podia nos defender, porque era presidente do Conselho Constitucional. O jornalista nos aconselhou a tentar o dr. Kiejman. Propôs-se a falar com ele. Desligou e prometeu nos ligar de novo.

* Endereço do Ministério das Relações Exteriores da França. (N. T.)

Deixei Maria de sentinela e corri até o estacionamento para avisar meus irmãos. Caí nos braços de Raouf soluçando e contei-lhe nossa conversa. Abdellatif me fitava tentando entender. Mitterrand, Quai d'Orsay, Concorde, Badinter eram nomes que lhe escapavam totalmente.

Fomos ao encontro de Maria. Alain de Chalvron voltara a ligar e ela nos esperava para falar com ele. Pelo telefone, nós lhe ditamos nosso apelo ao rei. Essa declaração dizia, em substância, que não passávamos de crianças e que era injusto nos punir por termos o nome do nosso pai.

Depois o jornalista nos informou que um emissário do Quai d'Orsay viria nos encontrar naquela mesma noite. Marcamos encontro com ele no estacionamento.

Aguardamos a noite cair, divididos entre a alegria de ter sido ouvidos e a desconfiança. Aquela viagem de Mitterrand seria boa para nós? Eu não tinha mais certeza de nada. Apesar disso, estava impaciente para encontrar o emissário, que era Hervé Kerrien, correspondente da RFI em Tânger. Na hora, ele não nos revelou sua identidade.

Sua frieza nos surpreendeu. Não era ele nosso salvador? Esperávamos palavras calorosas, felicitações, certa compreensão... Mas nada disso, ele se mantinha distante, o que nos desconcertou. Embrenhamo-nos no estacionamento, para nos ocultar aos olhares alheios.

Ele olhou em volta, a fim de ter certeza de que ninguém nos seguia, pegou a caneta e nos perguntou, sempre secamente, se éramos mesmo filhos do general Oufkir.

"Qualquer um pode dizer que é", acrescentou. "Quero provas."

Comecei a evocar as ações políticas de meu pai, mas ele me interrompeu.

"Fale-me de coisas íntimas."

Respondi que não o conhecera muito, mas dei-lhe um detalhe que só os íntimos sabiam. Ele tinha uma pequena cicatriz no alto do braço esquerdo, devida a um ferimento causado por um estilhaço de obus.

Essa precisão pareceu satisfazê-lo, e ele nos fez várias outras perguntas. Antes de se despedir, nos informou que, no dia seguinte, receberíamos a visita de nosso advogado, o dr. Dartevelle, sócio do dr. Kiejman, que viria especialmente de Paris para nos encontrar.

Não sabendo mais o que fazer, voltamos ao bar, que se enchia de uma fauna estranha: homens vestidos com espalhafato, mulheres maquiadas demais, bebendo uísque, fumando e paquerando abertamente. Raouf não escapava de seus olhares sedutores...

Meu amigo recepcionista sentou-se a meu lado.

"Não estou entendendo. Por que vocês não estão aqui no hotel?"

"Porque temos um hotel melhor, em Tânger."

Ele nos ofereceu um café, que tomamos sem desconfiar. Continha alguma droga. O pessoal queria saber quem éramos. Não suspeitavam de nossa verdadeira identidade, achavam que Maria e eu éramos putas e que Raouf era nosso cafetão. Ou talvez que fôssemos traficantes italianos ou espanhóis à espera de um encontro duvidoso no hotel. De qualquer modo, desconfiavam de nós.

Sob a influência da droga, começamos a dizer coisas sem pé nem cabeça. O recepcionista nos ofereceu o salão marroquino para dormir.

"Vocês estão delirando, vão para lá, não tem ninguém, ficarão seguros."

Nossa pressa em segui-lo era a resposta que ele esperava. Era a prova de que estávamos numa situação delicada, ainda que não soubesse exatamente qual.

Raouf e Abdellatif adormeceram na hora. Maria e eu ficamos acordadas a noite toda, aflitas demais para pregar olhos. Ao despertar, eles divagavam mais ainda e nós também.

Fomos ficar perto do estacionamento. Não conseguíamos parar de rir, mas tentamos nos acalmar para manter a dignidade diante de nosso advogado.

Tínhamos combinado nos encontrar na sala de vídeo do hotel. Quando a descobrimos, fizemos dela nosso refúgio. Era um bom esconderijo. Víamos televisão em cores, que continuava nos fascinando. As sutilezas do satélite nos escapavam. Não compreendíamos como os canais espanhóis podiam ser vistos no Marrocos.

O dr. Bernard Dartevelle chegou no fim da manhã daquele 23 de abril, acompanhado de Hervé Kerrien, que trazia uma máquina fotográfica. No aeroporto, ninguém suspeitava do objetivo da sua visita, e deixaram-no passar sem problemas. O que não aconteceu ao voltar, quando foi interrogado duas vezes pela polícia, antes de ser solto.

O dr. Dartevelle nos apresentou o discurso da França indignada, da França dos direitos humanos. Jurou que os interesses econômicos do seu país não passariam à frente dos nossos. Depois transmitiu-nos a mensagem do presidente Mitterrand:

"Vocês devem se orgulhar de si mesmos, porque, se há no mundo milhões de crianças perseguidas, massacradas, presas, vocês são as únicas que não esmoreceram e continuaram a lutar até o fim."

Ele nos fez assinar um papel em que constituíamos o escritório Kiejman nosso defensor. Depois disse-nos que precisava tirar uma fotografia nossa. No momento em que Kerrien batia a foto, a porta se abriu e apareceu o recepcionista, que nos fitou longamente antes de sair.

O dr. Dartevelle marcou um segundo encontro para aquela noite. Quando foi embora, a euforia por fim se apossou de nós. O Himalaia fora vencido. Tínhamos conseguido alertar a imprensa e a opinião pública. Tinham nos ouvido, tinham nos levado a sério. O dia inteiro essa ideia nos reconfortou; só falávamos de nossa vitória. Logo estaríamos livres. Logo estaríamos de novo juntos.

Quando voltou à noite, dessa vez sem Kerrien, o dr. Dartevelle nos informou que tudo estava organizado para nossa partida, marcada para a manhã seguinte às dez e meia. Devíamos fugir para Tânger e, uma vez no consulado francês, tomaríamos um avião para a França.

Eu lhe fiz ver, com certa angústia, que o alarme havia sido dado, que o recepcionista nos surpreendera na sala de vídeo e que no hotel desconfiavam cada vez mais de nós. Seria sem dúvida muito arriscado continuar esperando. Ele não podia fazer mais nada, e nos aconselhou a maior discrição.

Quando foi embora, estávamos inquietos.

À noite, fomos para onde ficavam os quartos. Estávamos com fome. Fazia três dias que só consumíamos cafés e cigarros. Diante das portas, as bandejas no chão continham os restos das refeições. Catamos pedaços de pão, restos de queijo. Estávamos perto do quarto do jovem casal de espanhóis. Batemos à sua porta.

O homem abriu. Estava de cueca. Olhou para mim, surpreso a princípio.

"Fuminho?", perguntei em francês, com meu sorriso mais encantador.

Era o abre-te Sésamo de todos os alternativos do mundo.

Ele também sorriu e nos convidou a entrar. Sua mulher estava nua na cama, ela nos viu passar um depois do outro. Estava meio assustada, mas ele a acalmou com um beijo e nos fez sinal para que sentássemos no sofá. Por ter passado três dias estudando o casalzinho com atenção, sabíamos que eles eram do gênero "compartilhamos tudo", *peace*, *love* e fumo.

Ele preparou um baseado, deu umas tragadas, passou-o à sua mulher, depois a nós. Apenas fingimos fumar: o café com droga nos servira de lição. Raouf imitava Louis de Funès em *Le gendarme de Saint-Tropez*. Ele me passava o baseado e dizia com um ar compenetrado:

"Amor, amor..."

A gente rolava de rir, e o casal nos imitava. Atribuíam nossa hilaridade à erva.

Grogues, acabaram dormindo. Fizemos a mesma coisa no sofá.

De manhã cedo, os passarinhos nos acordaram todos juntos com sua tagarelice insuportável. Os dois espanhóis olharam para nós com uma cara estranha. Pareciam surpresos por nos encontrar ali. Depois se lembraram da noitada de "fuminho". A moça me perguntou amavelmente se não queria usar o banheiro.

Tomamos um banho de verdade, o primeiro nos quatro últimos dias. Eu costumava evitar os espelhos, não suportava meu rosto devastado. Para tentar camuflá-lo, maquiei-me exageradamente com os produtos de beleza que encontrei na prateleira. Maria me imitou.

Saímos do quarto agradecendo. Fomos diretamente ao bar para esperar o dr. Dartevelle.

Então ouvimos a recepção chamar.

"A srta. Oufkir está sendo aguardada na recepção..."

Fiz como se não fosse comigo. Por acaso eu não me chamava Albertini?

Para ser honesta, eu não acreditava que íamos escapar, mesmo estando tão perto do fim. Meu instinto me dizia que seríamos capturados; mesmo em meus momentos de maior euforia, nunca subestimei o inimigo. Mas não tinha importância. Tínhamos jogado o jogo, chegado ao máximo das nossas possibilidades.

Eu estava orgulhosa de nós, como meu pai teria ficado.

"A srta. Oufkir está sendo aguardada na recepção..."

Eram dez e vinte e cinco da sexta-feira, 24 de abril de 1987. Virei-me para o saguão do hotel. Em vez do táxi do doutor Dartevelle, vi uma viatura da polícia parar diante da porta de vidro.

Dez policiais de farda cáqui, metralhadoras em punho, saíram do furgão. Um segundo furgão, depois um terceiro, depois uma dezena de furgões pararam.

Os policiais saíam deles em penca.

Cutuquei Raouf com o cotovelo e lhe disse baixinho:

"A polícia está aí. Fomos denunciados."

Em passo acelerado, eles se alinharam de ambos os lados. O casalzinho espanhol que vinha nos encontrar os viu e voltou correndo.

A não ser pelo "fuminho", por que mais poderiam ser recriminados?

Meia dúzia de agentes da polícia caiu sobre nós. Um deles nos pediu para revelar nossa identidade.

“Você é Malika Oufkir?”

“Não”, respondi com altivez. “Meu nome é Albertini.”

Eu fazia questão de me safar honrosamente. Raouf repetiu a mentira. O homem que parecia ser o chefe se virou e fez um sinal aos policiais armados que, agora, nos cercavam. Eles avançaram. Com um gesto, ele deteve o avanço. Devíamos ser presos com a maior discrição. Eles então nos fizeram atravessar o corredor, empurrando violentamente nossas cabeças para nos forçar a baixá-las, ante os olhos horrorizados dos turistas. Num relance, percebemos a velha senhora e seu filho, assim como o jovem casal espanhol.

Meteram-nos num furgão que nos levou à delegacia de Tânger. Na entrada, os policiais formavam uma espécie de ala, como se fossem nos saudar. Fitavam-nos com admiração, um deles chorava copiosamente. Não ficaríamos surpresos se nos aplaudissem.

Os oficiais vinham de Rabat. Agiam com grande aparato. Tratavam-nos como se fôssemos heróis, o que acentuava nosso orgulho. Em toda parte, sentíamos o respeito nos olhares.

Tiraram nossas medidas, nossas impressões digitais e fizeram-nos entrar numa saleta. Nosso orgulho aumentou ainda mais quando o procurador-geral telefonou diante de nós para Driss Basri, o ministro do Interior.

“Mas Excelência, juro, eu os prendi. Juro por meus filhos, Excelência, eles estão aqui, na minha frente, sim, são quatro, Malika, Raouf, Maria, Abdellatif. Sim, fui eu, pessoalmente, Excelência, que os capturei. Sim, com discrição total, Excelência.”

Se ele tivesse capturado Mesrine ou o grupo de Baader* não teria ficado mais feliz. Raouf e eu nos entreolhávamos, sorrindo discretamente. Meus joelhos fraquejavam, minhas per-

* Jacques Mesrine, célebre fora da lei francês da época; Andreas Baader, terrorista alemão. (N. T.)

nas tremiam, a emoção me invadia. Mas não tive tempo de me deixar vencer.

Num canto, os "figurões" conversavam entre si. Deram ordens rápidas e levaram Abdellatif. Fiquei aflita com a saída dele. Tinha medo de que o utilizassem para nos pressionar. Como para confirmar meus temores, encararam-nos com severidade, a Raouf e a mim, para que a mensagem ficasse bem clara.

Os policiais subalternos notaram meu pânico e deram um jeito de nos sussurrar no ouvido que não tínhamos nada a temer. Os outros tentavam nos impressionar, mas havíamos vencido. Havíamos desafiado o poder, contatado o exterior... Diante de nós, eles estavam de pés e mãos amarrados.

Pouco a pouco, os guardas foram ficando mais ousados. Em vez de se comunicarem conosco por sinais, vieram nos falar diretamente.

Alguns choravam. Outros tinham nos conhecido quando éramos crianças. Faziam parte da escolta do meu pai quando morávamos na Alameda das Princesas. Alguns deles estiveram em Tamattaght e participaram da nossa rede de auxílio.

"Podem se orgulhar", diziam, "vocês lavaram a honra dos berberes. Fizeram seu pai reviver."

Os oficiais se aproximaram de nós, solícitos e untuosos demais para que pudéssemos confiar neles. O procurador tomou a palavra.

"Não tenham medo. O irmão de vocês será bem tratado. Tem a idade do meu filho, eu assisti ao seu batismo..."

Depois nos tiraram da sala. Subindo a escada, perguntei de novo a um policial se Abdellatif não corria mesmo nenhum risco.

"Imagine... Ninguém ousará tocar num só fio de cabelo de vocês. Faz quatro dias que eles dão duro, não comem, não bebem. O chefe (ele se referia ao rei) está supervisionando pessoalmente o caso e, enquanto vocês não fossem detidos, eles é que passavam por maus momentos."

Corria o boato de que, nos dias em que estivemos fugidos, o rei proibira seus filhos de saírem do palácio de Marrakech, onde estavam, por temer nossa vingança.

Fizeram-nos entrar numa enorme sala. Para meu grande alívio, Abdellatif nos aguardava lá. Os oficiais estavam à janela. Aproximei-me deles. De repente, minhas pernas falharam, as paredes começaram a girar, senti um formigamento no coração. Eles correram para me amparar. O acúmulo das emoções e o medo sentido por Abdellatif venceram meu equilíbrio.

Alguém foi buscar um suco de laranja. Abriram a janela e me aconselharam a respirar fundo. A delegacia dava para uma igreja. Olhei distraidamente para fora.

Foi então que eu a vi. Maria. A Virgem. Encolhida numa reentrância, ela trazia o Menino Jesus nos braços e me fixava com seu olhar benevolente. Quase desmaiei mesmo, só que de felicidade, dessa vez. Então ela realmente esteve sempre presente quando precisamos dela, ela tomava conta de nós, nos protegia. Chamei os outros com um sinal discreto, para que também a vissem. A mensagem era clara: ela me dizia para aguentar firme, como quando cavávamos o túnel. Recuperei-me rapidamente.

Eles não desistiam. Não podíamos ter escapado sozinhos. Era impossível. Havíamos contado com cúmplices vindos da Argélia. Interrogaram Raouf e eu, um de cada vez, com o mesmo discurso meloso — tinham conhecido meu pai, conheciam nosso tio, nosso avô... Éramos uma família honrada... Devíamos cooperar com eles.

Choviam perguntas.

"Por que vocês contataram um advogado francês? Por que não confiam nas instituições marroquinas? Por que não pediram a graça real junto ao túmulo de Mohammed V?"

"A senhora é uma filha do Palácio, conhece os hábitos... Sua Majestade nunca lhe teria recusado a graça e tudo teria transcorrido bem."

"E agora seja honesta, diga-nos que têm cúmplices. Conte essa história de túnel para outros... Vocês não tinham nada para cavar... Eram bem vigiados."

"Ninguém escapa de Bir-Jdid..."

Logo me cansei de responder e deixei meu interlocutor, o controlador-geral Guessous, parente distante de Mamma Guessous, falar sozinho. Perguntei-me aonde ele queria chegar, porque visivelmente tinha uma ideia na cabeça.

Acima da sua escrivaninha, estava pendurado um grande relógio de parede. Ele olhava fixamente para seus ponteiros, com ar ansioso. Acabei entendendo. Chegava a hora do noticiário. Ligou o rádio. Depois da vinheta, o locutor anunciou as manchetes:

"Fuga espetacular de quatro filhos do general Oufkir..."

Guessous desligou o aparelho com raiva. Eu não tinha mais nada a dizer, ele também não.

Tiraram-me da sala. Ao encontrar Raouf, contei-lhe o que ouvira, mas ele se recusou a acreditar.

"Kika, você está sonhando. Está tomando seus desejos por realidades."

"Não sou louca, Raouf. Posso repetir palavra por palavra o que o locutor disse..."

Acabei convencendo-o...

Uma paz interior tomou conta de mim, uma sensação de bem-estar como eu nunca havia experimentado naqueles últimos anos. A notícia era a prova de que havíamos vencido. O mundo inteiro estava, enfim, sabendo.

Meia hora depois, Guessous veio novamente nos ver. Por sua fisionomia, compreendi que nossa situação havia mudado.

Eles sem dúvida tentaram convencer os franceses a não divulgar a notícia de nossa fuga. Talvez tenham até tentado persuadi-los de que o caso Oufkir era um problema interno de Marrocos, apesar daquela funesta agressão aos direitos humanos. Infelizmente para eles, a informação tinha se tornado pública. Precisavam nos considerar de um modo diferente.

Encaminharam-nos para outra sala, que estava vazia. Mandaram buscar colchões novos que os policiais puseram no chão, depois trouxeram bandejas transbordando de comida. Comemos com deleite, havia pãezinhos, manteiga, chá.

Para nós, aquela delegacia era um hotel cinco estrelas. Até brigamos para saber como íamos nos acomodar para dormir. Estávamos cansados, mas felizes. Nossa missão estava consumada.

Dormimos pensando nos nossos familiares. Mamãe podia estar orgulhosa de seus filhos. Durante quatro dias, com nossos modestos recursos, tínhamos deixado o país em polvorosa.

Tratavam-nos agora com deferência. Éramos seres humanos de novo, e isso nos fazia bem. No dia seguinte, de manhã, o procurador-geral nos permitiu utilizar seu banheiro pessoal, situado na própria delegacia. Poucas vezes vimos um banheiro tão grande. Mais de uma centena de produtos diferentes estavam arrumados em sua penteadeira: água-de-colônia, perfumes, espuma de barbear, frascos de xampu e condicionador.

Para nós, que tínhamos vivido onze anos com meio pacote de sabão em pó como sabonete, aquela súbita opulência nos fazia chorar de tanto rir. Tínhamos nos esquecido da sociedade de consumo. Como alguém podia acumular tantos objetos inúteis?

Pegávamos os frascos, abríamos as tampas, passávamos colônia e loção pós-barba. Éramos quatro crianças soltas num parque de diversões. Os espelhos não nos agradavam tanto — evitávamos parar diante deles. O que mais nos incomodava era nosso olhar. Nossos olhos estavam saltados, como os das crianças do Terceiro Mundo que sofrem de subnutrição.

Trancamo-nos para nos lavar. Abrimos demais as torneiras, provocando uma inundação. Enxugamos imediatamente o carpete com as toalhas e os roupões. Tínhamos medo de deixar manchas. De novo o velho reflexo do túnel...

Depois saímos os quatro, rindo. Recendíamos a perfume. Raouf tinha uma necessidade urgente de ser examinado por um dentista. Seus abscessos bucais estavam inchados de pus, mas o dentista a que o levaram se recusou a fazer qualquer tratamento. A infecção era tão grave que meu irmão corria o risco de ter uma parada cardíaca. Teria de ser operado mais tarde.

Guessous tentava nos tratar com neutralidade, o que era

compatível com seu dever de funcionário; mas sob a secura do tom transpareciam ao mesmo tempo a admiração por nossa façanha e a compaixão por nosso estado. Devíamos ter mesmo uma aparência bem lamentável para que ele sugerisse, por iniciativa própria, nos comprar roupas novas...

Levaram-nos de carro ao centro da cidade. As lembranças abundavam. Pensei naqueles onze anos no Palácio, quando, como agora, eu via a vida passar do lado de fora da janela do carro. Durante toda a minha vida, o mundo exterior esteve fora de alcance. Eu me perguntei quanto tempo ainda precisaria antes de experimentar de fato a liberdade. Abrir a porta teria sido simples. Mas eu não tinha mais forças.

Nas lojas a que nos levavam, as vendedoras estavam às ordens da polícia. Eram informantes, as malhas estreitas da rede tecida para que o país se acostumasse a obedecer. Dirigiam-se a nós com deferência, queriam satisfazer nossos mais ínfimos desejos, mas nada me agradava e, principalmente, nada caía bem em mim. Maria era magra demais, as roupas dançavam nela. Eu estava demasiado inchada. Acabei escolhendo uma saia e uma longa túnica. Na loja de sapatos, optei por tamancos, por serem mais confortáveis. Meus pés continuavam ensanguentados, se bem que eu nem sentisse mais a dor.

Transferiram-nos para Casablanca, para a delegacia Ben Chérif — tristemente conhecida pelos prisioneiros políticos —, que era dirigida por Yousfi, o delegado seccional da cidade. Ele havia interrogado mamãe alguns dias depois da morte de meu pai, então fora enviado a Tamattaght, quando nossa rede foi desmantelada.

Subimos e descemos escadas, atravessamos um comprido corredor e fomos ao encontro de Yousfi, Allabouch (diretor da DST) e três outros delegados.

Se fosse filmar aquele momento, um diretor de cinema sem dúvida poria uma voz em *off* para realçar a emoção. Ou usaria como fundo sonoro os clamores que se erguiam das celas dos prisioneiros para celebrar nossa vitória.

Mas nada disso aconteceu. Nossa chegada se produziu no silêncio.

Um silêncio tão pesado que a emoção que se desprendia dele se tornava ainda mais intensa. Vivemos um momento surpreendente. Aqueles cinco homens, servidores fervorosos do regime, nos felicitaram.

"Bravo", disse Yousfi. "Foi mesmo a Grande Fuga, a história de vocês."

Ele continuou a nos cumprimentar por nossa coragem. Enquanto falava, eu mantinha os olhos cravados no chão.

"Não é possível", ele exclamou, "não é possível! Só faz dois minutos que você está aqui e já está examinando os ladrilhos para poder escapar. Uma vez basta, não acha?"

Pedimos logo notícias das outras. Garantiram-nos que elas estavam bem. Aliás, já iríamos vê-las. Yousfi chamou um velhote que arrastava as sandálias e que era encarregado de vendar os prisioneiros.

Ele empunhava um cacete e ao passar por cada porta gritava: "Banda, banda". Por sinal, chamavam-no assim. Banda Banda abriu uma porta e nos fez entrar numa cela.

Uma velha senhora encurvada tomava sopa.

Era mamãe.

A greve de fome, a tentativa de suicídio, a ansiedade devida à nossa fuga a tinham envelhecido prematuramente. Eu tinha diante de mim uma mulherzinha magra e enrugada, toda encolhida. Ela levava lentamente a colher à boca, com gestos medidos de anciã.

Ergueu seus grandes olhos negros para mim. Estavam marcados por uma tristeza infinita. Seu olhar era vazio. Ela não me reconhecia.

Nós nos acotovelamos para nos lançar, os quatro, a seus joelhos. A mão dela pôs-se a tremer. Ela pousou a colher na mesa e murmurou, tão baixo que mal a ouvíamos:

"Meus filhos... vocês são... meus filhos."

Tínhamos mudado tanto que ela não nos havia identificado. Não era apenas por usarmos roupas novas. Aqueles quatro dias de liberdade reavivaram em nosso olhar a pequena chama da vida, que pensamos estar apagada para sempre. Estávamos do outro lado, fora das muralhas, enquanto ela ainda esperava em sua prisão.

Mamãe usava um lenço na cabeça. Na noite da nossa fuga, Soukaïna e ela tinham jurado raspar a cabeça se não nos pegassem nas doze horas seguintes. Cumpriram a palavra. Aquelas duas se entendiam às mil maravilhas na hora de fazer loucuras! Mimi estava branca como giz. Achoura e Halima tinham olhos desvairados.

Passado o primeiro momento de surpresa, nos abraçamos demoradamente. Ríamos, rolávamos no chão, gritávamos:

"Ganhamos, o pesadelo acabou, não estamos mais em Bir-Jdid."

Mamãe e as meninas estavam na delegacia Ben Chérif desde terça-feira, 21 de abril. Tinham chegado três dias depois da nossa fuga. No início, ficaram em condições pavorosas.

Puseram-nas encostadas numa parede, enfileiradas, trajando *djellabas* militares, com o capuz cobrindo os olhos vendados. Foram obrigadas a ficar imóveis durante horas, ouvindo os uivos de dor de Borro, que era torturado na cela contígua e gritava que não tinha culpa. Fazia muito tempo que elas não comiam, e Soukaïna, debilitada demais para ficar de pé, desmaiara. A única comida que lhes deram fora uma ração de cachorro, um líquido indescritível, gosmento, em que boiava fécula de arroz.

Durante os interrogatórios por que mamãe passara, foi coberta de perguntas para que confessasse aonde planejávamos ir. Ela ignorava que o plano das embaixadas havia fracassado. Acreditando pô-los numa pista falsa, respondera que iríamos para Tânger.

Para eles, isso era impossível: não devíamos ter saído dos arredores de Bir-Jdid. Na melhor das hipóteses, tínhamos ido para o outro lado, para a fronteira do Saara Ocidental. Mas a gorda Malika, filha do amigo do meu avô, nos denunciara em Rabat.

Eles então renderam-se à evidência. Podíamos estar em qualquer lugar do Marrocos. Vasculharam Rabat, depois Tânger, concentrando-se, como havíamos previsto, nos pontos em que podíamos fugir do país.

Duas horas antes de nossa chegada à delegacia Ben Chérif, o ignóbil tratamento das prisioneiras havia cessado. Deram-lhes comida decente — bife à milanesa com vagem —, servida em pratos, e não mais em gamelas de lata. Mamãe então compreendera que tínhamos sido capturados. A notícia lhe foi confirmada pouco mais tarde por Allabouch, diretor da DST.

Contamos nossa fuga detalhadamente. Elas nos olhavam com olhos incrédulos, e sentíamos como estavam orgulhosas de nós. Enquanto falávamos, mamãe se levantava com frequência, nos tocava, nos beijava, repetia as mesmas frases.

"Meus filhos, meus queridos. É incrível como vocês estão mudados..."

Era verdade. O mais terrível para nós era perceber que não fazíamos mais parte de um todo. Nos sentíamos um pouco culpados. Ouvimos então os relatos de mamãe e de Soukaïna com muita atenção, como se tivéssemos de nos redimir por aquele pouco de liberdade que havíamos vivido sem elas.

DEPOIS DA FUGA

Às oito e meia daquela manhã de segunda-feira, os guardas, como em todas as manhãs, entraram na cela de mamãe levando o café preparado por Achoura. Começaram a revista.

Mamãe estava calmíssima. As cinco mulheres tinham passado a noite tremendo por nossa causa, principalmente quando ouviam a matilha de cachorros vadios ladrar. Como não voltamos, tranquilizaram-se.

Visitaram sua cela, sondando tudo. A porta do gabinete ficara entreaberta.

"Meu filho está doente", disse-lhes. "Passou a noite no banheiro. Querem entrar para verificar?"

Eles se recusaram educadamente, apesar de ela insistir. Saíram, fecharam a cela de mamãe, entraram na nossa. Soukaïna tivera tempo de arrumar as lajotas. Ficaram um tanto surpresos por ser ela a recebê-los. De costume, era eu que ia falar com eles.

Minha irmãzinha também estava serena. Ela tirara de nosso êxito a força para enfrentá-los.

"Malika e Maria estão menstruadas", disse Soukaïna.

Era a única frase que bastava pronunciar para que os carcereiros não se aproximassem mais. Soukaïna arrumara nossas camas de maneira que eles pensassem que ainda estávamos dormindo. Como de hábito, Mimi ficou escondida debaixo das cobertas e não ergueu a cabeça. Mas, no momento em que eles saíram da peça, ela deu um grande suspiro destinado a iludi-los.

Todos aqueles detalhes faziam parte de uma estratégia preparada com minúcia, como o resto. Os guardas entraram na saleta onde caváramos o túnel, rasparam, vasculharam, bateram nas paredes. Nem uma vez seus coturnos pisaram as lajotas ocas.

Passaram rapidamente pela cela de Achoura e Halima, para uma visita de rotina. Elas não os inquietavam. De suas celas, mamãe e Soukaïna os espreitavam. Elas ouviram os coturnos — tchac, tchac, tchac —, depois as chaves.

Mamãe estava dividida entre a excitação e a pena por aqueles pobres coitados que havia onze anos cadenciavam nossos dias e a quem nossa fuga ia pôr em perigo.

Pouco antes de chegarem à cela de Raouf, mamãe bateu violentamente na porta. Eles voltaram até lá e lhe perguntaram o que ela queria.

"Esqueci de lhes dizer uma coisa importante. Venham aqui."

Eles obedeceram, abriram de novo a cela.

"É o seguinte", disse. "Malika, Maria, Raouf e Abdellatif fugiram."

Eles não reagiram. Ela os sacudiu um a um.

"Vão ao banheiro e verão. Abdellatif não está lá. Vão à cela das meninas, à de Raouf, levantem os lençóis, olhem em toda parte, debaixo das camas... Eles fugiram, estou dizendo."

Levou bem uns dez minutos para que a informação chegasse ao cérebro enevoado deles. Enquanto mamãe se esquentava, eles a fitavam penalizados, como se tivesse ficado subitamente louca.

"Calma, dona, calma, a senhora costuma ser uma pessoa sensata..."

Mas mamãe não os deixava. Ela ia para lá e para cá dentro da cela, levantava a esteira, entrava no banheiro.

"Em que língua vou ter de lhes dizer? Quatro dos meus filhos fugiram..."

Começaram a revistar tudo, seguindo-a. O menino não estava em lugar nenhum. Houve um silêncio de pânico. Eles abriram de novo nossa cela. Sabiam que éramos capazes do pior. E se Abdellatif tivesse conseguido introduzir-se na nossa cela e tivesse se escondido para lhes dar um susto? Soukaïna recebeu-os sorridente.

"Elas estão ali, estão dormindo, estão menstruadas", eles disseram. "Foi você que disse, dá para vê-las..."

"Não", disse Soukaïna, "não estão. Podem olhar."

Eles levantaram nossas cobertas. Em nosso lugar, Soukaïna arrumara dois montes de roupa. Eles espiaram debaixo da cama, revistaram o melhor que puderam, depois foram até a cela de Raouf, onde também procuraram, sem resultados.

Tiveram então um momento de loucura. Nossa fuga os condenava a uma morte certa. Entraram em nossa cela com picaretas e arrancaram as lajotas de nosso quarto. Daí passaram para a peça do túnel e arrancaram mais lajotas, sem descobrir a passagem. Não entendiam nada. Entravam em pânico, gritavam e corriam em todos os sentidos.

Depois entraram na cela de Achoura e Halima, e espancaram-nas violentamente para que confessassem. Não ousavam tocar em mamãe nem nas minhas irmãs. Mamãe interveio batendo na porta para chamá-los. Eles estavam tão apavorados que não a ouviam. Ela teve de berrar para se fazer ouvir.

"Acalmem-se", aconselhou, senhora de si. "E parem de quebrar tudo. Vocês conhecem o governo. Quando eles chegarem, dirão que vocês foram cúmplices."

Os pobres coitados estavam a ponto de sucumbir de terror.

“A senhora tem razão, vamos deixar tudo como antes.”

“Não”, disse mamãe. “É melhor dar o alarme.”

Os guardas viam-se numa enrascada. Borro não estava lá. Como domingo não era seu dia de serviço, aproveitava para ir ver os filhos e voltava no dia seguinte, bem tarde. Segunda de manhã, os guardas faziam a revista sem ele. Não costumavam assumir responsabilidades e se achavam completamente perdidos. Mas seguiram os conselhos de mamãe. A notícia de nossa fuga caiu feito uma bomba no estado-maior e no Ministério do Interior.

Apenas uma hora mais tarde, o ignóbil Borro chegava. Ele, que dois meses antes ameaçara mamãe com uma videira, ele, que zombava de nós com sua estatura de gorila e seus olhinhos injetados de sangue, ele, que se gabava de ter nos dobrado, estava ali, diante dela, lívido, olhos baixos. Evitava seu olhar.

Ela rejubilava, mas tratava de não demonstrar isso.

Segundo ele, nossa fuga era impossível. Estávamos escondidos em algum lugar. Mandou verificar debaixo do telhado. Claro que a busca não deu em nada.

Ergueu os olhos para mamãe e lhe disse numa voz trêmula:

“Eles fugiram.”

Borro envelheceu vinte anos em menos de uma hora. Acabara a arrogância, a maldade, o desdém. Ele arrastava os pés, deixava-se guiar por mamãe e Soukaïna. Parecia um condenado indo para a forca.

Os guardas trancaram mamãe e minhas irmãs em nossa cela. Elas ficaram assim um bom tempo, esperando. Pouco mais tarde, ouviram o céu vibrando, enegrecido de repente por um enxame de helicópteros, que aterrissaram nos campos. Oficiais de uniforme de gala invadiram o quartel.

As portas da prisão se abriram. Entraram policiais, com ferozes pastores alemães nas coleiras. Deram nossos trapos para eles cheirarem e soltaram-nos nos campos. Elas ficaram morrendo de medo. Os *muhazzins* foram substituídos por gendarmes, de métodos menos primitivos.

Vendaram os olhos de mamãe e a fizeram sair para o quartel, depois a sentaram com brutalidade. O tom era ameaçador. Não se tratava mais dos guardas, que podíamos manipular, nem de Borro, que começávamos a conhecer. Os oficiais falavam duramente, sem humanidade. Iam fazê-la pagar por nossa audácia.

Mamãe tremia de medo, mas não se deixou vencer. Na primeira pergunta, ela interrompeu seu inquisidor.

"General Ben Slimane, não precisa usar essas artimanhas. Eu reconheci sua voz", disse-lhe.

O homem se levantou imediatamente e foi substituído por outro. Mesmo de olhos vendados, mamãe podia perceber o mal-estar deles. Todos tinham sido do círculo do meu pai, que os recebera centenas de vezes em casa. O segundo oficial ouviu os mesmos comentários que Ben Slimane.

"Você nem sequer tem coragem de me encarar", disse ela com desprezo. "Mas é um soldado. Então é obrigado a me interrogar vendando meus olhos? Façam o que fizerem, até no fim do mundo eu reconheceria vocês todos", acrescentou.

Ela não queria lhes dizer nada, mas, apesar de todo o medo, permanecia digna e corajosa.

"Sra. Oufkir, seja razoável. Se a senhora não nos revelar onde eles estão, pode ser perigoso para eles. Correm o risco de ser devorados pelos lobos que infestam esta região."

"Prefiro que sejam mortos pelos lobos a ser mortos por vocês..."

Eles a acompanharam de volta até sua cela. Soukaïna foi interrogada no lugar de mamãe, também de olhos vendados. Mas ela tinha nove anos ao entrar na prisão e não podia reconhecer ninguém. No entanto, depois de cada interrogatório, ela descrevia a mamãe a voz dos oficiais e mamãe os identificava.

Eles queriam saber onde estávamos; valiam-se de todos os meios, ameaças, intimidação, súplicas, chantagem, mas Soukaïna os enfrentava, imperturbável, apesar do medo e da angústia.

Da primeira vez que entraram na prisão levando-a de volta para a cela, ela ouviu-os dirigir-se a Borro.

"Você está frito", disseram-lhe os generais. "Como deixou essas crianças viverem nestas condições?"

Nós já nem notávamos, mas o lugar impressionava pela sujeira e a insalubridade. De tanto cozinhar com carvão de madeira, as paredes e as grades estavam pretas de fuligem. Tudo estava em péssimo estado, escuro, sombrio, úmido. As acomodações eram mais que precárias: esteiras, caixas de papelão fazendo as vezes de móveis, terra batida. Animais enjaulados teriam sido mais bem tratados.

Os generais sabiam que o rei exercia sua vingança sobre nós, mas nunca teriam podido imaginar que vivíamos em tais condições. Para eles, recebíamos livros, correspondência, éramos relativamente bem tratados. Interrogaram Soukaïna sobre nossa alimentação. Ela lhes revelou que não conhecíamos mais o gosto de certos alimentos, como leite, manteiga, frutas. Descreveu nossas refeições, contou que fazíamos sanduíches de ervas fervidas. Os generais estavam ainda mais horrorizados porque os alimentos entravam normalmente no quartel: os soldados não eram privados de nada.

Eles ainda não tinham descoberto o buraco na grade. Passadas vinte e quatro horas, continuavam sem entender como tínhamos escapado. Um túnel era impraticável. Teríamos precisado de ferramentas, braços. Mamãe, Soukaïna e Mimi estavam num estado físico deplorável.

Onde teriam encontrado forças para cavar?

"Não precisamos de braços musculosos", Soukaïna acabou deixando escapar ao fim de alguns interrogatórios, em que as mesmas perguntas voltavam sem cessar. "Para fugir, só necessitamos de quinze anos de prisão, de sofrimentos inumanos, de fome, frio, medo, privações. Quanto à inteligência, vocês nos deram esse tempo todo para fazê-la frutificar."

Eles não aguentavam mais. Queriam saber tudo. Entender tudo. Pela força, se necessário.

Mas Soukaïna havia soltado a língua. Ela contava sem que precisassem perguntar, sentindo um prazer malicioso em utilizar nosso vocabulário: lampiões, elefantes... Eles a fitavam pasmos, divididos entre a incompreensão e a cólera. Estaria debochando deles? Poderiam se zangar... A despeito do terror que lhe torcia as entranhas, minha irmã mantinha toda a polidez. Os interrogatórios eram extenuantes, e Soukaïna, apesar da sua coragem, sentia-se acuada. Mas tinha consciência do papel que representava.

É preciso admitir que ela estava se saindo muitíssimo bem. Era a primeira vez que aquela moça, de vinte e quatro anos, prisioneira desde os nove, estava à frente de alguma coisa. Ela era como um mudo que de repente recobra o uso da palavra. Descobria-se engraçada, inteligente, esperta, maliciosa, insolente. Prendia a atenção de seu público, mesmo que ele estivesse furioso com tamanha audácia.

Apesar do tom ameaçador, eles estavam subjugados, intrigados, às vezes hilários.

"Se vocês não tinham relógio, como sabiam a hora para fechar o túnel?"

"Cornélio."

"Quem é esse Cornélio? Um cúmplice? Não deboche de nós, senão..."

"Vocês se guiavam por Galileu, é?"

Soukaïna se divertia. Eles estavam mesmo abalados.

"É a fuga do século. Incrível..."

De vez em quando eles a interrompiam:

"O pai de vocês tem do que se orgulhar."

Queriam saber quem as educara na prisão.

"Malika", ela respondeu. "Ela nos ensinou a ler, escrever, falar, comportar-se à mesa. Ela nos instruiu, nos amparou. Serviu de mãe, de pai, de professor. Devemos tudo o que somos a ela."

Todo mundo fumava na frente dela. Depois que saíam, ela catava as guimbas. Um oficial, vendo-a fazer aquilo, disse:

"Eu nunca teria podido sobreviver ao que vocês passaram."

E lhe ofereceu cigarros de verdade.

Ela dava tantos detalhes precisos e verificáveis que eles acabaram acreditando. Mas ela não queria lhes mostrar onde tínhamos cavado. Antes de partir, havíamos sido taxativos: eles tinham de encontrar sozinhos. Ela se divertia com eles, como se brincasse de "está quente, está frio".

Finalmente achou que a brincadeira já havia durado muito. Eles se irritavam, mostravam-se grosseiros, ameaçavam-na cada vez mais violentamente.

Ela levou-os então à cela.

"O túnel está aí. Podem procurar."

Tiraram-lhe a venda dos olhos e ela viu que todos os generais estavam de uniforme de gala. Apontaram as lanternas para as lajotas. Pediram que ela esperasse o câmera para abrir. Queriam filmá-la e fotografá-la na ação, para mandar as provas da nossa fuga ao rei, suponho.

Soukaïna tirou as lajotas, quebrou a camada de cimento, removeu sozinha os elefantes e os lampiões diante dos olhos incrédulos deles.

Eles chamaram os gendarmes para que verificassem se havia de fato uma passagem. Depois mandaram o câmera filmar o percurso, assim como registrar nossas pobres ferramentas, a colher, o cabo de faca, a lata de sardinha.

Os cachorros trouxeram o que tínhamos abandonado na fuga: a pimenta-do-reino, a barra de ferro, os andrajos. Os helicópteros esquadrinharam toda a região em vão: impossível nos achar.

Levaram então mamãe e as outras para a delegacia de Casablanca. Elas estavam mortas de medo e de angústia, muito mais por nós, de quem não tinham notícias, do que pela sorte delas mesmas.

Em Ben Chérif, mamãe se esforçava para manter a cabeça fria. Pela atitude dos carcereiros, ainda não havíamos sido encontrados, e isso era a única coisa que contava.

Halima foi esbofeteada e espancada várias vezes. Ela não se privava de dar aos policiais lições de moral que os deixavam furiosos. Era uma mulher arrogante que se gabava de sua fidelidade e de seu amor a nós.

"Eu os acompanhei à prisão porque quis, e se tivesse de fazer de novo, faria", ela dizia. "Não contem comigo para traí-los."

Os maus-tratos cessaram pouco antes da nossa chegada, quando ficou claro que o mundo inteiro estava a par da nossa fuga.

Eles não podiam mais, dali em diante, nos maltratar. Passamos a noite assim, conversando, rindo, felizes e aos beijos.

Tínhamos vingado meu pai.

Passaríamos a festejar 19 de abril, data da nossa fuga, como o dia em que nossa dignidade havia sido restituída.

A estada em Ben Chérif durou dois meses e meio, durante os quais não paramos de comer. Nos primeiros dias, as bandejas passavam a todo momento. Vagens, bifes à milanesa, arroz, sobremesas — o cardápio não era variado, mas para nós era um banquete.

Para permanecer fiéis à nossa tradição da prisão, tínhamos apelidado Raouf de "Bou-Ssena", o que quer dizer "dente único", porque o coitado não tinha mais que três dentes. Meu irmão fez uma caricatura de si mesmo, comprido e magro, as bochechas salientes, o pescoço em saca-rolhas e a mandíbula com um só dente em que brilhava um diamante.

Deram-nos um aparelho de tevê. Nós, que só havíamos conhecido o preto e branco, descobríamos o mundo em cores. O Marrocos passava diante dos nossos olhos e não reconhecíamos nada. Eu era forçada a admitir que o país tinha se modernizado e atribuir ao rei essa proeza. Via-me dividida entre o orgulho de meu povo e o rancor contra esse soberano que alcançara tamanho êxito com meios tão indignos.

Sua filha, a princesa Meriem, se casava e sucediam-se as reportagens sobre a família real. Eu não via mais o carrasco, mas o homem que cuidara da minha infância. Minhas lágrimas corriam sem que eu pudesse impedir. Essa atitude surpreendia os outros, que não conseguiam entender essa fidelidade ao meu passado. Era assim: eu oscilava sem parar entre a saudade e o ódio, entre a emoção e o medo.

Com a televisão, veio também um aparelho de videocassete. Allabouch possuía uma grande videoteca de filmes apreendidos e os emprestava à vontade. Os policiais falavam muito de *Rocky*, e então decidimos pôr um filme com Stallone. Mas era um filme pornô: o grande Sylvester começara assim sua carreira. Passado o primeiro momento de estupor, todos nós caímos na gargalhada. No dia seguinte, mamãe agradeceu a Allabouch pela educação sexual que ele pretendia dar aos filhos dela. Incomodadíssimo, o diretor se desmanchou em desculpas.

Os interrogatórios recomeçaram. Agora sabiam tudo sobre a fuga, mas desejavam conhecer nossas intenções. Eles nos censuravam por ter contratado advogados franceses, em vez de marroquinos. Como se tivéssemos tido escolha...

Na maior parte do tempo, tentavam nos fazer cair nas ciladas mais grosseiras. Mas quinze anos de prisão tinham nos ensinado a ser astutos, e eles ficaram a ver navios. Isso, no entanto, não nos adiantava nada: continuávamos sem saber qual seria nossa sorte. Não tínhamos mais notícia do dr. Dartevelle.

Após um conselho de família, resolvemos escrever ao rei. Queríamos pedir autorização para emigrar para o Canadá. Allabouch estava inquieto: temia que acabássemos insultando Sua Majestade, o que não era nossa intenção. A leitura da nossa carta o fez tremer de indignação.

"Não escrevam assim, não digam assado..."

Fomos categóricos: não admitíamos que fosse alterada uma só frase. Não queríamos ficar no Marrocos. O Canadá era uma boa opção porque o rei nunca teria nos deixado partir para a França. Éramos uma pedra no sapato dele: não podia mais nos escamotear diante de uma opinião pública internacional a par da nossa história. Mas que ia fazer de nós?

Enquanto esperávamos sua resposta, nos comportávamos como presos exemplares nessa delegacia que parecia o máximo do luxo, comparado com o que tínhamos vivido. Nunca reclamávamos, nem mesmo quando vendavam nossos olhos para irmos ao banheiro. Essa vigilância nos agradava, porque ela nos elevava ao mesmo nível dos heróis que admirávamos.

Não nos cansávamos de avaliar a estima e a admiração que os policiais tinham por nós e que podíamos perceber a todo instante em seus olhos. A cada dia que passava, mais saboreávamos nossa vitória e a amplitude de nossa vingança sobre o rei.

"Vocês ferraram eles", diziam, fazendo o V da vitória.

Um dia, quando passeávamos no corredor, cruzamos por acaso com dois prisioneiros palestinos. Eles ficaram cara a cara conosco. Os policiais se deram conta, um pouco tarde porém, e se precipitaram sobre eles para levá-los. Mas eles tiveram tempo de gritar em árabe que tínhamos vencido, que a vitória era nossa.

No fim do corredor, depois das latrinas e dos chuveiros, uma grade era permanentemente vigiada por um policial armado e de traje de combate. Isso nos intrigava. Acossados por nossas perguntas, os policiais acabaram respondendo que era o lugar em que se interrogavam os presos.

Queríamos investigar a qualquer preço. Nosso pedido lhes parecia esquisito, mas tanto insistimos que acabaram consentindo. Do outro lado da grade, havia um corredor estreito com portas de celas de ambos os lados.

Supliquei ao policial que me acompanhasse. Ele deu de ombros.

"Já que você quer... Mas estou avisando: você vai ficar mal!"

Abriu um postigo. A cela era tão minúscula que não era possível ficar de pé, mal dava para ficar deitado, tão baixo era o teto. Um homem estava estirado no piso de cimento. Parecia abobalhado, sem reações. Na penumbra, fixava-me sem me ver.

Também olhei para ele, com os olhos cheios de lágrimas. Murmurei-lhe:

"Coragem, coragem."

Na mesma hora fiquei brava comigo. Era como se eu tivesse dado duas gotas d'água a alguém que morria de sede no deserto.

O policial fechou o postigo, mas tive tempo de ver o rosto do preso, que se pusera a tremer.

Eu soluçava.

"Eu falei que era melhor não ver", disse o policial.

Aquele homem era um preso político. Um dentre tantos outros.

Esperávamos a resposta do rei sem muitas ilusões. Ao cabo de dois meses, Allabouch nos chamou e anunciou que Sua Majestade pusera provisoriamente à nossa disposição, em Marrakech, uma casa mobiliada, provida de todo o conforto. Tinha até jardim. Arcariam com toda a nossa manutenção; seríamos alimentados, vestidos, tratados.

Para nós, que saíamos do inferno, essa proposta era inesperada. Moraríamos lá enquanto aguardávamos que Sua Majestade tomasse uma decisão acerca do pedido de emigração que havíamos feito.

A notícia foi bem recebida. No meio de tanta empolgação, acabamos nos desviando das questões importantes: ficaríamos de fato livres um dia? Em quanto tempo?

Mas ainda não tínhamos como formulá-las. Estávamos tão cansados que só pensávamos em comer e dormir.

MARRAKECH (1º DE JULHO DE 1987 — 19 DE FEVEREIRO DE 1991)

SEIS MESES DE EUFORIA

A casa que Sua Majestade providenciou para nós fica em Targa, a poucos quilômetros de Marrakech, lugar favorito de descanso da burguesia de Casablanca. Quando meu pai estava vivo, o Ministério do Interior nos emprestava lá uma fazenda, onde gostávamos de passar as férias de inverno e montar a cavalo nos fins de semana. Guardamos excelentes lembranças desse lugar.

De todas as casas dos arredores, a nossa é a mais isolada, cercada por altos muros que deixam ver, do lado de fora, a copa das árvores. Um terreno baldio a rodeia. A casa, que sem dúvida data da época colonial, é imensa e de aspecto, se não agradável, pelo menos confortável.

Depois de Bir-Jdid, parece-nos um palácio. O interior encanta pelo comprimento dos corredores, a claridade e o grande número de cômodos. A maior parte dos quartos fica no andar de cima. Divido o meu com Maria. Soukaïna, Mimi, Abdellatif e mamãe instalaram-se cada um num quarto. Raouf, que queria fugir daquele "harém", escolheu o quarto de baixo, que dava para o jardim. Achoura e Halima estabeleceram-se perto da cozinha.

A casa tem duas salas, como nas boas residências burguesas. A menor é mobiliada num estilo ocidental, com um sofá e duas poltronas macias dispostas em torno de uma imponente lareira. A segunda é decorada segundo a tradição marroquina, com colchões no chão e uma mesa baixa. Nós, que passamos tanto tempo sem luz, nos extasiávamos com a brancura das paredes, a quantidade de janelas, os interruptores elétricos. Tínhamos torneiras de água fria e quente, um luxo; sanitários de verdade e banheiras...

Não era o paraíso, claro, mas para os párias de Bir-Jdid era quase isso.

Excitadíssimas, as crianças correm por toda parte, riem, gritam, brigam pela repartição dos quartos. Meu humor não está tão leve. Ainda havia muros, portas, policiais, proibições de sair, de passear, de viver...

Mais uma prisão, ainda que pareça uma casa de verdade. Onde está a liberdade com que tanto sonhamos? Para não estragar a felicidade deles, calo minhas dúvidas e acompanho a animação, simulando entusiasmo.

"Que maravilha! Vamos ser felizes, sim! E, afinal, isso é apenas provisório."

Para o inferno as suspeitas! Mais tarde a gente vê.

Deram carta branca para que nos fornecessem a mobília dos quartos, nossas roupas e demais necessidades cotidianas. Bastava pedir: livros, discos, vídeos, papel, cadernos, canetas, revistas femininas e jornais marroquinos. Quanto a publicações da imprensa internacional — *Le Monde*, *Libération*... —, aí já era sonhar demais... Também nos deram um aparelho de som, uma televisão, um videocassete e rádios. Mas, quando não nos comportamos bem, censuram os programas de tevê.

O alcaide de Marrakech e seu adjunto são encarregados do suprimento cotidiano. No primeiro dia, eles nos sugeriram que fizéssemos uma lista de mantimentos. Tudo o que desejássemos.

Não compreendi logo o que entendiam por "tudo". Um quilo de carne por semana me parecia suficiente para nove. Escrever a palavra "manteiga", ou até pensar nela, me parecia inconcebível. Eles não percebem minha hesitação. Insisto.

"Podemos pedir frutas também? Leite fresco? Chocolate? Balas? Isso não é mais proibido?"

Pedíamos, e eles traziam. Pouco a pouco fomos ficando mais ousados. A comida torna-se nossa única obsessão, nossa única razão de ser. Todas as noites a gente pensa seriamente no menu do dia seguinte, e o elaboramos com o cozinheiro da polícia que puseram à nossa disposição. Ao chegar, o bom sujeito não sabia cozinhar. Ao nos deixar, quatro anos depois, tinha se tornado um verdadeiro *cordon-bleu*.

O caso é que ficamos exigentes quanto à qualidade das nossas receitas. Queríamos crepes e broas, e também *tajines* e cuscuz, cremes e compotas. E, ah!, todos os dias, um lindo bolo de aniversário cheio de creme... Com a comida, redescobrimos a alegria de viver.

Muitas vezes eu acordava no meio da noite, com o corpo empapado de suor, assaltada por pesadelos ou lembranças terríveis. Já não sei onde estou. Bir-Jdid? Borro? Benaïch? Esses fantasmas me perseguem. Visto-me às pressas e desço devagarzinho para a cozinha. Cruzo então com um membro da minha família, vítima da mesma insônia, que sobe com uma bandeja carregada.

"É você, Raouf? Está comendo o quê, Abdellatif?"

Caímos na risada. Voltamos juntos para a geladeira e comparamos nossas escolhas. E nos entupimos de comum acordo. Atender àqueles ataques de fome noturnos prova-nos que não estamos mais na prisão.

Nossos corpos carecem de tudo; são inúmeras nossas doenças. As hemorroidas de Mimi lhe valem um mês de hospitalização. Temos febres inexplicáveis, abscessos, inflamações, perdemos cabelo, não temos mais músculos, nem dentes, nada mais que pele e osso — e olhe lá —, em que estado... Mas, embora comêssemos sem parar, nos enchêssemos de vitaminas e remédios, nossas carências eram tamanhas que era o mesmo que derramar água na areia.

Para auxiliar minha recuperação, todas as manhãs praticava esporte: corrida, ginástica e futebol com meus irmãos. Pedi livros sobre a alimentação dos esportistas e tornei-me uma enciclopédia viva sobre o assunto. Fiz esse regime dois anos seguidos, mas meu corpo ficou por muito tempo num estado lamentável. No entanto, eu me obrigava a todos aqueles esforços, mais ou menos como um deficiente que recomeça a andar.

O resto do dia ouço música e leio. Sofro de uma fome canina de livros, tanto quanto de comida: romances, ensaios, livros de história sobre a Segunda Guerra Mundial e sobre a Rússia, tudo me apaixona. Nos primeiros tempos, não me contento com ler. Sinto-me tão inculta que aprendo palavras e poesias de cor. Consulto o dicionário, leio Baudelaire e Chateaubriand, reproduzo frases como uma criança do curso primário.

Arranjaram-me, às escondidas, uma pequena máquina de escrever pertencente a meu avô, e, cedendo à pressão geral, inicio uma nova transcrição da História. Começo a tomar notas para um roteiro. Também escrevo meu diário.

Devoro filmes e séries de televisão, muito embora a maioria me deixe perplexa. *E.T.* me parece um enigma indecifrável. Não entendo os discos voadores, os efeitos especiais, a filosofia do filme. Quinze anos de atraso em relação à modernidade são difíceis de recuperar.

Acho que o óvni sou eu.

Soukaïna pinta e ouve as canções de Patricia Kaas — pela qual sentirá por muito tempo uma violenta fixação. Abdellatif joga bola; Raouf começou o primeiro ano de direito por correspondência; mamãe ouve seus queridos noticiários e esmiúça os jornais e revistas que lhe trazem. Todos nós nos atualizamos, cada qual do seu jeito.

À noite, organizamos festas em que todo mundo se veste com a maior elegância. Desde as sete da noite, a casa é tomada por uma alegre agitação. Passamos as roupas, vincamos as bainhas, usamos gel nos cabelos, nos penteamos, maquiamos, cuidamos das unhas. E nos encontramos no salão diante de um esplêndido bufê.

Com a vida que recomeça, reaprendemos as emoções por tanto tempo contidas. Deixamos pendurados nossos "trajes de combate" e voltamos a ser mais humanos. Nosso corpo voltou à vida.

Sinto-me frequentemente perturbada, como se fica na adolescência quando uma música comovente mexe com nosso coração. Porque, apesar dos meus trinta e quatro anos, ainda não passo de uma mocinha mortificada por uma necessidade desesperada de amor, que soluça horas a fio, sozinha, no seu quarto.

Temos uma canção preferida, "Ser", que não nos cansamos de ouvir. É a música da série de tevê *La lumière des justes*, interpretada por Charles Aznavour.

Um de nós liga o som e nos apertamos uns contra os outros, repetindo em coro o refrão:

"*Ser, morrer para melhor renascer...*"

Será a voz pungente de Aznavour que nos faz soluçar? Ou a letra, que parece ter sido escrita para nós?

Todas as manhãs, o delegado El Haj passa pela casa para ter notícias nossas e saber se estamos contentes com nossa sorte. Na realidade, ele foi encarregado de nos sondar sobre nossa determinação de nos instalar no Canadá. Não somos trouxas.

Conhecemos muito bem as maneiras de proceder do regime. Enrolam você com palavras melosas, entorpecem sua desconfiança por meio de elogios, de uma falsa cumplicidade, depois a pergunta-cilada vem no momento em que você menos espera. Felizmente, nós nos tornamos especialistas nessa brincadeira de gato e rato e também tentamos arrancar, como quem não quer nada, o máximo possível de informações.

Estamos na expectativa. Nossos advogados franceses, o dr. Dartevelle e o dr. Kiejman, não deram mais sinal de vida. Esse silêncio nos preocupa. Somos bem tratados, é verdade, mas se nossas liberdades foram ampliadas, se agora podemos andar, correr, respirar, sempre nos limites no terreno baldio, continuamos prisioneiros.

No dia 3 de julho, anunciam-nos por fim a visita de Georges Kiejman. É a primeira vez que o encontramos. Visivelmente comovido em nos ver e mostrando grande respeito, ele nos faz um pequeno discurso muito bem construído. Por ter perdido membros da família nos campos de concentração durante a guerra, sabe o que estamos passando e sente-se obrigado a defender nossa causa até o fim. Trabalhará para que reconquistemos a liberdade.

Suas palavras me parecem justas, cheias de verdadeira compaixão para com os perseguidos que fomos. Finalmente alguém nos reabilita, reconhece nosso estatuto de vítimas. Finalmente alguém nos compreende, e isso é reconfortante.

Ele nos contou sobre seu encontro com o rei, poucos dias antes. Este falou de nós com calor e paixão. O rei me considera sua filha e contou ao advogado que me criou, me deu as primeiras palmadas e riu de minhas primeiras travessuras.

Nesse caso infeliz, ele sustenta, sou o seu único motivo de preocupação, junto com o pequeno Abdellatif, pelo qual também se inquieta.

O dr. Kiejman parece comovido com minhas relações filiais com o soberano. Ele ignorava essa parte da minha história.

"Sabe, Malika, durante as três horas da nossa conversa, seu nome veio à tona sem parar. Sua Majestade tem muito afeto por você."

Todos nós somos muito mais céticos do que ele quanto à suposta sensibilidade de Sua Majestade a nosso respeito, mas guardamos esse pensamento para nós.

O advogado pediu ao rei que nos libertasse. Ele não é contra, mas se recusa a nos deixar partir para a França. Seus argumentos parecem muito capciosos. Sua Majestade teme que um membro da comunidade marroquina atente contra nossa vida. O dr. Kiejman relata os temores do rei aparentemente com certa ironia.

Aliás, ele já tem preparada a resposta:

"Majestade, os Oufkir querem emigrar para o Canadá."

O rei simula espanto. Reflete, depois propõe nos mandar para Israel. Sua lógica é irrefutável. A memória do meu pai é respeitada lá, pois ele deixou os judeus marroquinos emigrarem aos milhares.[1]

Sua Majestade simplesmente se esquecia de acrescentar que

[1] Depois da Guerra dos Seis Dias, em 1968, os judeus marroquinos emigraram em massa para Israel, França e Canadá. O general Oufkir, que tinha muitos amigos na comunidade judaica, facilitou a partida deles.

pretendia nos exilar num país em guerra, à mercê de qualquer integrista que seria facilmente convencido a nos matar.

O dr. Kiejman percebeu a cilada. Reforçou a argumentação. No final da entrevista, obteve de Sua Majestade a garantia de que obteríamos nossos passaportes e vistos para o Canadá. O rei não quer mais ouvir falar de nós, mas em contrapartida devemos nos calar sobre o que vivemos.

O dr. Kiejman comprometeu-se em nosso nome.

Nosso advogado tinha outro recado a me transmitir. Alain Delon havia ligado para ele e externado sua solidariedade. Declarara-se pronto para nos ajudar materialmente, inclusive pagando as despesas do processo, se necessário. O dr. Kiejman acrescentou, porém, que o ator não tomaria nenhuma posição política. Ele ainda tinha interesses no Marrocos.

Ainda assim, senti-me muito reconfortada com esse pequeno gesto. Significava que Alain não me esquecera. Devia certamente ter recebido um dos pequenos panfletos que escrevemos na prisão e endereçamos às personalidades políticas e a antigas relações nossas, quando estávamos em fuga, em Rabat. De todos, ele foi o único a se manifestar, o que me comoveu profundamente. Entretanto recusei a ajuda, pedindo ao dr. Kiejman que lhe agradecesse por mim.

O verão foi tórrido naquele ano, mas isso não nos incomodava. Nossa partida para o Canadá foi marcada para o fim de outubro, por isso podíamos muito bem suportar os inconvenientes do calor. Estávamos felizes, eufóricos, triunfantes. Íamos poder refazer nossa vida.

O desconhecido nos fascina. Arquitetamos os projetos mais insensatos. Vamos viver todos juntos numa imensa fazenda composta de sete casas, ligadas umas às outras por passagens subterrâneas que levam a uma sala de jogos. Não vamos nos casar, mas teremos muitos parceiros. Nunca nos separaremos. Os menores continuarão seus estudos, e os maiores trabalharão.

Nossas divagações habituais voltam a tomar conta de nós.

De vez em quando a ideia de que querem se livrar de nós me atravessa o espírito, mas faço o possível para expulsá-la, assim como afasto a ideia de que tudo aquilo é impossível, bonito demais para ser verdade, e que nunca seremos livres.

Permitiram afinal que meu avô viesse nos visitar. Como sempre, avisaram no último instante. Ele veio no dia 10 de outubro. Com mais de setenta e dois anos, continuava o bonito homem de antes, grande, digno, o rosto apenas enrugado. Somente seu olhar úmido indica que a dor o devasta. Vendo-nos todos reunidos, irrompe em soluços e não consegue se acalmar antes de um bom momento.

Aperta mamãe nos braços, beija um de cada vez e nos fita com uma grande ternura, mesclada de uma infinita tristeza. Parece aniquilado. Claro, tem piedade de nós, de nosso aspecto miserável, de nosso rosto de ex-crianças que a vida endureceu depressa demais. Mudamos muito. Em seus olhos, lemos que somos almas do outro mundo. Nossa volta é um milagre. E, ao vê-lo, compreendemos tudo o que ainda nos separa do mundo dos vivos.

Tenho um nó na garganta, mas não posso chorar, nem sequer pronunciar seu nome. Quando eu era criança, dera-lhe o apelido de Baba el Haj e esse nome pegou. Mas, desde a morte do meu pai, não consigo mais dizer *baba*.[2] Um bloqueio que me obriga a manter certa distância do ancião.

Mas o momento é emocionante demais para todo mundo. Fazia muito tempo que eu não via mamãe tão feliz. Ela é muito apegada ao pai. Ao longo de todos aqueles anos, ele fez o possível e o impossível para nos livrar da nossa triste sorte. Contatou a Anistia Internacional, a Liga dos Direitos Humanos e muitas outras organizações. Escreveu a todas as personalidades políticas, encontrou o príncipe Moulay Abdallah, que lhe permitiu que nos mandasse livros.

Ficou sem notícias de nós desde Tamattaght. Várias vezes

[2] *Baba*: "papai".

imaginou-nos mortos, assassinados por balas. Contaram-lhe que Mimi tinha morrido de uma crise de epilepsia, que Raouf e eu tínhamos sido mortos tentando fugir. Um de seus amigos até lhe afirmou que viu com seus próprios olhos o cadáver de mamãe no hospital Avicenne.

Ele se recusou a vestir luto por nós. Não quis acreditar no meu tio Wahid, apesar de ele ter jurado que nos vira os quatro em casa dos Barère. Falou-nos da morte de Mamma Khadija e de seu novo casamento. De tudo isso tínhamos ficado sabendo pelos Barère. Mas não sabíamos que ele tivera outro filho, a quem chamou Raouf.

A família censurou a escolha. Não se dá a um recém-nascido o nome de um parente vivo.

"Mas", replicou ele chorando, "eu tinha tanta certeza de que vocês estavam mortos..."

Essa maneira de perpetuar a lembrança nos comoveu.

Os nossos foram muito importunados desde a nossa prisão. No dia a dia, não escaparam da vigilância, dos grampos, dos interrogatórios, dos transtornos de todo tipo. A sociedade marroquina fechou-lhes as portas. A família de meu pai sofreu mais ainda, lá, no deserto, para onde a baniram, privando-a de tudo. Ninguém frequentava os próximos de Oufkir.

Ele nos contou tudo isso esforçando-se por sorrir, apesar das lágrimas, e pontuando quase todas as frases com "Deus é grande".

Para preparar nossa viagem, marcada para 27 de outubro, o alcaide foi encarregado de comprar malas e roupas para nós. Também nos forneceu capotes, anoraques e calçados para o frio. Fazer listas nos diverte loucamente. Escolhemos com cuidado as formas, combinamos as cores. Somos como crianças diante de uma árvore de Natal.

Deram-nos documentos de identidade e passaportes, que confiscaram na véspera da partida. Esse detalhe me desagradou. Combinava com o mal-estar que eu experimentava, sem poder formulá-lo. Por mais que ponderasse comigo mesma, por mais que encontrasse em nossos preparativos, na atitude dos policiais para conosco, as provas que buscava, acreditava cada vez menos que iam nos deixar partir. Não conseguia mais participar da empolgação geral, prestar atenção no permanente de uma, na roupa da outra.

Durante a noite, acordo mamãe e ponho-a a par das minhas desconfianças. Ela não quer acreditar em mim, me acusa de ter um espírito tortuoso. Mais ingênua que eu, recusa-se a ver o lado ruim das coisas. A vida no Palácio me ensinou a desconfiar; sei que não se deve dar como certo o que o rei nos propõe.

Saio do seu quarto abatida, quase chorando. Só Raouf pode me compreender. Entro em seu quarto; ele me ouve com atenção, cético a princípio, mas depois meus argumentos o fazem vacilar.

Ele não consegue dormir; nem eu.

Às sete da manhã daquele 27 de outubro, todos os nove estamos perfumados, penteados, vestidos, malas e sacolas prontas. Na realidade, nos disfarçamos de viajantes, cada um mais ridículo que o outro. Esquecemos o que é pegar um avião e partir. As palavras perderam o sentido; assim nós nos conformamos à sua aparência. Assumimos os papéis que devemos representar.

Esperamos nervosamente na sala, Raouf e eu ainda mais ansiosos que os outros que não desconfiam de nada, por enquanto. Para eles, daqui a algumas horas estaremos longe. Para nós...

Lanço-lhe um olhar. Ele me dirige um sorriso nervoso. Mamãe surpreende nossas mímicas. Com as duas mãos apertando sua frasqueira, ela está mais pálida do que eu esperava. Será que meus temores a abalaram? Allabouch, o delegado El Haj, Othman Bouabid[3] e o alcaide chegam ao mesmo tempo. Evitam nossos olhares, parecem incomodados.

Lanço outro olhar para Raouf. Como vão fazer para nos

[3] Chefe de gabinete do ministro do Interior, Driss Basri.

confessar que essa partida não passa de uma farsa? Vão precisar de um pouco de imaginação.

Não precisam. As palavras escorrem de seus lábios, mais melosas que de costume. Um oceano de mel.

"Sua Majestade pede-lhes para esperar mais um pouco... Ela ainda não está totalmente preparada para a ideia da partida de vocês. Haja, Sua Majestade deseja vê-la antes de vocês partirem", acrescentam, dirigindo-se a mamãe.

Mais uma vez nosso sonho vai por água abaixo. Iniciávamos mais quatro longos anos de prisão.

UMA PRISÃO DOURADA

"Mas, sra. Oufkir, vocês não podem partir antes de terem um encontro com Sua Majestade, foi a senhora mesmo que solicitou a audiência..."

A situação virou-se contra nós. Mamãe caíra na armadilha, escrevendo uma carta solicitando uma audiência ao rei, já que era esse seu suposto desejo, mas o resultado foi bem diferente...

Houve sem dúvida outras explicações para nossa partida abortada. Mamãe se recusou a assinar a promessa escrita de que não processaríamos o Estado marroquino, apesar do compromisso que Kiejman assumiu ante o rei.

Talvez o rei não tivesse avaliado direito nossos problemas de saúde, nem percebido a dimensão dos estragos que poderíamos causar. Seis meses após Bir-Jdid, ainda estávamos num estado físico calamitoso. Quatro de nós tinham problemas pulmonares que podiam se agravar.

Deveria ele se arriscar a nos mostrar ao mundo assim e dar então a prova daquele flagrante atentado aos direitos humanos? O serviço de imigração canadense comprovaria nosso estado, a imprensa falaria. O rei com toda a certeza não estava querendo aquela publicidade negativa. Era preciso primeiro nos pôr em forma, antes de nos deixar enfrentar o estrangeiro.

Mas ainda hoje, mesmo com todos os cuidados, trazemos as

sequelas daqueles anos terríveis. Mimi acumula as crises de epilepsia, Maria teve um câncer na bexiga, Raouf saiu de uma pneumonia para uma infecção, Soukaïna e eu temos uma saúde frágil.

Quanto a nosso Abdellatif, foi sua alma que eles extinguiram.

Nosso advogado, porém, acreditara nas promessas até o último minuto. Ele nos esperava em Casablanca, onde devíamos tomar o avião. Nossa partida devia se desenrolar na maior discrição, mas houve vazamentos de informação, e representantes da comunidade judaica marroquina nos esperavam no aeroporto de Montreal com cartazes de boas-vindas. O Ministério das Finanças liberara para nós uma soma de quatro milhões de dirhams, depositados num banco canadense; para o dr. Kiejman esse dinheiro era uma prova a mais da boa vontade do poder.

Tendo a crer que nossa falsa partida era uma encenação muito bem montada. O rei ainda não estava quite conosco; ainda tínhamos de pagar.

Só voltamos a ver o dr. Kiejman alguns meses depois, no início de 1988. Estava furioso. Declarou-nos que iria processar o Marrocos nas instâncias internacionais e atacou diretamente Allabouch.

"A culpa é sua, e das pessoas manipuladoras acima do senhor. Não estou acostumado a tratar com gente sem palavra..."

Soukaïna chamou-o à parte e perguntou-lhe se o suicídio dela podia servir para nos libertar. Desde 27 de outubro essa ideia lhe rondava o espírito. O dr. Kiejman suspirou e retomou os ataques contra aquele regime que massacrava crianças inocentes.

Ele protestou por um bom tempo. Mas sua cólera não adiantou nada, como tampouco a greve de fome que iniciamos em abril de 1988, semanas depois da sua visita. Essa greve durou vinte dias. Tivemos de receber transfusões, ficamos muito mal, mas só cessamos o combate forçados pelas circunstâncias.

Ainda não havia esperança.

Nossa partida fracassada nos fez voltar no tempo. Tornamos a ser os prisioneiros que éramos fazia quinze anos, ao mesmo tempo resignados e revoltados, passivos e rebeldes. Como consolo, digo às vezes que minha sorte melhorou e que só devo isso a meus próprios esforços. Entretanto não me falta lucidez: o rei é tão poderoso, e nós, tão fracos... Pelo menos temos a satisfação de tê-lo dobrado.

Cada um voltou à rotina. Não acreditamos mais em muita coisa. Lemos, praticamos um pouco de esporte, vemos televisão. Abdellatif joga bola com nosso primo Hamza, que tem a mesma idade e que se instalou conosco, assim que pôde vir nos ver.

Nossa família é autorizada a nos visitar nos fins de semana, à custa de mil dificuldades. São sistematicamente revistados. Não organizamos mais festas improvisadas, a não ser no Natal e nos aniversários. Terminaram os lanches que nos reuniam na alegria, terminaram os jantares em família. Cada qual come sozinho, em seu quarto.

Vivemos de pijama, sempre o mesmo, gasto de tanto ser lavado e relavado. Andamos descalços, não prestamos mais atenção em nossa aparência. Quando nos encontramos pela casa, repetimos as mesmas perguntas:

"Quando nosso caso vai ser resolvido? Quando vão nos libertar?"

Marrakech, porém, é diferente de Bir-Jdid graças à luminosidade. Nunca perdemos a luz da manhã; é um instante de renascimento, uma impressão extraordinária. O dia todo ficamos fora para aproveitá-la e, quando a noite cai, acendemos as luzes.

Recebo correspondência de meus amigos antigos, mas não suporto os pedidos de perdão, o sentimento de culpa deles. Suas cartas não passam de longas litanias em que tentam justificar quinze anos de silêncio e de indiferença. Não quero reatar com meu passado e não tenho nada a lhes responder. De qualquer modo, não compreenderiam nada.

Ficamos sabendo da morte do meu tio paterno, Moulay Hachem, irmão do meu pai. Não nos deixam sair, nem mesmo escoltados, para assistir a seu enterro. Nnaa, nossa avó, morrera pouco antes da nossa fuga. Ela nos esperou o máximo que pôde. Não teve a alegria de nos rever.

Criamos dezenas de animais — gatos e cachorros vadios, que vivem, comem e dormem conosco. Ainda traumatizados com o massacre de nossos pombos, não os deixamos sair de nossos quartos. Não demoramos a ter dez gatos e três cachorros, que se tornam alvo da nossa imensa carência. Pois somos frustrados, afetiva e sexualmente.

Na prisão, tínhamos nos acostumado a reprimir as menores pulsões, os menores desejos. Durante os seis primeiros meses em Marrakech, entreabrimos a porta para as nossas emoções. Relaxamos a defesa.

Depois de nossa partida abortada, tentamos nos endurecer de novo como na época de isolamento forçado. Levávamos um arremedo de vida. Sentíamos a vida vibrar à nossa volta — bastaria tão pouco para desfrutá-la! Mas esse pouco era inacessível. Dizemos com frequência que não teríamos sobrevivido quinze anos naquelas condições. Preferimos de longe o nada ao mais ou menos, o combate à resignação.

Depois de termos experimentado uma pequena amostra de liberdade, voltamos quase ao ponto de partida, com a horrível sensação de que a prisão jamais acabaria. Revejo sem parar nossa fuga. Sou dominada por ela. Tenho pesadelos com ela.

Nosso tratamento piorou. Os policiais colocaram microfones na lareira do salão; Raouf descobriu e arrancou-os. Em resposta, passaram a interferir nos programas do canal francês TV5 que falam do Marrocos. Apertaram o cerco em torno de nós. Proibiram-me certos livros que pedi sobre a Revolução Russa e a Alemanha nazista. Por quê? Mistério...

Ainda nos sobra um pouco de humor. Pedimos *A grande fuga* em vídeo. Claro que recusaram.

Pensamos em cavar um túnel para escapar de novo. A terra do jardim era macia, mas aquilo demandaria uma energia que nos falta. Chegamos até a pensar num aviãozinho que poderia pousar no terreno do outro lado do muro. Mandamos uma das nossas tias até lá em missão de reconhecimento.

A ideia da fuga nos ajudava a suportar a situação, provando que ainda não estávamos de todo mortos ou enterrados vivos.

Ainda estamos em Marrakech quando estoura a guerra do Golfo, que é ótima para o rei. Ela lhe permite posar de mediador do mundo árabe e tentar fazer esquecer os prisioneiros políticos, os incontáveis desaparecimentos, os campos de concentração, os direitos humanos achincalhados, a outra realidade de um soberano implacável.

Em quase vinte anos de detenção, nós nos acostumamos a analisar os acontecimentos externos em relação ao nosso caso. Aquela guerra é ou não favorável a nós? Ela não altera em nada nossa sorte.

Um ano depois, em 1991, é publicado na França o livro de Gilles Perrault, *Nosso amigo, o rei*. Ficamos sabendo pela televisão marroquina e, a julgar pelo barulho que se faz ouvir em todo o país, esse livro não agradou nada a Sua Majestade. O governo e a população apoiam Hassan II.

Pedem nossa contribuição para essa "grande causa". Devemos escrever uma carta para denunciar Perrault e afirmar em alto e bom som que Sua Majestade é um grande rei e uma personalidade excepcional.

Esse livro, afirmam Allabouch e Bouabid, foi arquitetado pelos inimigos do reino, com Danielle Mitterrand e Georges Kiejman à frente. Devemos renunciar publicamente a nosso advogado, que ousou atacar a pessoa do rei. A carta será publicada no jornal francês *Le Figaro*.

A despeito de mil estratagemas para evitar a redação dessa missiva, somos obrigados a ceder, mas ela só vai ser publicada bem mais tarde. A hora da libertação estará se aproximando?

Dão-nos para ler o livro de Perrault — apesar de proibido no Marrocos — para que pudéssemos avaliá-lo por conta própria.

Por seus ataques violentos ao rei, esse livro produziu em mim o efeito de um terceiro golpe de Estado. Como um estrangeiro, francês ainda por cima, pôde ter a audácia de ir contra a pessoa real, de acusar, denunciar, sem tremer nem se dobrar!

Mas o livro está recheado de inexatidões e dá guarida, complacentemente, aos boatos. Assim nosso cativeiro, da mesma maneira que nossa fuga, é relatado no capítulo "As máscaras de ferro". Mas, além das aproximações, das inverossimilhanças, dos esquecimentos e dos detalhes inventados, Perrault insinua, como tantos outros antes dele, que não pudemos ter fugido sozinhos. Segundo ele, um carcereiro corrupto — ou vários até — teria nos ajudado. Para nós, que em quase vinte anos só tivemos como motivo de orgulho aquela fuga realizada com as mãos nuas, aquelas frases são como uma punhalada. No entanto, ele atenua suas afirmações concluindo que, no caso de termos tido nossa fuga facilitada, não teriam nos deixado desamparados fora do cativeiro, sem dinheiro, sem apoio...

Mais contundentes ainda são os ataques pessoais. Segundo o livro, mamãe "mostrava uma preferência acentuada pelos jovens oficiais" quando esteve casada com meu pai. Em compensação, não sabe nada das circunstâncias do divórcio dos dois, confunde as datas, as causas, os acontecimentos, e atribui a mamãe uma ligação — mais uma — com Hassan II. Acrescenta, sem provas, dando fé às fofocas, que "toda Rabat murmurava que [Soukaïna] era filha do rei". Uma "revelação" que perturbou sobremaneira — e por muito tempo — minha irmãzinha.

Eu mesma não escapei dos mexericos. Segundo ele, segui o exemplo da minha mãe. Meu pai fechava os olhos: "Ele estava acostumado". As páginas estão salpicadas de outras insinuações do mesmo nível.

Por ter vivido no interior do Palácio e, mais tarde, entre os cortesãos, estou acostumada aos mexericos. Vindos dos marroquinos, não me atingem. Entretanto, o que me aborrece, o que aborrece mamãe, meus irmãos e minhas irmãs, é que um homem como Gilles Perrault tenha podido dar crédito a tais comentários. Ele perdeu a oportunidade de escrever um livro documentado com seriedade, o que me perturba muito mais do que a desinformação. Há tanto a revelar que ele não deveria ter se contentado em reproduzir fofocas. A verdade teria bastado para demolir o déspota.

Mas ele ousou.

Era a primeira vez que alguém atacava a pessoa do rei, e essa simples razão bastou para que nos recusássemos a empreender qualquer ação capaz de prejudicar o autor.

E, além do mais, ele realmente nos defende apesar dos subentendidos malevolentes: "... em nome de que estranha moral se pode infligir, por quinze anos, o pavor a crianças inocentes? Existe acaso no mundo algum Código Penal que preveja o crime de descendência?".

Devemos dar a César... Nós lhe devemos, sem dúvida nenhuma, nosso reconhecimento.

O FIM DO TÚNEL

Allabouch, Bouabid e o *walli*[4] de Marrakech vêm ter conosco em meados de fevereiro de 1991. Com eles, as conversas parecem partidas de xadrez. Cada um avança seu peão de acordo com o que o adversário diz e pensa em cada palavra a ser pronunciada antes de responder. Sem parecer, aos poucos eles vão nos deixando entrever, aqui e ali, algo de novo.

No início de nossa chegada a Marrakech, disseram com certo amargor — com um pouco de raiva até — que tínhamos do que nos orgulhar. Nossa fuga teria repercussões muito mais políticas do que imaginávamos.

"Graças ao reflexo que a fuga de vocês teve no mundo, a imprensa internacional vai se interessar cada vez mais pela sorte dos prisioneiros políticos no Marrocos",[5] constatara Bouabid.

[4] *Walli*: governador.

[5] No dia 29 de outubro de 1987, o Parlamento Europeu exorta o Marrocos a libertar os quatrocentos desaparecidos e os demais prisioneiros políticos. Em 1991, a Anistia Internacional saúda a libertação de duzentos e setenta desaparecidos — alguns, há dezenove anos. Serfaty é expulso para a França e proibido de entrar no Marrocos. Os irmãos Bourequat, que eram acusados de espionagem,

Naquele dia, nossos anjos da guarda se instalam num sofá e começam a falar de tudo e de nada, eternizando-se nos detalhes.

O *walli* implica comigo sobre o feminismo para me fazer perder a cabeça. Ele gosta de me provocar. É tudo muito aparentemente inocente, mas não entendemos aonde querem chegar. Já fazia quase três horas que falávamos sem dizer nada.

Bouabid olha então para mim e me diz à queima-roupa, sem mudar o tom da conversa:

"VOCÊS ESTÃO LIVRES."

A bomba explode a nossos pés.

Mas não provoca nenhum efeito em nós.

Não compreendemos, ou não queremos compreender. Continuamos a conversar como se não tivéssemos ouvido.

Allabouch, Bouabid e o *walli* se entreolham, embaraçados. Estamos longe dali. A mil léguas de suspeitar do sentido de suas palavras. Meio incomodados, porém, porque pressentimos que algo esquisito está acontecendo.

"Meu Deus do céu", berra Allabouch, "faz dezenove anos e meio que esperam este instante e é esse o único efeito que produz em vocês? Vocês estão livres, estou dizendo! Livres!"

Livre? Que significa essa palavra? Éramos prisioneiros no instante anterior e eis que nos dizem que nosso calvário chegara ao fim? Concedem-nos nossa liberdade num segundo, como a tiraram vinte anos antes. A simples vontade do monarca...

Estarão dizendo a verdade? Não estarão mais uma vez nos tapeando? Antes de as assimilarmos direito, estas três pequenas palavras, "vocês estão livres", mergulham-nos de novo em nosso

---

chegam à Europa em 1992. Mas a Anistia Internacional afirma que ainda há centenas, notadamente entre os independentistas do Saara, muitos deles mortos em Tazmamart, um campo de prisioneiros do Alto Atlas, evacuado e demolido em 1991. O Marrocos reconheceu em 1998, por intermédio da Comissão dos Direitos Humanos, o falecimento de cinquenta e seis prisioneiros políticos nas prisões do reino, entre 1960 e 1980, numa lista de cento e doze desaparecidos.

velho estado de prisioneiros acossados. Não temos nenhuma reação. Não ousamos mais falar nem nos entreolhar.

Levamos um bom tempo para aceitar a ideia de que o rei havia nos anistiado. A opinião pública fez pressão; os americanos e os franceses interferiram.

Quando consigo recuperar a fala, pergunto-lhes por que demoraram tanto para nos dar a notícia.

"Faz um bom tempo que realizamos uma reunião atrás da outra para descobrir a melhor maneira de lhes dizer. Não podíamos comunicar-lhes sem mais nem menos, era impossível; vocês não suportariam o choque."

Livres... Quer dizer que estamos livres... Mas para onde ir? Não temos mais casa, e quase não temos mais amigos. Que vai ser de nós, quando chegarmos a Rabat? Vão nos largar lá como embrulhos que viraram um estorvo?

"Tenham paciência", dizem, "e acostumem-se com a ideia dessa liberdade que devem à graça de Sua Majestade. Voltaremos para buscá-los daqui a uma semana."

Só depois que foram embora é que nos beijamos, que exprimimos nossa alegria ao mesmo tempo barulhenta e estranhamente distante. Estávamos loucamente felizes por fora e vazios por dentro. Livres...

Uma semana não é demais para se acostumar com essa ideia. As horas do dia não são mais as mesmas. O sol não brilha mais do mesmo modo, não se põe como antes, não se ergue mais anunciando outro dia ainda mais insípido.

O céu é mais azul, a natureza adquire novas cores, recobramos o apetite. Nossas sensações são mais intensas. Passo a ver a vida em cinemascope, e não mais numa telinha minúscula.

Somos como cegos que recuperam subitamente a visão, com toda a angústia e o imenso terror que isso pode comportar.

"Vou recuperar meu tempo perdido com as mulheres", diz Raouf.

"Quero aprender música", sonha Soukaïna, "e me encontrar com Patricia Kaas."

"Eu vou ser jogador de futebol", exclama Abdellatif.

"Vou me casar, ter um bebê", murmura Mimi enrubescendo.

E eu, eu... Eu quero amar, viajar, passear, comer, conversar, rir, cantar, fazer cinema, estudar, sentar-me no terraço de um café, ser publicitária... Tudo isso nessa ordem ou nessa desordem.

E por que não ao mesmo tempo?

Logo depois, ficamos aflitos. Seremos capazes? Não será tarde demais? Quanto mais os dias passam, com mais medo ficamos. E temos medo de ter medo.

Para nos acalmar, concentramo-nos nas malas e nos embrulhos.

Nossa família veio nos visitar no fim da semana conforme o previsto. Ainda não lhes havíamos dito nada de nossa libertação iminente.

Minha tia Mawakit, que é médium, tirava regularmente as cartas para nós. Ela sempre vira que seríamos libertados logo, mas não podia precisar a data. Naquele sábado, ela pegou seu tarô e me pediu para cortar com a mão esquerda. E anunciou sem preâmbulos que nossa libertação era iminente.

"Você está se comportando como médium, Mawakit", eu lhe disse dando de ombros. "Faz quatro anos e meio que estamos presos aqui e não vejo como isso possa mudar."

Quanto mais ela insiste, mais eu nego. Ela garante que suas cartas não se enganam, suplica-me que lhe diga a verdade, implora a mamãe e aos outros. Permanecemos impassíveis.

O jogo durou quase duas horas.

Por fim confessei o que continuava sem conseguir formular: "Estamos livres, Mawakit. Livres."

Epílogo
UMA ESTRANHA LIBERDADE

OS PRIMEIROS PASSOS

Enfim, alcançamos a liberdade.

De tanto ter virado e revirado essa palavra em nossa cabeça, de tanto ter sonhado com ela durante vinte anos, dia e noite, nem sequer temos mais certeza do que ela quer dizer.

Liberdade significa: sair na rua sem ter policiais no nosso encalço.

Durante cinco anos, vamos ser seguidos, vigiados, grampeados, importunados.

Liberdade significa: ter o direito de trabalhar.

Só eu pude arranjar um emprego de verdade no Marrocos, porque um patrão corajoso enfrentou as proibições.

Liberdade significa: conviver com quem você quiser, amar quem quiser, ir aonde quiser.

Todos os nossos amigos são interrogados pela polícia secreta, a DST; nossos amores estrangeiros são ilícitos.

Não nos restituem nossos passaportes.

Apesar disso tudo, somos livres...

E nossos primeiros passos no mundo se dão no dia 26 de fevereiro de 1991.

Para meu renascimento, escolhi com cuidado meu traje. Um jeans, uma camisa masculina, gravata e um blazer de seda azul-marinho. Quero agradar à liberdade, conquistá-la, seduzi-la. As malas estão prontas, os bichos esperam sem reclamar em suas caixas. Entenderam que o momento é importante. Histórico.

Dessa vez, esperamos com impaciência a polícia e a DST. Um

comboio de viaturas e furgões para diante de casa, nessa sexta-feira 20 de fevereiro de 1991. Há muita gente, barulho, corre-corre, agitação. Sem dúvida ser livre é isto: ver mais gente numa hora do que havíamos visto em vinte anos. As portas do jardim se abrem, e meu coração com elas.

Inesquecível sensação.

Nunca mais se fecharão para nós.

Entramos nos carros, e o comboio parte. Tudo se mistura na minha cabeça — os barulhos, os odores, as cores e a excitação do momento. Enfim, posso olhar para fora sem tristeza nem terror, muito pelo contrário. O espetáculo da rua me fascina em seus menores detalhes: dois namorados de mãos dadas, uma mãe acompanhada da filha, um cachorro que vadia, um passarinho que pousa num galho.

Tudo aquilo logo vai me pertencer.

Pararam numa cidadezinha e sugeriram-nos descer do carro para esticar as pernas. Cheios de desconfiança, não nos mexemos: que peça ainda queriam nos pregar? Foi necessário gastar muita saliva para que aquiescêssemos.

Entrando no café, tenho uma vertigem, prendo o pé num degrau e tropeço. Não sei mais me locomover. Aliás, não sei mais nada. Digam, como se faz para andar? Para pôr um pé diante do outro e recomeçar, como diz a canção? Como se faz para se apresentar num balcão de bar, pedir uma Coca-Cola despreocupadamente, servi-la num copo e tomá-la com pequenos murmúrios de satisfação?

Digam, como se faz para viver?

Naquele café em que nos alinhamos como uma fila de prisioneiros dóceis a luz nos parece forte demais, a música agressiva demais. Sentimo-nos acossados. Preferimos voltar para os carros.

De Marrakech a Rabat, levamos três horas, que passo espiando lá fora com avidez. Quando fugi, pude perceber as mudanças ocorridas no Marrocos; depois, fiquei assombrada com o que assisti nos filmes e programas de televisão, mas revejo todas essas transformações com um olhar entusiasmado. Surpreendo-me com esse amor que sinto vibrar em mim. Tenho pressa de chegar. Incito o motorista a acelerar.

O comboio por fim para em Rabat, em frente da casa do meu tio Wahid. Toda a família está diante da porta, em traje de gala marroquino. Prepararam leite e tâmaras, como manda o costume das boas-vindas. Deveria ser um momento de alegria, mas os olhares deles, como os nossos, estão tomados por uma infinita tristeza. Não é possível apagar vinte anos em cinco minutos.

Nunca poderemos apagá-los.

Ao descer do carro, não me sustento mais em minhas pernas. Esqueci o que aconteceu em seguida. Sei que me beijaram, abraçaram, que me passaram de braço em braço. Estava emocionada, sem dúvida. Mas estranhamente passiva. Não conseguia exprimir nada.

Nos dias que se seguem, a casa está sempre cheia. Comprimem-se para nos ver. Como numa feira ou exposição, somos oferecidos à multidão dos que nos amam e não nos esqueceram. E que, ainda assim, esperaram dois ou três dias por uma autorização do Palácio antes de virem nos ver.

Minha amiga Houria é uma das primeiras a chegar. Fiel dentre os fiéis, quisera nos acompanhar no exílio. Mal me vê no alto da escada, precipita-se para mim; esboço um movimento de recuo. Quero fugir, tenho medo de reatar com minha juventude. Ela me confessou mais tarde que meu olhar a assustou. Em vinte anos, tornei-me como que uma estranha. Como todas essas pessoas são, agora, para mim.

Sentada numa cadeira, eu as vejo passar e não compreendo por que quase todos se põem a chorar ao nos ver. Teremos mudado tanto assim? Envelhecido tanto? Estamos tão maltratados? Parece-me que fui drogada. Tenho vontade de ficar sozinha, trancada num quarto escuro. Impossível. O apartamento de meu tio é pequeno. Teremos de nos amontoar para dormir embaixo, na sala. Nas primeiras noites, não consigo fechar os olhos.

Wahid insiste para que eu saia. Sair? Os jornalistas se acotovelam na frente da casa, pedem entrevistas, mas nos recusamos a falar. Como enfrentar essa multidão? Levo três dias para ter coragem de me aproximar da porta. Peço a meu tio para abri-la.

"Kika, por que você mesma não abre? Está livre agora..."

Entreabro devagarinho a porta e arrisco uma olhada para fora. Tudo é vago lá, as calçadas, os carros, os passantes. É um magma cinzento em que não distingo nada e que me apavora ainda mais que a prisão. A cabeça gira; por pouco não desmaio. Preciso esperar mais um pouco para enfrentar o exterior. Meus irmãos, ao contrário, saíram logo.

Allabouch e Bouabid, nossos "anjos da guarda", vêm todo dia, no fim da tarde. Sentam-se na sala como velhos conhecidos e pedem que Wahid lhes sirva um aperitivo. Tentam nos tirar de nosso estado de choque, falando de amenidades, brincando, tentando nos fazer rir.

Como nossos ex-torturadores puderam se transformar a esse ponto? São nossos carrascos ou benfeitores? Estou dividida. Eles parecem ter a solução para todos os nossos problemas, deter a chave de nossas vidas em suas mãos. Querem dar as respostas em nosso lugar. Dão-nos conselhos sobre os menores detalhes. Ficam nervosíssimos com a ideia de que a imprensa está em nosso encalço — não querem que concedamos entrevistas. Sua Majestade não suportaria.

Obedecemos, mas estamos errados. Melhor teria sido falar com os jornalistas e nos servir da mídia como meio de pressão. Mas levamos muito tempo para nos livrar dos reflexos condicionados pela prisão. Temos medo. Sentiremos esse terror irracional, incontrolável, com a vergonha que o acompanha, enquanto permanecermos no Marrocos.

Os policiais estão conosco dia e noite. Somos protegidos ou vigiados, conforme o papel que se quiser atribuir a essa guarda próxima, que nunca nos deixa. Puseram um motorista à nossa disposição — para melhor saberem aonde vamos. Seguem nossos menores movimentos, escutam nossas conversas telefônicas, interrogam todos os que se aproximam de nós. Livres, nós?

O dr. Kiejman telefona logo nos primeiros dias. Será que

o desaconselharam a nos visitar? Ele não se manifesta mais. Imediatamente depois do seu telefonema, anunciam que Sua Majestade mandou restituir nossos bens e pôs à nossa disposição duas sumidades da advocacia marroquina, os drs. Naciri e El Andalouss.

Os dois figurões vêm nos ver separadamente. Segundo eles, tudo vai se arranjar depressa; é só providenciar um inventário e nos devolverão tudo. Fizemos o inventário, com um e depois com o outro, e esperamos como eles nos sugeriram. Continuamos esperando, até hoje.

Minha tia nos oferece seu apartamento. Instalo-me lá com Maria e todos os nossos bichos. Saímos pouco, andamos rente às paredes, com medo de ir no meio da calçada. Ficamos assustados com a luz, o barulho, os carros. Hesitamos a cada passo. Estamos convencidas de que todo mundo olha para nós — o que acaba acontecendo, tão estranhas devemos parecer. Mas fazemos questão de nos vestir e nos maquiar, mesmo para atravessar a rua. É nossa maneira de festejar a liberdade.

Mais tarde, quando conseguir ir além do restrito perímetro que me concedo, quando conseguir visitar outros bairros da cidade, tomar sozinha um táxi ou um trem, andar por lugares desconhecidos, conservarei muito tempo ainda essa angústia, esses suores que de repente me assaltam no meio do caminho. Tenho dificuldade para me orientar.

Mesmo em Paris, oito anos depois de sair da prisão, às vezes entro em pânico na multidão e perco-me num trajeto que conheço de cor. Não tenho mais referenciais no espaço.

Preciso reaprender tudo. A andar, dormir, comer, me expressar. Anos a fio, fui um elemento do tempo, integrei-me nele a tal ponto que agora não sei mais como estruturá-lo. Não tenho manhã, tarde, limites. Uma hora pode durar dias ou minutos. Tenho dificuldade para compreender o tempo dos outros, sua rapidez ou sua lentidão, seus imperativos de horários. E nem sempre consigo.

Esquisita sensação — o renascimento. No início, às vezes sinto-me saturada. O céu, o sol, a luz, o barulho, o movimento, tudo isso me encanta e me esgota. Não posso sair o dia inteiro sem ter vertigens. Mas vou me tornando mais audaciosa. Parar num café, pedir um drinque, ir ao restaurante, entrar numa loja, ir à feira, guiar são atos que me custam muito, mas que me dão um prazer imenso. Desfruto cada pequeno instante de liberdade.

Cada dia é um milagre que me inebria. Quero mais. Acordar todas as manhãs é um prazer novo. No entanto, avalio agora todos os artifícios da vida. Vestir-se, maquiar-se, rir, divertir-se não é representar um papel? Não sou mais profunda, com o lastro desses vinte anos em que "não vivi", do que todos os que se agitaram em vão esse tempo todo?

Muitas vezes me comparo a alguém que ouviu a vida toda o barulho de um parque de diversões sem poder frequentá-lo. Eu não participava da ação, claro, mas isso quer dizer que nada aconteceu comigo esses anos todos? Na prisão, minha vida interior foi mil vezes mais rica do que a dos outros, e meus pensamentos, infinitamente mais intensos. Eu era muito mais experiente que as pessoas livres. Aprendi a refletir sobre o sentido da vida e da morte.

Hoje, tudo me parece artificial. Não posso levar mais nada a sério.

Abdellatif voltou a encontrar seu querido primo Hamza, filho de Fawzia, que interrompeu os estudos no Canadá para se encontrar com ele. Juntos, pintam e bordam. Meu irmãozinho aprende a viver: saídas à noite, mulheres, música, dança, bares... Parece feliz. Hamza é seu melhor amigo.

Soukaïna pinta, escreve; Mimi se trata penosamente, e Raouf tenta recuperar o tempo perdido com as mulheres. Não concordo com esse comportamento. Para mim, essa busca desesperada é antes de mais nada uma insensatez. Eu só creio no grande amor e espero por ele.

Mamãe conta seus amigos. Não são muitos. Na alta sociedade, somos evitados, nosso nome assusta. Durante vinte anos, foi impronunciável, sob pena das sanções mais terríveis. As pessoas fugiram a tal ponto dele que, para elas, estamos mortos. Nossa ressurreição incomoda.

A maioria dessa gente reduziu a pouca coisa o que aconteceu conosco. Vinte anos de "prisão domiciliar", num "castelo", não é tão dramático assim... Afinal de contas, estamos vivos, e mais ou menos íntegros fisicamente.

Nosso pai, o carrasco, o traidor, o regicida, teve o que merecia. E, afinal, não somos herdeiros seus? Não dizem isso na nossa cara, mas dão a entender. Fazem saber a nosso círculo próximo. Somos réus, culpados, inimigos da monarquia. Incomodamos.

Nos meus trinta e oito anos — que festejo dia 2 de abril —, um mês e meio depois de deixar Marrakech, recebo quatrocentos cartões-postais vindos do mundo todo. Ficaram sabendo de nossa libertação pela Anistia Internacional e manifestam sua solidariedade desse modo.

Fico ao mesmo tempo comovida e revoltada. Era na prisão que precisávamos dessas manifestações de amizade. Livres, não precisamos de nada, sobretudo de votos de vida cor-de-rosa. Isso tudo chega tarde demais.

Tarde demais é a impressão que sentimos cada vez mais acentuadamente. Tarde demais para o amor, para a amizade, para a família. Tarde demais para a vida. Nossa exaltação é seguida de grandes momentos de abatimento. Não teria sido melhor morrer?

Algumas semanas depois da nossa saída, levam Raouf e a mim à nova boate da moda em Rabat, Amnésia. Naquela noite, o príncipe herdeiro Sidi Mohammed, filho mais velho de Hassan II, e suas irmãs estão numa sala particular com alguns membros da corte. Ao nos ver, convida-nos a juntar-nos a ele.

Conheci o príncipe quando ele nasceu. Ele tinha nove anos quando nos prenderam. Sou-lhe grata por me poupar da humilhação de ter de me curvar para lhe beijar a mão. Apesar de ele ter mudado, de ser agora um adulto, revejo nele a criança que conheci e, através dele, o rei, com quem se parece muito.

Fico comovida; ele também. Ele sabe encontrar as palavras sinceras que nos tocam. Diz que sua casa estará sempre aberta para nós, e ele, sempre pronto a nos ajudar. Podemos bater à sua porta a qualquer hora.

Depois chama seu chefe de gabinete e repete essas palavras diante dele.

"O passado é o passado", acrescenta. "Sigam em frente, não voltem para o que viveram."

Não faz nenhuma alusão a seu pai. A princesa Lalla Meriem está atrás dele, tão pálida e perturbada quanto nós, mas não se manifesta.

Nosso encontro torna-se sabido de toda a Rabat.

Pouco depois, aparece um artigo a respeito no *Le Monde*. O articulista explica com palavras convictas a nova estratégia do rei para se recuperar do caso Oufkir. De acordo com o jornalista, o soberano mandaria seus filhos sondarem o terreno para tentar a reconciliação. A reação de Sidi Mohammed e dos seus não demora: passam a nos evitar, quando nos cruzamos.

Meu encontro com Lalla Mina dá-se pouco depois. Ela me convida para almoçar e eu aceito com prazer. Não tenho nenhuma animosidade contra ela. Revê-la é reencontrar minha infância, reavivar sentimentos que enterrei no mais fundo de mim, mas que talvez não estejam mortos. Quero provar também ao rei que sei distinguir entre ele, que continua sendo meu inimigo, e os membros da sua família.

Lalla Mina não se mudou da Vila Yasmina; continua morando lá, mas instalou um haras num imenso domínio, nos arredores de Rabat, não longe do palácio de Dar-el-Salem.[1] A equitação ainda é sua grande paixão. Ela reinstituiu as corridas de cavalo no Marrocos e criou centros equestres.

[1] Ver p. 42.

Para encontrá-la, tenho de atravessar a pé metade da propriedade. Reconheço numerosos rostos familiares que param à minha passagem e me cumprimentam. Sinto-me agradavelmente surpresa: não me esqueceram de todo.

Vejo-a primeiro através de uma porta de vidro. Ela mudou muito, mas reconheço imediatamente naquela mulher gorda, de calça de equitação, a menina que ela foi. Tem o mesmo sorriso, os mesmos trejeitos, o mesmo olhar esperto. Aquilo me perturba.

Quando a princesa me avista, sai do seu escritório, fica alguns segundos sem saber o que fazer, vem devagar ao meu encontro... Depois acelera o passo, finalmente põe-se a correr e se atira em meus braços. Abraça-me forte e pega minha mão. Não diz nada por alguns minutos, depois consegue articular:

"Kika, você está bem?"

Sigo-a até seu escritório, mais comovida do que admito confessar. Aquela voz, aquele andar... O passado volta às lufadas. Nossas risadas, nossas brincadeiras, Zazate, as festas, Mamaya e até a horrível Rieffel...

Ela dá ordem de não sermos incomodadas e fecha a porta. Ficamos de pé, cara a cara, sem poder falar. Ela me fixa longamente e eu sustento seu olhar. Meus olhos estão cheios de lágrimas. Ela se contém, mas vejo que seus lábios tremem.

Depois ela se vira e dá um soco na mesa:

"É a vergonha da nossa família."

Ela me faz perguntas precisas, quer saber tudo. Apesar de meu afeto por ela, que sei intacto até agora, permaneço prudente.

Conheço bem demais seu meio para ignorar que minhas menores palavras vão ser relatadas, comentadas, dissecadas.

"Diga-me, é verdade que mataram seus pombos?", indaga. "É verdade que cada dia matavam dois ou três?"

Então ela sabia tudo da nossa vida, dia a dia...

Conversamos bastante. Ela me deu notícias de todos. Durante anos, disse-me, Latéfa, a mulher do rei, defendeu nossa causa — o que não me surpreende nessa mulher corajosa. A cada festa religiosa, ela lhe dizia uma palavra em nosso favor. Dava um jeito de fazê-lo quando ele ia ver a neta, que chamou de Soukaïna.

O soberano ama tanto essa criança que, quando alguém é condenado, basta-lhe pronunciar o nome da menina diante dele para ser perdoado. Nessas ocasiões, Latéfa lhe falava principalmente do meu irmão, Abdellatif. Ela esperava tocar seu ponto fraco, mas ele não a escutava.

Fico feliz por rever minha amiga de infância, mas sinto certo mal-estar ao sair da sua casa. Será que não falei demais, levada por minha alegria de revê-la? Não terei esquecido minha prudência?

Lalla Mina me convida com frequência. Ela quer me reintroduzir nesse meio que não é mais o meu, e por isso vou espaçando voluntariamente minhas visitas, até que não volto mais.

A vida nos separou, mas continuo a ter por ela uma afetuosa ternura. Continuo vendo nela a criança e a adolescente que ela foi, minha quase irmã, minha companheira de solidão. Não tenho animosidade nenhuma contra ela, nem contra os que amei outrora no Palácio.

ERIC

Decididamente, o Marrocos não quer saber de nós.

Trabalhar é impossível. Devo à obstinação e à coragem de Nourredine Ayouche, dono da agência de publicidade Shem's, o emprego que consegui. Ele não teme nem as pressões, nem os aborrecimentos, nem a polícia. Na sua agência, aprendo durante três anos o ofício de diretora de produção. Meu primeiro salário dei para mamãe.

Mimi realiza seu sonho. Casa-se com um câmera. A filha deles, Nawel, nasce em novembro de 1994. Raouf tornou-se pai: Tania veio à luz em setembro de 1993. Ela nasceu em Genebra, mas meu irmão não obteve a autorização para ir à Suíça ver seu primeiro sorriso.

Não sem dificuldade, Maria conseguiu adotar um adorável

menino, Michael, que tem o sobrenome Oufkir. Achoura mora com ela e ajuda-a na criação da criança. Halima voltou para sua família, mas se queixa de não ser compreendida por ela. Um câncer a aflige. De todos nós, ela é a mais atingida. Volta a morar com mamãe.

Soukaïna compõe canções, escreve e pinta. Seus dons se desenvolvem. Pediu um passaporte que não consegue obter.

Algumas amigas nos ajudam a superar o ostracismo, a solidão e a falta de liberdade. Soundous, Neïla, Nawel e Sabah, que acabei reencontrando, nos cercam com seu afeto, sem se preocupar com a polícia que as segue, com os interrogatórios e, principalmente, com a reprovação geral.

Uma só certeza me dá forças para aguentar: minha vida não será construída no Marrocos.

Na primavera de 1995, sou convidada ao casamento de uma amiga, Mia. Ela se casa com Kamil, que revimos e que continua como eu o imaginava: bom e fiel. Ela me pede para cuidar da decoração. Aceito sem saber por quê. Em geral, fujo desse tipo de recepção. Não me sinto à vontade. Detesto aquelas mulheres cheias de joias, produzidas, aqueles olhares hipócritas, aqueles valores falsos — dinheiro, poder, sucesso, desprezo pela gente humilde.

Três rapazes, amigos da noiva, chegaram de Paris. Estarão de noite na festa marroquina. As convidadas solteiras estão todas em polvorosa. Dizem que são bonitos, inteligentes e... livres. Eles visitam a futura esposa à tarde.

Enquanto as mulheres casadouras os assediam, cuido do meu trabalho. Falar com o fotógrafo, o decorador, acrescentar uma camada de tinta, cuidar das toalhas, das flores e dos pregueados... Não paro um instante, o que não me impede de examinar os recém-chegados com o rabo do olho.

Um deles chama minha atenção. É grande, sorridente; pequenos óculos redondos emolduram seus olhos maliciosos e meigos. Mas não posso sonhar. Aquele homem não é e nunca será para mim. Não quero relação com um francês enquanto não tiver o direito de cruzar a fronteira. E, além do mais, uma das convidadas já o "atribuiu" a si. Não tenho a menor chance.

Por volta das oito, vou para casa vestir meu cafetã de cerimônia. O telefone toca. Era uma das minhas amigas, vidente nas horas vagas. Ela não parece estar em seu estado normal. Acho-a estranhamente exaltada.

"Kika, você o encontrou, você o encontrou..."

"Encontrei quem?"

"Você sabe muito bem de quem estou falando... Eu o vi mil vezes nas minhas cartas... O que vem do Atlântico. O homem da sua vida. Ele está aí, você o viu mas não notou. Vai vê-lo de novo esta noite."

Por mais que eu tente ser racional, crer que aquilo não passa de tolices, chego à festa num estado curioso, com o coração batendo, pronta para acreditar. Aquele casamento é minha primeira aparição verdadeira na sociedade. Ao lado de todas aquelas mulheres ricamente vestidas e enfeitadas, estou vestida e maquiada discretamente. Mas não me importa. Faz tempo que me decidi pela simplicidade.

Minhas amigas já estão na mesa dos parisienses e me fazem sinal para juntar-me a elas. Há barulho, música, risos, olhares fixos em mim. Não me sinto nada à vontade. Já me arrependo de ter aceitado o convite. Um drinque e volto para casa. Necessito de repente da calma do meu quartinho. Continuo sem me acostumar com muita gente.

O homem que eu notara à tarde se levanta assim que me vê. Num piscar de olhos, está sentado ao meu lado. Conta que é arquiteto e que foi criado no Líbano. Fala árabe fluentemente, compreende nossas piadas "intraduzíveis". É um ponto a favor.

Pega na minha mão com naturalidade. Pela minha pele, pela pressão dos meus dedos, pela minha voz, pela maneira que tenho de me dirigir a ele, de olhar para ele, logo compreendeu que não passo de uma menina medrosa disfarçada de mulher.

Não posso me impedir de pensar a toda a velocidade, de me perguntar aonde aquilo vai me levar. Uma vozinha que não controlo me sopra, porém, para não me fazer tantas perguntas. Ele é bonito, moço e cheio de vida. E é tão meigo, tão natural, que de repente não sinto mais medo.

Com ele, nunca tive medo. Tenho a impressão de conhecê-lo há séculos. É a primeira vez que um homem me dá tal sensação de força, de segurança. Minha intuição me diz que ele nunca cederá às pressões, nunca sofrerá influências.

Soube que ele ia me amar pelo que eu era, sem demais questionamentos.

Não me enganei. Eric nunca me decepcionou. Em todos os momentos críticos, esteve presente, insuflou-me sua energia, coragem, confiança, alegria de viver. Salvou-me da morte, transformou minha escuridão em claridade.

Soube me domar.

Não sou simples de amar. Ninguém, nem ele, pode compreender o que nos liga. Ele é solidário no meu pesadelo, aceita aflorar minha loucura; concede-me o direito de fugir de vez em quando para mergulhar de volta no meu refúgio, em minha cela. Admitiu a diferença que existe entre nós: nunca serei como os outros.

Tudo o que me parecia perdido, com ele não está mais. Ele me libertou do inferno.

Minha vida não será construída no Marrocos.

No entanto, amo profundamente meu país, sua história, sua língua, seus costumes. Gosto do seu povo, pobre, oprimido, mas orgulhoso, engraçado e generoso. Entre mim e ele não há barreiras. As pessoas me dizem com frequência que sou *chabbia*, oriunda do povo. É o mais belo elogio que podem me fazer.

Na prisão, o ódio me ajudou a sobreviver. O ódio que nutria pelo soberano se confundia com o que pensava sentir por meu país. Ao sair de lá, rejeitei ambos.

Hoje, oscilo entre o ressentimento mais profundo e o desejo sincero de não mais odiar. O ódio corrói, paralisa e impede de viver. O ódio nunca me fará recuperar os anos perdidos. Nem a mim, nem a minha mãe, nem a meus irmãos e irmãs. Mas ainda me resta um longo caminho a percorrer.

Reencontrei minha serenidade e o amor pelo Marrocos no deserto. Eu o percorri em todos os sentidos, com predileção pelo Tafilalet, berço dos meus ancestrais paternos. O deserto me tranquilizou. Ele me reconciliou com meu passado, me fez compreender que eu só estava de passagem. Lá, não são necessários artifícios — sou verdadeiramente eu mesma. Nada tem importância, salvo o infinito.

Sinto vir dessa terra, pertenço a ela de corpo e alma. No meio das dunas ocres, nessas imensidões de areia dourada, nesses palmeirais povoados de homens azuis, compreendi onde estavam minhas raízes. Sou marroquina nas minhas entranhas, em meu ser profundo.

Mas também me sinto francesa, pela cultura, pela língua, pela mentalidade, pelo intelecto.

Não é incompatível.

Em mim, o Oriente e o Ocidente coexistem enfim em paz.

Durante um ano, Eric Bordreuil fez idas e vindas regulares entre Paris e Casablanca para encontrar Malika Oufkir, a mulher que ele ama.

No dia 25 de junho de 1996, Maria Oufkir, irmã mais moça de Malika, fugiu do Marrocos de barco, com o filho adotivo Michael e a prima, Achoura Chenna. Foi para a Espanha, depois para a França.

Essa fuga assinalou o fim do pesadelo da família Oufkir. Sob a pressão internacional, o governo deu a todos passaportes e vistos.

No dia 16 de julho de 1996, Malika Oufkir chegou a Paris com seu irmão Raouf e sua irmã Soukaïna. Tinha quarenta e três anos.

Passou vinte anos nas prisões marroquinas, para onde foi com dezoito anos de idade; depois mais cinco em liberdade vigiada no Marrocos.

No dia 10 de outubro de 1998, Eric Bordreuil e Malika Oufkir se casaram na prefeitura do XIII arrondissement de Paris.

AGRADECIMENTOS

A todos aqueles que nos ajudaram a ir até o fim dessa aventura, nossos mais vivos agradecimentos.

Obrigada a Jean-Claude e a Nicky Fasquelle.

Obrigada a Manuel Carcassonne (e suas pantufas).

Obrigada a Susan Chirazi (sem a qual...) e a Soraya Khatami.

Obrigada a Isabelle Josse, Aurélie Filipetti, Martine Dib, Stephen Smith, Paulo Perrier, Marion Bordreuil, Françoise e Pierre Bordreuil; obrigada a Hugo por seus docinhos, a Léa por seu sorriso, a Nanou por seus beijinhos; obrigada a Roger Dahan, a Sabah Ziadi, a Soundous Elkassri.

Obrigada, enfim, a Eric Bordreuil e a Guy Princ pelo apoio incondicional desde o primeiro minuto, e pela infinita paciência.

Malika Oufkir nasceu no Marrocos, em 1953. Mora em Paris desde 1996.

Michèle Fitoussi nasceu em 1954, na Tunísia. Formou-se no Instituto de Estudos Políticos de Paris. É editorialista da revista *Elle* e publicou cinco livros, três deles de ficção.

Esta obra foi composta pela Verba Editorial em Janson Text
e impressa em processo sob demanda pela Um Livro sobre
papel Offwhite para a Editora Schwarcz a partir de 2025

FSC
www.fsc.org
MISTO
Apoiando o manejo florestal responsável
FSC® C128038

A marca FSC® é a garantia de que a madeira utilizada na fabricação do papel deste livro provém de florestas que foram gerenciadas de maneira ambientalmente correta, socialmente justa e economicamente viável, além de outras fontes de origem controlada.